U0003426

宗喀巴大師父子三尊

宗喀巴大師父子三尊 偈讚

肇建雪域車軌宗喀巴

事勢正理自在賈曹傑

顯密教法持主克主傑

佛王父子三尊敬頂禮

哈爾瓦・嘉木樣洛周仁波切 講記

四家合註

入門①

【增訂版】

皈敬頌等

大慈恩・月光國際譯經院

總監 真 如

譯者 釋性柏、釋如行等

四家合註入門

第一冊・譯場成員

承辦／大慈恩・月光國際譯經院　第二譯場

總　　監／真　如

主　　譯／釋性柏

主　　校／釋如行

初稿譯師／釋如悲、釋性凱、釋如者、釋性宣、釋性德

眾　　校／釋性理、釋性祥、釋性利、釋性徹

眾　　潤／江寶珠

打字編排／釋性體、釋性由、釋性霄、釋性回、釋性貴、釋性賞、

及 校 定　南海寺僧團（釋見越、釋融揚、釋起演、釋起行、

　　　　　　釋起世、釋起論、釋法鍊、釋法虔、釋法入、釋法概）

哈爾瓦‧嘉木樣洛周仁波切

哈爾瓦・嘉木樣洛周仁波切講記

4

 《四家合註》簡介

自宗喀巴大師依據阿底峽尊者的《道炬論》教授，將三藏十二部一切佛語的扼要，攝為成佛之道的次第——《菩提道次第廣論》以來，菩提道次第便成為諸多修行者的圭臬。尤其在格魯派中，菩提道次第更被視為實修佛法的不二教授。

大師造論六百多年來，許多祖師們為之著作了大量相關釋論。其中或為攝頌、講義、科判、講記、問答、實修指導、單科詳釋、結合餘論的通釋，種種形式，同彰一意。依據不完整的統計，格魯派的道次論著約共有一百二十餘家，近三百種。然而真正為整本《菩提道次第廣論》作全文註釋的論典，卻非常少見。

正是因應了學法者的需求，約十八、十九世紀初，誕生了《菩提道次第廣論四家合註》這部多樣而全面的《廣論》註釋，其中總集了

巴梭法王、語王堅穩尊者、妙音笑大師、札帝格西這四位大德所著的
箋註。《四家合註》問世以來，得到諸大德們的推崇。如阿嘉永津仁
波切於《廣論名詞解釋論》，及洛桑諾布仁波切於《菩提道次第教授
大寶藏論》中，皆特別介紹了《四家合註》，將之與道次第八大教授
並列。

　　這四部箋註的側重點各有不同，巴註主要針對難解、簡約的文
句，嵌入字詞以釋其義，令學者暢讀無滯。語註則多為徵引典故、歸
結論義、探討難點、結合修要的大段註釋。然而此二家箋註，較側重
於止觀之前。妙註則重在列科梳文，貫通全論；札註則專解勝觀，發
微闡幽。正由於四家的側重不同，無所重疊，交相輝映，因此成為了
學習《菩提道次第廣論》者的珍貴傳承教授。

哈爾瓦・嘉木樣洛周仁波切 簡介

　　至尊哈爾瓦・嘉木樣洛周仁波切（聯波活佛）1948年出生於青海久治縣。3歲時即被認定為前世哈爾瓦仁波切的轉世化身。1951年藏曆9月21日剃度。第二天正式在各莫寺坐床。從此，仁波切開始跟隨寺內最有學問的三位上師，聽聞、修行各種顯密教法。8歲時，他已能非常流利的背誦許多佛教經典與法本，以優異成績通過了本寺舉行的背經大考。1958年，仁波切被迫離開寺院，回到父母家中居住。1960年入學各莫小學，開始有機會較為系統地學習漢文。四年後，仁波切被下放到西藏中部的偏遠山區，自此開始長達十六年的放牧務農的生涯。

　　然而在這期間，無論條件多麼艱苦，仁波切卻未絲毫動搖內心對佛陀及教法的信仰，依舊嚴格持戒，精進修學。1978年間，仁波切從毛爾蓋・桑木丹大師學習聲明學。1980年，仁波切33歲時回到了闊別多年的各莫寺，重新擔負起寺院住持的各項職責與任務，一方面師從阿喀嘎桑、阿喀洛桑、阿喀智華等諸大格西，聞思修學《因明》、《現觀》、《中觀》、《俱舍》、《戒論》等各種教法，另一

方面還要經常為僧人們講經傳法，主持寺院的各項重建工作。自1983年起，仁波切先後擔任中國佛教協會理事、四川省佛教協會常務理事。其後數年之間，於拉卜楞寺從毛爾蓋·桑木丹大師求得《寶生百法》、《納塘百法》、《巴日百法》、《修法大海》等傳承，得受數百種灌頂隨許法。

1987年，仁波切來到北京參加了由班禪大師主持的中國藏語系高級佛學院的教材編寫工作。同年9月，仁波切作為首批學員正式入佛學院進修，深得班禪大師的賞識與愛佑。在此期間，仁波切於佛學院師從夏日東活佛，九個月中無所間歇地完整聞習《菩提道次第廣論四家合註》。1988年6月，仁波切以優異成績畢業。同年，由班禪大師提名任命，經國務院宗教局正式批准，仁波切開始出任藏語系高級佛學院藏傳佛教研究室主任。隨後數年之間，又師從拉卜楞寺法台根敦加措大師習學《因明》、《現觀》、《中觀》等論；從色拉寺耶謝旺秋大格西得受《上師薈供廣解》等傳承。

　　1990年，仁波切任各莫寺法台，與此同年，在極為艱辛的條件下興建各莫寺大經堂，1993年，大經堂正式開光啟用。

　　1995年，仁波切秉持佛法「慈悲濟世」的精神，開始創辦各莫寺弘法利生會，為當地社區做了大量印經助學、扶貧救災、施診放藥的工作，深得各界的認同及廣大牧民的讚歎。為使正法久住，眾生善根任運增長，從1997年2月起，仁波切開始出資修建各莫寺菩提大寶塔，並於1999年9月順利建成，以供奉宗喀巴大師的頭骨舍利，令有緣眾生得值殊勝福田，見者得益。

　　為了培養適應現代社會的弘法人才，仁波切還在各莫寺內創辦了顯密聞思講修院，從寺內外請來一流的格西擔任教師，添置引進了現代化的教學設備，為寺院僧團建設打下了堅實的基礎。期間，仁波切禮請拉卜楞寺法台根敦加措大師及阿喀洛桑師徒親臨各莫寺傳法，從而得受《金剛鬘》諸灌頂隨許法及《宗喀巴大師父子三尊文集》等傳承。

　　2013年，仁波切又從固嘉・智華加措格西，得受由拉科仁波切傳拉摩楚臣倉，拉摩楚臣倉傳智華格西的拉卜楞寺體系《菩提道次第廣論四家合註》傳承。仁波切以弘揚道次第傳承為己任，經兩次得受《四家合註》傳承之後，即為各莫寺僧眾傳授此珍貴傳承。翌年，又應邀至大覺佛學院傳授《四家合註》。透由仁波切辛勤地弘傳，此傳承得以傳於千餘名僧眾的相續之中。

　　近年來，仁波切以其恢宏的利生心願，於各莫寺興建以供奉彌勒佛為主尊的宏偉佛殿，為祈願彌勒的教法能得久住利樂人天，故以彌勒所居之兜率內院為立名——法喜苑，使一切眾生得親近者，皆如身處兜率淨土，面覲諸聖，洗滌心靈，深植勝緣。為此，仁波切於傳法之餘，更荷擔了沉重的興建佛殿工作。自2012年啟建，已於2017年夏天正式舉行開光典禮。由此殊勝因緣，必有無量眾生得受佛陀恩澤加被，僧伽居士大眾，更得安住於善淨妙法之中。

 四家合註入門 請法因緣

　　善知識是大寶庫藏，而有幸值遇，人生會突然富足，猶如貧人得至寶，心也彷彿從黑暗走向光明一樣，充滿希望。

　　每個人都有此生一定要完成的事，而尋找善知識並追隨學法，那正是我最大的理想。

　　我被一種痛苦擊中，那即是生死問題，為什麼一定要有生老病死？這問題猶如火般的追擊著我。渴望善知識為我解釋生死的心也變成長長的痛，不知他在哪兒，去何處尋覓。如果沒有這個人為我解釋生死之結，該何以堪？懷著這樣的痛苦，膽小怯懦的我，也終於敢離開家鄉，踏上尋找善知識之旅。

　　就這樣走到了北京，猶如在滿天星辰中，尋找屬於自己的那顆璀璨之星。想藉著它的光明，在黑暗中也敢前行。一邊尋找善知識，一邊學習淨土念佛法門，一邊拚命地鑽研禪宗，從一切可能中探索著生從何來，死向何去。有一天，一位友人送給我一本《廣論》，那是我此生第一次看到《廣論》。捧讀之際，竟愛不釋手，看了一段時間後，被其中善知識、念死、菩提心等部分深深地觸動，所以就到處詢問有沒有哪位大德講《廣論》，幾經輾轉居然聽說有一位台灣的大德有講，問：「是每句都有講嗎？」答：

「是。」聽後立即想得到那套講解的音檔。後來又到處尋找，終於一位法師幫忙借到了這套音檔，打開來迫不及待開始聽，一聽即是常師父的聲音，頃刻間眼淚就流下來了，彷彿一道陽光，照臨心上，獲救的感動瞬間充滿著內心，從此就再也離不開這樣的聲音。

那是一個夏日，我又和一群信佛並喜歡上早晚課的學生相遇，他們說要去拜見西黃寺的一位活佛，希望我也一起去。他們說不太容易見到，機會非常難得。我問：「什麼是活佛？」因為那之前完全沒有接觸過藏傳佛法。他們告訴我說：「就是轉世多生的成就高僧，有很多法力，還會咒語。」我問他們：「為什麼要去拜見？」他們說：「那是班禪大師的親傳弟子，最重要的是那位活佛會漢文，可以直接問問題。」然後我們就討論說要去問什麼。有一個學生說：「我想請活佛算卦，我要不要去留學？」還有一位說：「我想要了解學習藏傳佛法。」我們一起說著各自的願望，很期待拜會。而我還是想問那日夜揪著我的心，讓我無法安寧的問題：生死怎麼更快了脫？

於是那一天我們就早早坐了公交車，公交車下來又換了車，終於來到了西黃寺，走向了我的上師！

一進入西黃寺，映入眼簾的是，黃琉璃瓦的屋頂，亮麗在陽光下，紅牆蒼松，古色古香的寺院莊嚴肅穆，氣勢非凡。

還沒有到拜見的時間，他們就帶我去禮塔，穿過西側門，便見到那著名的清淨化城塔，是乾隆皇帝為六世班禪修建。六世班禪大師圓寂於西黃寺，

據說是六世班禪的衣冠塔，距今已經兩百多年了。那是一座由大理石建成的塔，主塔高十五米，塔身潔白，欄杆外有一對白獅子，不知為什麼我好像在哪裡看過，就朝那對獅子跑過去。竟然拍了拍獅子的頭，而且還撫摸了那石獅的舌頭，那舌頭有些長好像很柔軟。當時有一位出家人正在繞塔，他光著腳，非常的虔誠專注。於是我也跟著繞，不知為何，竟然心潮澎湃不已，一直旋繞禮拜著，直到大家叫我，才離開。走進了一棟房子的大門，向右拐，出現了一條似乎很長的走廊。走廊不寬，靜靜的，也不是很亮，我們的腳步也慢下來了，不知為什麼彷彿走向遼闊，心裡迅速地安靜下來，安靜中卻有一種莫名的激動和篤定。突然覺得這一切很熟悉，彷彿命裡註定，我走向了那位大德，他早已不知在多麼久遠的時光就等在我的必經之路上，也許就是那走廊深處的某個靜室。這走向他的時光雖然好長好長，我聽著自己的腳步和心跳，但一定能走到、一定要走到！

在一扇門前，我們停下來，扣門。門打開了，一個印滿吉祥八寶的藏式的門簾，被掀開，一位法師請我們進來。我的眼睛一下子就看到那位，威儀端嚴地捧著長函的經典，戴著眼鏡，慈愛熟悉的笑容。心裡頓時發亮，這場景竟是如此的親切，好像在哪裡見過？我立刻高興極了！就拜下去。說真的！那一刻，覺得眼前這位活佛怎麼那麼像我的親人！尤其是，覺得好像我的爸爸。自此，我就有了師父！

仁波切最先傳我的是，「黃文殊」、「皈依發心」、還有「兜率眾神頌」等等，還有「金剛薩埵」等珍貴傳承。因為常常去拜見仁波切，總看到

有一群又一群的居士或者出家人都在求法，等到他們求完了，我就說：「我可不可以聽？我也要學，讓我留下來吧！」幾乎每次仁波切都應允了，所以學了一些別人求的法，自己也很高興。

那時一直很想把聽《廣論》的事啟白仁波切，有一天終於有機會跟仁波切啟白：「我在聽《廣論》，是台灣的常師父講的。」然後仁波切聽了之後，很高興，說：「我知道這位法師，我知道！他在講《廣論》，一位漢地的法師講《廣論》，很神奇啊！你要認真聽，好好學！」於是我下一次就把自己的《廣論》筆記本，拿給仁波切看。本來以為仁波切看一眼，加持就行了。沒想到，仁波切拿過來，打開第一頁，一個字一個字看下來，一頁一頁非常非常認真地看完我的筆記本。我有些緊張，因為我的筆記本上，有各種畫，是自己創造的插圖，很擔心師父不許我畫。記得念死那一章，我就畫了一個大鐵錘，還放光，下面寫著「錘死貪著現世心」，諸如此類。

沒想到師父看完了，卻非常歡喜地說：「好好學、好好學，沒想到你學得這麼認真，太好太好了！」於是，就歡天喜地的把本子拿回來，繼續寫、繼續畫。隔了一段時間，去拜見仁波切。仁波切靜靜地對我說：「你現在《廣論》學得很好，你學《廣論》已經有基礎了，在這個基礎上有《廣論》的傳承是最好的。藏傳佛教所有的法都有傳承。所謂的傳承是什麼呢？譬如從《廣論》的傳承來說的話，它的涵義、它的內容是從釋迦牟尼佛親口傳出來的，一直傳到宗喀巴大師。從宗大師造了《菩提道次第廣論》的文字以後，由大師親口傳的《菩提道次第廣論》的口傳傳承，也一直傳到現在，並

傳到了我的上師，如同〈傳承上師祈願文〉所說一般。我們的這個傳承，是拉卜楞寺阿拉拉科仁波切所傳下來的。如果能獲得《廣論》的口傳傳承，可以得到很大的加持，因為其根源是由大師親口傳的。《廣論》的傳承有很多種，除了口傳傳承以外，尚有「講誦」（謝嚨・ངག་འདོན་）及「引導」（赤・འཁྲིད་）；如果沒有得到傳承，為別人講法，是不如法的。」我聽完仁波切這段話後，了解了傳承的重要性，並生起無比的信心。當場就向仁波切求《菩提道次第廣論》的口傳傳承，仁波切也很歡喜地接受了我的請求。

去接傳承的那天，馬上就到了，可是居然北京意外地下起大雪。整夜未停的大雪，一直到第二天，持續飄落的雪花，將偌大的北京變得銀裝素裹，路邊的樹也都瓊枝玉葉，晶瑩聖潔，真是如畫般的美麗。媽媽帶著我站在路邊等車，白色世界，像上師聖潔的心意，對我顯示著嚴謹，和那有如白雪般不染纖塵的清淨傳承。在大雪中等了很久，一邊等一邊祈求著，忽然間一輛車停下，車窗搖下來說：「你們要去哪？我送你們一程。」於是我們趕快坐上那車子，發現不是出租車，是一輛私家車。他拒絕收錢，他說：「只是怕你們在雪中站太久等不到車。」我心裡一陣感動！雪中送車勝於雪中送炭啊！

終於到了寺院，在那個大雪的傍晚，從六點到九點，仁波切開始給我上課，仁波切說：「我要傳的是嚨的傳承，這個傳承是清淨的，是我的上師傳給我的，我現在把它傳給你。」說完仁波切就打開經典，開始誦念《廣論》，世界變得安靜了，祥和與慈悲充滿著小小斗室。漸漸，宇宙彷彿消失

了，只留下仁波切的聲音和身影。我們的心浸潤在那美妙流暢，如詩如歌般的古老旋律中，心向著無垠逐漸打開、打開，完全忘記了時光在流逝。就這樣，每天三小時，一連十五日，仁波切一直誦念著《廣論》，有時會解釋幾句。媽媽和我與一位法師，成為仁波切的漢族弟子中最先得到《廣論》傳承的人。

那時我能感覺到仁波切累，但每次勸仁波切休息一下，仁波切總說不累，只說：「能再學一遍《廣論》很高興！很高興！」過了幾年後我才知道，那段時間仁波切正在佛學院，傳授寶生百法的傳承，約有三百多個灌頂、隨許法的傳承。每天傳完法之後，還要再傳三個小時《廣論》的傳承給我，現在想來真是不忍又感動！上師為了把法留下來都看淡這份辛勞，將此視為己任。為弟子的我怎能將傳承容易看，不好好珍惜、頂戴呢？

就這樣，繼續學《廣論》，有一次就請問仁波切說：「《廣論》有沒有註釋？藏地的大德有沒有寫註釋？」仁波切說：「道次第的註釋在藏地可多了！好幾百種。」我驚訝說：「居然有這麼多！那有沒有一本翻譯過來呢？」我說：「在各大流通處好像都找不到。」仁波切說：「看起來是沒有人翻譯過。」我就請問說：「法尊法師當時翻譯了《廣論》，為什麼沒有翻譯一些註釋呢？後來也沒有譯師翻譯。」仁波切說：「啊！原因很多吧！」我說：「我好想好想有一本《廣論》的註釋啊！」於是我就請問仁波切說：「最著名的是哪幾本註釋？」仁波切說：「《四家合註》很著名。」聽到四家註，心中一震，忽覺千載難逢，不由自主跪下來跟仁波切說：「請您傳給

我《四家合註》的講誦傳承吧！」然後我說：「我自己學《廣論》實在是很需要。聽常師父帶子已經對我有極大的幫助，但是我真的好想學『毗缽舍那』，想要徹底知道生死要怎樣了脫，求您一定要傳給我傳承啊！」仁波切說：「過去班禪大師在1987年創建了中國藏語系高級佛學院，我是第一屆的學僧，當時主要學習的課本就是《四家合註》。我在夏日東仁波切座前，經歷九個月的時間，聽完了《四家合註》的講誦。如果講《四家合註》，我想一方面是傳授傳承，一方面也可以用討論的方式一起學習吧！」從那時候開始，我就期盼著、渴望著，一有機會就跟仁波切啟白。彷彿窮子翹首渴望，那遠行的父親駕船歸來，承載著無量珍寶的傳承之舟，再度停泊於我心靈的渡口。

後來值遇到了常師父，就跟常師父說起：「跟仁波切一直希求但還沒有得到《四家合註》的傳承。」常師父就非常非常慎重地說：「唉呀！這個傳承非常非常重要，那你一定要求到，要以清淨的動機，不停地祈求，法緣才會成熟。」所以我又繼續祈求，有一天，仁波切打電話來，說他找到時間，可以講《四家合註》，聽了之後，真是欣喜若狂！

約定好了時間，正好那時，常師父也來到了我身邊，所以白天跟仁波切上四個小時，上午兩小時，下午兩小時，下課後再跟常師父彙報一下我聽到什麼，每次常師父都非常非常開心，常師父說：「我年齡大了，身體又不好，你們有這個福報學習要好好珍惜啊！這傳承從來沒有傳到漢地過，這是一件驚天動地的大事，龍天歡喜啊！」並且一直勉勵我說：「你一定要認真

地聽，一定要好好地學，善知識難遇，教法難逢，不能辜負仁波切費這麼多心血來為你講課。」也就是在那個時候，仁波切和常師父見面了，非常歡喜，常師父讚美仁波切說：「能在寺院裡有這樣嚴格的規矩，在這個時代很不容易，用清淨的心在傳持教法，又如此重視聞思修，令人感動。」還教誡我說以後要去藏地各處求法的話，不要貿然自己就去，一定要跟隨一位有經驗的善知識去學、去求，一定要去請問仁波切，要多請問。

那段時間，除了上課，仁波切都在看經典，仁波切的書房裡有很多經典，仁波切好像從早到晚都在看。那段時間過得非常快樂，因為在聽《四家合註》的時候常常都會很感動，仁波切講解深入淺出，能動心意，有轉動相續的力量。所以每每在被仁波切的法語震到內心的時候，都覺得那個力量非常地強悍，而且聽完之後還帶有一種強大的實踐法的力量。所以真實地感覺到，得到傳承和沒得到傳承，在見解和行持的力道上，差別應該是很大的。

那時有得到講誦傳承，但是主要以討論的學習方式。之後因拉卜楞寺固嘉・智華格西為仁波切傳授了《四家合註》講誦傳承，所以仁波切就擁有了拉卜楞寺及嘉瓦仁波切的傳承。又過了一段時間，仁波切也在加拿大的佛學院傳了《四家合註》的講誦傳承，自此很多僧眾也擁有了這珍貴傳承，而我又完整聽了一遍，所以我前後得到兩次《四家合註》傳承。

討論學習的時候，最開心的是仁波切開許問問題，隨時可舉手提問。又像上學一樣，我是一個會有很多問題要請問的麻煩學生，而仁波切居然能用

這種方式來教導我們，真是太開心了！有疑就問，有問有答，仁波切慈悲聽著我的問題，一一解釋。每天上課像在天上飛著一樣歡喜感動，開心自由啊！

最初決定開始聽傳承的時候，原本想請仁波切用漢文講，但仁波切說還是有翻譯的會比較精準，所以常師父就派鳳山寺一位法師來翻譯。最神奇的是有幾次，翻譯的法師譯完了，仁波切說「不是這樣！」於是就用漢語自己翻譯一遍，就再重講一次。翻譯的法師聽後，也只好吐吐舌頭，說仁波切講的才是準確。

緊鑼密鼓的學習結束後，很想再有時間繼續學，也想說如果能有精力把聽過的部分整理出譯稿，並且出書的話，對自他的利益一定會很大。可是不幸降臨，常師父示寂！在可怕的打擊和悲痛中，鳳山寺的法師們開始了五大論學制，長達十多年的學習。在這十年之中，大量的藏文學習、大量的典籍背誦，還有辯論，已經完全沒有餘暇的體力和時間再來整理譯稿。這麼珍貴的法寶，結果沉寂了十多年。直到2014年，鳳山寺的法師剛一完成了五大論的第一輪學習，隨即開始準備譯稿。花了大量時間重新逐字逐句地聽，逐字逐句地譯，逐字逐句地校。也就是前年同時開始翻譯《四家合註》的原文，所以費了這麼多年的時間，才有機會把《四家合註》的原文，與仁波切的《四家合註》的講稿全部對起來，終於完成了第一本譯註。

每天每天法師們聚在小小教室（小小桌椅，那是從其他學校退下來不用的桌子和椅子。雖然有些破舊，有些椅子還很小，因為是給小朋友坐的，但

是大家已經很感恩，這就是最初的譯經院啊！）就這樣開始逐字逐句地翻譯，從春日翠柳扶疏到冬日白雪飄飛，一邊譯、一邊學習討論，感動於仁波切的講解深刻入心，有極大的加持力。在此世間能值遇如此謙虛而又深邃的智者，引領著我們趣入教典的密意，何幸之有！思及此珍貴法源，每每淚盈雙眸，不知以何語詮說此心啊！

　　確定追隨一位大乘師長，確認一個要成佛的理想，確認一條修菩提道的人生之路，一生不變乃至生生不變，那真是最最美好的事情。

　　一樹燦燦春花，也只源於那播下種子並悉心呵護的人，弟子今日的善行，哪一點不是善知識的加持、增長陪伴得來的？

　　延著心中那渴望之路，終於走到了他的面前，走進了有傳承的教藏法海。

　　雪山的溪流匯入了大河，這大河滋潤著萬類蒼生，包括小小的我。

　　生死之痛當你不去覺察，也許還感到些許安全自在，彷彿沒什麼感覺。但一旦覺察，是如此怵目驚心，出離苦輪怎能沒有善知識引導？

　　一位引航者，在黑暗中舉著火把走在我前面的人，甚或我知道前行的方向，可眼前的深坑，卻無力穿越。而那總是持著火把，回過頭來伸手相救，大力使我們脫離眼前乃至究竟險境的──即是善知識！我深恩的師長！我永久的皈依處！我將永遠禮敬並矢志追隨的至尊上師們啊！

真　如

翻譯及體例說明

一、此次翻譯的《四家合註入門》中，講記部分主要依哈爾瓦·嘉
木樣洛周仁波切，於2002年開始講授的開示，並將翻譯時所遇
疑難之處，皆再次請示仁波切，而作最後的修訂。

至於《四家合註》的正文部分，則依仁波切的指示，以當時講
授的法本——拉卜楞寺出版的《四家合註》為底本。此本與
《四家合註白話校註集》所依的果芒本不同，故此《四家合註
入門》，與《四家合註白話校註集》的正文頗有差異。仁波切
雖於拉寺本有修改建議，然為令讀者知其差異，故於所附正
文，仍保留拉寺本原貌。然有少數正文於他本為優，經仁波切
指示直接採用，此則未依拉寺本。

二、在翻譯中，為讓讀者易於了解，茲將講記中，對同一祖師有不
同稱謂之處，皆改作同一稱號。例如：宗喀巴大師，除了引用
大師所造的論典時，在開頭會保留「至尊一切智宗喀巴大師」
的尊稱以外，餘處皆統一以「宗喀巴大師」稱之。並將四位箋
註作者的稱謂統一為：巴梭法王、語王尊者、妙音笑大師、札
帝格西。

三、為了符順漢文語法、適應廣大華人閱讀，茲將部分藏文語序，
　　依漢語習慣作必要的調整、潤飾，其餘大體是以逐字逐句的手
　　抄稿呈現原貌。

四、由於漢藏古德在傳譯同一部經典中，取義用字時有殊異，今於
　　此講記中，翻譯仁波切所引用的經典時，主要依藏文原文譯
　　之，漢文古譯則附於註解欄位。

五、凡於大慈恩・月光國際譯經院所譯的《四家合註白話校註集》
　　中，已註釋過的人物、地方、法相名詞等，此講記中多不再重
　　出，請讀者自當參閱《四家合註白話校註集》，便能互相發
　　明。今僅就仁波切開示時，重要的人名、經論等作出簡註，而
　　附於每篇章之後。

六、凡於講記中括號內的文字，皆為譯者所加的解釋。

譯者才慧淺薄，加以倉促成書，謬誤難免，請諸讀者不吝指正。

目　錄

前 言

　　首先必須調整自己的心態。我們接受這個法的意義是什麼？要有一定的皈依、發心，才能成為大乘的佛法。所以聽法之前必須要調整自己的心態，這在《廣論》前面講得很廣泛。一方面，我們必須認識六道輪迴的一切痛苦，而要脫離六道輪迴的痛苦，必須進入佛門修學佛法；另一方面，不僅只為了自己的利益，還要為了他人，甚至一切有情的解脫而來修學佛法。我們今天在這裡一起學習《菩提道次第廣論》的主要意義，就是為了幫助眾生解脫而希望自己成佛。來學習這個法，要用這個心態，這是很重要的。所以我們每次傳法之前，為了等同虛空際的一切如母有情，為了一切眾生，我要成佛，要有這樣的心態，這就是發心。

　　發心具備兩種條件。《現觀莊嚴論》裡面講：「發心為利他，欲正等菩提。」[1]發心有兩種意義：其一是為了一切眾生，其二就是要達到成佛的境界。自己達到佛的境界來救度一切眾生，要有這樣的心態。為了實現這樣的目標，我們今天到這裡來學習這個教理。所以這個心理的狀態必須要調整好，這是很重要的。聽法的人也好，傳法的人也好，同樣要有這樣的心態。不能用煩惱的心情來接受這個法，至少都要觀察一下自己的內心。觀察一下自己的內心，這是很重要的。

　　所以，首先如同在至尊一切智宗喀巴大師的《道次第略義》中說：「此暇滿身勝於如意寶，能獲是身亦僅有此次，難得易失如空中閃

電，思惟此諸道理即了知，世事猶如簸揚穀糠秕，故應晝夜攝取心要義。」[2]所以不論晝夜，我們應該為了後世義利、為了獲得解脫，以及一切智智的果位而精進努力。

我們所學習的，即是《菩提道次第廣論》。其著名的解釋及箋註有很多，我們現在主要學習的就是《四家合註》。

《四家合註》第一家是克主傑[3]的弟弟巴梭・法幢[4]法王的箋註，他是甘丹寺無等文殊上師宗喀巴大師的第六世法台。

第二家是卡若・語王堅穩尊者，如同宗喀巴大師的「宗喀」是地名，「卡若」和前面的「巴梭」都是地名。他的註解是根據著名的至尊妙音達隆札巴[5]傳下來的講規，達隆札巴是一位大法師，後來第三十五任甘丹赤巴妙音珍寶法增[6]將他的教言記錄下來。實際上是妙音達隆札巴對妙音珍寶法增講述，妙音珍寶法增再傳講下來，語王尊者把它作成筆記，就成為語王尊者的註解，知道了吧？這是三代相傳。實際上不是語王尊者自己註的，而是根據妙音珍寶法增所講的記錄下來；妙音珍寶法增則是根據他自己的上師妙音達隆札巴傳承而來。

第三家是至尊妙音笑[7]大師，他是果芒學院教材的作者，也是果芒學派的創始人、安多拉卜楞寺的開山祖師。

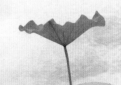

第四家是札帝・大寶義成[8]。札帝是地名，我們也稱他札帝格西。

巴梭法王是第六任甘丹赤巴，語王尊者和第三十五任甘丹赤巴同年代，至尊妙音笑大師則是第五世法王的時代，札帝格西與妙音笑大師時間相近，時代背景大概如此。

前三家箋註——巴梭法王的箋註、語王尊者的箋註、妙音笑大師的箋註，主要是註解《廣論》下士、中士、上士道；札帝格西的箋註則以「毗缽舍那」為主。四家之中前三家完整地註解《廣論》三士道，再配上第四家「毗缽舍那」的箋註，於是稱為《四家合註》。

《四家合註》書名

《無等至尊宗喀巴大師所著菩提道次第廣論四家合註善解諸難處大乘道明炬論》

講記

我們在教導《菩提道次第廣論》的時候，主要會分「論名之義」、「正文之義」，以及「結義」三個科判。在「論名之義」，宗喀巴大師原本只說「菩提道次第廣論」，而後代弟子在這之上，增加

為「三界法王宗喀巴大師所著菩提道次第廣論」，這是一種；另外一種則是「無等宗喀巴大師所著菩提道次第廣論」，後者比較普遍。

今此「論名之義」分六：「無等」、「宗喀巴大師」、「所著」、「菩提」、「道次第」、「廣論」。首先什麼是「無等」（無與倫比）？不是口說「無等」就算了事，而是必須了解「無等」的內涵。如果能對論典的名義深切了解，在我們心中就會獲得不失壞的信心，為此我們應該善為了解「論名之義」。

第一、「由化身本源之門而無與倫比」，祕密主金剛手菩薩授記宗喀巴大師是佛陀所化現，因為是佛的化身，所以無與倫比。

第二、「由授記之門而無與倫比」，即是佛菩薩有為宗喀巴大師授記。《文殊根本續》[9]中授記道：「能作諸佛之事業。」蓮花生大師也曾授記，此外還有很多，不勝枚舉。前面由化身本源之門顯示無與倫比，其次由授記之門也顯示大師是無與倫比的。

第三、「由受生之門而無與倫比」，如同只有佛陀誕生時長出菩提樹[10]一樣，宗喀巴大師的出生處也長出栴檀菩提樹——十萬佛身樹。只有佛降生時，成佛的地方會生起菩提樹；除了佛以外，只有宗喀巴大師出現同樣情況，在塔爾寺[11]長出栴檀樹。每片葉子上都有

一尊佛，一共是十萬尊；十萬尊佛——「古本」（ སྒྲུབ་འབུམ ），故也稱「十萬佛身大慈寺」。這就是由受生之門無與倫比。

第四、「由學習及如所學習而通達之門無與倫比」，我們都會作種種學習，但是對於所學的內涵能夠通達就不容易。如同宗喀巴大師所著的《證道歌》[12]，這也是大師的自傳，說道：「是故我於慈氏主，南洲二勝六莊嚴[13]，所有大論細研習，不以偏粗為滿足。」[14]就是對於《慈氏五論》[15]、瞻部洲二勝六莊嚴的論著全部都詳細學習，而不是片面或粗略地學過就滿足，所以宗喀巴大師的智慧圓滿通達一切。「不滿足」就是不會覺得已經足夠了、已經可以了，而是「所有大論細研習」，是很細心地要體會到這個精要，因此說「由學習及如所學習而通達之門無與倫比」。

一切智克主傑在《具德三地頌》[16]對宗喀巴大師禮讚時，說：「不以詞鬘水泡為滿足」，宗喀巴大師對於能夠口誦詞句並不會滿足。「而將俱胝智者難證處」，而是將許多大智者都非常難以了知的地方，「以其細緻精微無垢理，盡見諸法無餘誠祈禱」[17]，宗喀巴大師能夠細緻、尋本溯源地將一切法精通於心。

第五、「由一切至言現為教授之門而無與倫比」，一般而言，在雪域西藏中有許多宗派，譬如噶舉派[18]、薩迦派[19]，無論是哪個宗派，都有其宗風特色，但是要徹底通達一切顯密教法，除了宗喀巴大

師，其他人是非常困難的。怎麼說呢？宗喀巴大師先通達了寧瑪[20]、薩迦、噶舉派的一切內涵，並取其圓滿善妙之處如實修行，甚而能深入淺出地解釋一切顯密教法的密意，因此宗喀巴大師開創抉擇空性見與甚深密咒道相結合的宗派，這是他人從未做過的事。

在顯教方面，主要是空正見的抉擇。其實在宗喀巴大師之前也有很多人證空性的，但是能夠如實抉擇空性正見之後，還能為後世的所化機清晰地指點出來，在以前實為難得。其次是密法部分，宗喀巴大師清楚地指示出密法不共的教授。關於密法往昔也有很多成就者，但是能淺易詮釋所有密續，比如密集金剛的續典，除了勝者宗喀巴大師，以前從未出現。

第六、「由修持之門而無與倫比」，在前面第四點所說的學習之門，是指宗喀巴大師不僅聞思、學習，而且還通達了一切勝者至言。更重要的，在通達教理之後，還能如實修行，這點也是他人無法匹敵的，故說「由修持之門而無與倫比」。

第七、第八、第九是由見解、修、行誼之門而無與倫比。

第七、「由見解之門而無與倫比」，之前已經說過，西藏前輩的祖師有許多人沒有如實證得空性；就算證得，也有很多人懷疑自己所證的是對還是錯；這種人儘管證得空正見，也無法為他人弘傳。所以

在這點上，宗喀巴大師自己能善達空正見；而且不僅是證得，還能如實修持；不僅是修持，還能為後世所化機弘傳，所以說「由見解之門而無與倫比」。

第八、「由修之門而無與倫比」，西藏前輩的祖師中，有很多人誤將昏昧（ རྨུགས་པ ）、沉沒（ བྱིང་བ ）的狀態，以為是很好的修行；但宗喀巴大師將此障蔽徹底斷除，這樣的修行才是真的善修，所以無與倫比。

第九、「由行誼之門而無與倫比」，宗喀巴大師未出世前，西藏的戒法是不清淨、衰頹的。宗喀巴大師降世後，把戒法如日輪般光顯起來，故說「由行誼之門而無與倫比」。宗喀巴大師不僅自我持戒，也對他人弘傳，乃至在安多、前藏、後藏都創建了持守淨戒的無垢教法，所以恩德是不可稱量的，真是無比啊！

接下來是從講、論、著之門來說。

第十、「由講說之門而無與倫比」，以前雖然有很多智者，但是對於密法裡的難點，比如說密集、勝樂、喜金剛的《二觀察續》等續部經典，要全部清楚地講述出來是很難的，而宗喀巴大師對密集的所有內涵都能清楚地宣說。不單是密集，乃至其他經論，如《慈氏五論》、《噶當六論》[21]也都能講述；而且在大師的傳記中記載，他曾經在一天之內同時宣講十八部大論，這在西藏是前所未見的。

第十一、「由辯論之門而無與倫比」，一切智克主傑在《具德三地頌》曾說：「練達正理一切諍論師，縱然百返觀察亦弗能，撼動依怙尊語微少分，具清淨意上師誠祈禱。」[22]就是說無論哪位智者任他百般觀察，也無法駁難宗喀巴大師的論宗有誤，這就是「由辯論之門而無與倫比」。所謂無與倫比，不是像我們一般的彼此爭辯，而是宗喀巴大師的任何一句話對方都無可問難，因為這些都被宗喀巴大師用清淨的正理抉擇究竟了。所以「練達正理一切諍論師」，無論有多少諍論者、經過多少次觀察，都無法找到過失。這就是「由辯論之門無與倫比」。

第十二、「由著作之門而無與倫比」，在《辨了不了義善說藏論》中說：「頗有多聞諸教法，於正理路亦勤習，內證功德不下劣，然終未達此深處。由師妙音恩善見，以悲憫心我當說。」[23]宗喀巴大師著作並不像我們隨意自書，而是「由師妙音恩善見」，由至尊文殊親自加持，告訴他必須著作某部論典而後恭著。這就是「由著作之門而無與倫比」。

第十三，「由出生大弟子之門而無與倫比」，就是從教導眾多弟子、培育門徒這方面說宗喀巴大師無可匹敵。像克主傑、賈曹傑[24]、妙音法王[25]、僧成大師[26]等，人才濟濟，無有邊際。宗喀巴大師培育出這麼多弟子，在以前任何一個教派都未曾有過，所以至尊一切智宗喀巴大師黃帽派的大寶教法，就在雪域西藏鋪天蓋地遍布弘傳。

　　第十四、「由建立事業之門而無與倫比」，如前所説，宗喀巴大師對於顯密教法的講修，講論著、聞思修任何的事業，不僅是雪域西藏的祖師，乃至印度的班智達也難以企及。

　　第十五、「總合而無與倫比」，總之「雪域智者頂嚴宗喀巴」，雪域就是西藏，而雪域西藏一切智者頂上的莊嚴就是宗喀巴大師。在佛陀身邊有文殊、彌勒等八大佛子[27]，他們示現菩薩的形相，具足功德不用多説；但是宗喀巴大師示現凡夫相，看起來就是普通人，做的卻是佛陀事業。雖然怙主龍樹菩薩在印度是很有功德的大智者，但是沒有像稱呼「傑仁波切的教法」一樣，有所謂「龍樹的教法」；而宗喀巴大師的「傑仁波切教法」，普稱於贍部洲，應該在這點上，了解無與倫比的道理。有些註解説，龍樹菩薩住世六百年，而宗喀巴大師住世不滿六十年，但後世有稱「傑仁波切的教法」的人，卻沒有説「龍樹教法」的人。由此可知，宗喀巴大師的功德，是非常令人驚訝的！

　　上述大師種種異於他人而無與倫比的功德，就是在詮釋《菩提道次第廣論》的開頭——「無等宗喀巴大師」的「無等」這個部分。因此對能聽聞這樣無等宗喀巴大師所造的清淨論典，我們應該感到幸運，至心生起信心，這是很重要的。

　　第二科、「宗喀巴大師」，宗喀是地名。在宗喀地區以前未曾出

現過如此興隆般若教法的大德，因此稱為「大師」。就內在教證功德，和外在事業二者，勝出餘人，故稱作大師。總之，後代的弟子們為了敬重，所以尊稱為大師。

第三科、「所著」，作者是宗喀巴大師。大師在哪裡造論呢？造《菩提道次第廣論》的地點在北方的熱振寺。熱振寺是種敦巴尊者的寺廟，也是噶當派的第一座寺廟。是怎麼著作呢？宗喀巴大師親得殊勝本尊的開許，然後依著至尊文殊菩薩所傳三主要道的教授，並將覺窩傑具德阿底峽所有道次第的教授匯集之後，造了《菩提道次第廣論》。三主要道是出離心、菩提心、空正見，這並不是宗喀巴大師自創的教授，而是至尊文殊傳給宗喀巴大師的，這在以前從未有過。在這基礎上，結合覺窩傑具德阿底峽的三士道次第，從下士、中士、上士，次第無誤地清楚安立一位補特伽羅圓滿成佛之道。其次，勸請宗喀巴大師造論的人也不是一般人，是桑樸寺[28]大堪布寶戒、寶吉祥賢與大譯師勝依吉祥賢等大善知識，經他們的勸請大師才造論。那時宗喀巴大師四十六歲，公元一四〇二年。這就是「所著」的部分。

第四科、「菩提」，菩提有很多種，究竟的菩提主要是指佛地。（菩提藏音為絳秋）「絳」就是指學習，「秋」就是通達一切。另一種解釋，平常說「漏」就是煩惱的意思，我們必須觀察有沒有盡漏的

方法，必須觀察有沒有盡除我們心中一切煩惱的方法。當我們去觀察的時候，會發現雖然煩惱勢力很強，但是如果有具力的對治品，煩惱是可以被盡除的。就好像在很冷的時候燃起火炬，由於火是冷的對治，所以可以消滅冷的感覺；又好像在昏暗的房子裡黑漆漆一片，看不到任何東西，如果點燈就可以清楚地看到。同理，我們心續裡的煩惱——漏，如果具足有力對治也是可以消盡的。如果煩惱可以盡除，就可以進趣菩提，所以菩提還有這樣的內涵。就是現證如所有、盡所有一切諸法的菩提，以及盡除一切煩惱障、所知障二障的菩提，具足這兩種內涵。如此斷、證的菩提，就是「菩提道次第」所指的「菩提」。

第五科、「道次第」的內涵，就是一位補特伽羅，從凡夫一直到獲得無上菩提的成佛道次第，此中完整地宣說了下士、中士、上士法類的學習次第，所以稱「道次第」。

第六科、「廣論」，是從能詮、所詮兩種角度來解釋廣大。所詮就是指內涵，此論的內涵圓滿廣大。而能詮的詞句，相較於《道次第略論》[29]以及《道次第略義》也是比較廣博。由於《廣論》是宗喀巴大師著作的《道次第略義》、《道次第略論》、《道次第廣論》廣中略三本當中的廣本，故稱為「廣論」。

　　這就是由六個科判的內涵，解釋了《無等至尊宗喀巴大師所著菩提道次第廣論》的論名之義。

　　在《四家合註》的論名之義中，「四家合註善解」，「註」，這裡是指箋註，就是小註，即是以四家箋註的方式善為宣說。其次，「諸難處」，就是此箋註將其中困難的地方，以簡單扼要的方式加以註解。再來，「大乘道明炬論」，此論即是顯明大乘道的燈炬，就像燈一樣能夠消除一切黑暗。

　　四家箋註，有時前三位大師的箋會一起註解某一段章句，有些地方則有兩位大師同時註解，你的註解寫上，我的註解也寫上。但從頭到尾大體來說，你有註解的我就沒註，我註解的你就沒註，把三家註解從頭到尾合在一起，恰好成為一個整體。

註釋

1 **發心為利他，欲正等菩提** 引文出自《現觀莊嚴論》正文第一品，第1偈。

2 **此暇滿身勝於如意寶，能獲是身亦僅有此次，難得易失如空中閃電，思惟此諸道理即了知，世事猶如簸揚穀糠秕，故應晝夜攝取心要義** 引文出自《道次第略義》，第13偈。

3 **克主傑** 公元1385-1438。本名格勒貝桑，格魯派父子三尊之一，為宗喀巴大師的主要心子，也是第三任甘丹赤巴，後世追認為第一世班禪大師。

4 **巴梭‧法幢** 公元1402-1473。克主傑大師的弟弟，為格魯耳傳派傳承祖師之一，為第六任甘丹赤巴。

5 **至尊妙音達隆札巴** 公元1546-1618。為第三十任甘丹赤巴。歷代皆為修習紅黃文殊的成就者。

6 **妙音珍寶法增** 公元1573-1646。為第三十五任甘丹赤巴。相傳為慈林大師的轉世。

7 **至尊妙音笑** 公元1648-1721。果芒僧院主要教材作者。拉卜楞寺開山祖師，為格魯耳傳派傳承祖師之一。

8 **札帝・大寶義成** 約公元18世紀。色拉寺傑僧院的大格西，白文殊成就者，其文法著作為西藏後代學者遵循的準繩。

9 **《文殊根本續》** 此經主要在闡述文殊菩薩的功德。經中授記說：「此間大地成空無，由汝示現孺童相，能作諸佛之事業，彼時大寺名報喜，建在雪域疆土中。」

10 **佛陀誕生時長出菩提樹** 按布敦大師《佛教史大寶藏論》及永津智幢大師《菩提道次第師師相承傳》都說，釋尊從摩耶夫人右脅誕生的同時，出現了種種瑞相，「贍部洲的中間出生菩提樹」，即是其一。

11 **塔爾寺** 全名十萬佛身大慈寺（ སྐུ་འབུམ་བྱམས་པ་གླིང་ ），位於青海。為宗喀巴大師出生處，大師降生之時臍血滴灑於地，遂從此處出生一白栴檀樹，樹葉上並有獅子吼佛像及文殊心咒咒字，數至億萬，故名「古本」，義為十萬佛身。公元1588年光海律師依三世達賴索南嘉措指示建寺，後來大師教法在此興盛，遂形成大寺。

12 **《證道歌》** 此論為宗喀巴大師自述之傳記。敘說大師最初廣大聞思顯密教典、中間將經教現為教授、最後日夜修持的一生體悟。

13 **二勝六莊嚴** 二勝，即功德光、釋迦光。六莊嚴，指龍樹、聖天、無著、世親、陳那、法稱菩薩。這八位大德是印度那爛陀寺著名高僧。

14 **是故我於慈氏主，南洲二勝六莊嚴，所有大論細研習，不以偏粗為滿足** 引文出自《證道歌》，第6偈。

15 《**慈氏五論**》　為至尊慈氏菩薩所說之論典。分別為《現觀莊嚴論》、《經莊嚴論》、《辨中邊論》、《辨法法性論》、《寶性論》。

16 《**具德三地頌**》　克主傑大師造，前半部為宗喀巴大師功德之簡傳。以真切的孺慕之情，盛讚大師的功德。後半部為蘊含顯密扼要的祈禱文，用催人淚下的禱文著出的格魯名讚。

17 **不以詞鬘水泡為滿足，而將俱胝智者難證處，以其細緻精微無垢理，盡見諸法無餘誠祈禱**　引文出自《具德三地頌》，第8偈。

18 **噶舉派**　為西藏佛教四大教派之一。其教法主要是傳持從金剛持佛傳至帝洛巴、那洛巴一系的大手印傳承。

19 **薩迦派**　為西藏佛教四大教派之一。其教法主要是傳持從聖龍樹的弟子釋迦友傳至般若因陀羅流支一系《道果》教授傳承。

20 **寧瑪派**　為西藏佛教四大教派之一。其教法主要是傳持蓮花生大士、耶喜措嘉等一系的大圓滿等九乘次第傳承。

21 《**噶當六論**》　為噶當教典派主要修學的六部經典。此六分別為《菩薩地》、《經莊嚴論》、《本生論》、《法集要頌經》、《集學論》、《入行論》。

22 **練達正理一切諍論師，縱然百返觀察亦弗能，撼動依怙尊語微少分，具清淨意上師誠祈禱**　引文出自《具德三地頌》，第9偈。

23 《辨了不了義善說藏論》中說:「頗有多聞諸教法,於正理路亦勤習,內
　　證功德不下劣,然終未達此深處。由師妙音恩善見,以悲憫心我當說。」
　　　　《辨了不了義善說藏論》,宗喀巴大師造。主要透由分辨佛經了義與不
　　了義的內涵,闡述了各派宗義的見地扼要之處。引文出自《辨了不了義善
　　說藏論》的〈皈敬頌〉,第7偈、第8偈。

24 **賈曹傑**　公元1364-1432。本名達瑪仁欽,格魯派父子三尊之一,為宗喀
　　巴大師上首弟子,並繼大師為第二任甘丹赤巴。

25 **妙音法王**　公元1379-1449。本名札西貝登,為宗喀巴大師親傳弟子之
　　一,依大師教敕,建造哲蚌寺,宏盛增廣大師的講修之軌。

26 **僧成大師**　公元1391-1474。為宗喀巴大師親傳弟子之一,在後藏創建札
　　什倫布寺,廣作講聞之事業。

27 **八大佛子**　文殊、金剛手、觀世音、地藏、除蓋障、虛空藏、彌勒、普賢
　　等八位菩薩。

28 **桑樸寺**　古西藏衛藏六大寺之一,又名內鄔托寺,位於拉薩堆隆德欽縣東
　　南。此寺為阿底峽尊者的弟子俄‧善慧譯師所創建,並成為當代著名學
　　府。

29 **《道次第略論》**　宗喀巴大師造。此論為大師59歲於甘丹寺,略去《菩提
　　道次第廣論》中廣為破立、引證的部分,收攝《廣論》扼要而造的一部易
　　於受持的論典。

箋註皈敬頌

㊟拿瑪梭葸梭帝ᵉ曼殊廓喀雅姑如布達菩提薩埵唄
（敬禮皈依妙音天女妙音上師佛菩薩）

勝解行時志力即無敵，猶如日月諸佛共讚歎，

喻如白蓮獨一日親尊，祈以悲手今賜我善緣。

紹繼能仁慈氏怙，諸佛獨父慧藏等，

三寶上師並諸祖，頂嚴眾尊恆禮敬。

光顯勝者善妙規，開無謬軌被三地，

二車覺窩聖父子，袞巴內蘇博朵瓦，

懂哦仁欽崗巴等，敬禮法尊諸善識。

於此雪域，光顯大寶聖教令如白晝之至尊宗喀巴大師，其所著此《道次第論》，起首開為：一、皈敬；二、立誓宣說；三、敦囑勵聽；四、由辨識所詮之門而明如何講聞此法，共四次第。初者：如釋迦慧云：「高尚之士，大抵皆於造論之始，頂禮自所承許天尊」云云，禮讚尊師自之勝天諸尊者：

講記

開頭有個〈皈敬頌〉，是妙音笑大師箋註的〈皈敬頌〉。「拿瑪梭葸梭帝ᵉ曼殊廓喀雅姑如布達菩提薩埵唄」，「拿瑪」，就是禮

拜。「梭惹梭帝歁」，就是妙音天女。「曼殊廓喀雅」，就是至尊妙音。「姑如」，是上師。「布達菩提薩埵」，就是佛與菩薩。「唄」表示恭敬禮拜的目的。整句話就是對妙音天女、文殊菩薩、上師和一切佛菩薩敬禮。這不是《廣論》的〈皈敬頌〉，而是妙音笑大師箋註的〈皈敬頌〉。

其次，「勝解行時志力即無敵，猶如日月諸佛共讚歎，喻如白蓮獨一日親尊，祈以悲手今賜我善緣」，〈皈敬頌〉的第一個偈子是頂禮釋迦佛。「勝解行」，就是指凡夫異生之道。佛薄伽梵在凡夫道的時候，志力就像日月一樣無可匹敵。「諸佛共讚歎，喻如白蓮」，就是佛薄伽梵有這樣一個誓言：「在濁世眾生被諸佛所棄置的時候，我來度化他們。」所以諸佛讚歎說：「你就像白蓮花一樣。」「獨一日親」，是釋迦牟尼佛的一個別名。「祈以悲手今賜我善緣」。

真　師：釋迦牟尼佛為什麼在凡夫道的時候，心力就如日月一般那麼強大呢？

仁波切：這不能說是普通凡夫，「勝解行」就是已經獲得資糧道或加行道的位階。這是指還未登地前的菩薩凡夫，不是一般的凡夫。

　　然後禮敬慈氏怙主、至尊文殊以及歷代傳承祖師。「紹繼能仁慈氏怙，諸佛獨父慧藏等，三寶上師並諸祖，頂嚴眾尊恆禮敬」，就是禮敬一切上師、傳承祖師及三寶。「頂嚴」，就像自己頂上的寶珠一樣，來禮敬這一切。

　　接下來，「二車覺窩聖父子」，是指禮敬二大車以及覺窩父子諸尊，二大車就是龍樹菩薩與無著菩薩。還有禮敬覺窩父子、噶當派的祖師們，比如「袞巴內蘇博朵瓦，懂哦仁欽崗巴等」。「光顯勝者善妙規，開無謬軌被三地」，能以開創無誤的道軌，普為三地的有情，最善妙地光顯勝者一切遍智釋迦能仁的賢善教規，就是「二車覺窩聖父子」。「敬禮法尊諸善識」，就是我以三門敬禮這些在佛法上尊勝的善知識。到此為止是妙音笑大師箋註的〈皈敬頌〉。

　　下面這句：「於此雪域，光顯大寶聖教令如白晝之至尊宗喀巴大師，其所著此《道次第論》，起首開為：⼀、皈敬」，這是箋註正文。「開為：⼀、皈敬；⼆、立誓宣說；⼀、敦囑勵聽；⼀、由辨識所詮之門而明如何講聞此法，共四次第」，共有四科。這是對《廣論》開的根本科判。

　　「初者：如釋迦慧云：『高尚之士，大抵皆於造論之始，頂禮自所承許天尊』云云」，一位高尚人士在造論的時候，一開頭都會禮敬自己的勝天尊，這是印度班智達釋迦慧所說的。「禮讚尊師自之勝天諸尊者」，那麼，宗喀巴大師是如何禮讚呢？即是「南無姑如曼殊廓喀耶」，這就是《廣論》中的禮讚。

㊁南無姑如曼殊西利耶

（敬禮尊重妙吉祥）

頂禮真實佛師足，以語口訣箋註鑰，

開啟菩提道次第，法藏詞義難解門。

此中分為：一、前行趣入講說之方便；二、正敘所說；三、宣講究竟之理。初中分四：一、皈敬殊勝天及根本傳承上師；二、由明希欲造論因相之門而立誓造論；三、敦囑具器所化聽聞；四、由明所詮法名義繫屬之門而明講說此義軌理，復明依據何者而說。今初：

講記

接下來有巴梭法王的箋註。「南無姑如曼殊西利耶」，就是敬禮上師與文殊怙主。巴梭法王的箋註也有〈皈敬頌〉。「頂禮真實佛師足」，一切佛陀的總聚體就是自己的上師，我頂禮上師尊足。前面是皈敬文，接下來是立誓宣說。「以語口訣箋註鑰」，我用師語的口訣作為鑰匙，「開啟菩提道次第，法藏詞義難解門」，即將開啟一切詞義難解的門，這就是立誓宣說。以上是巴梭法王箋註的〈皈敬頌〉。

　　箋註在此分三科：「此中分為：一、前行趣入講說之方便；二、正
敘所說；三、宣講究竟之理。」在趣入《菩提道次第廣論》時必須有
相關的前行，而此科就是說明如何趣入修持、趣入學習的方便，這是
第一個部分。其次正式陳述所要講說的內容，就是「正敘所說」。最
後全部講說完畢，就是「宣講究竟之理」。《菩提道次第廣論》的箋
註就分這三科來講，而整本《廣論》也就收攝在這三個科判之中。

　　「前行趣入講說之方便」，就是前行。這又分四科：「皈敬殊勝
天及根本傳承上師」，就是《廣論》的〈皈敬頌〉。第二科、「由明
希欲造論因相之門而立誓造論」，就是立誓造論。第三科、「敦囑具
器所化聽聞」。第四科、「由明所詮法名義繫屬之門而明講說此義軌
理，復明依據何者而說」。用這四個部分來說明前行。

真　　師：我可以問一個問題嗎？第四個科判是巴梭法王的科判
　　　　　嗎？

仁波切：巴梭法王講的科判，實際上也就是《廣論》的科判。

真　　師：他是要講他自己所註解的那個根據，還是要講宗喀巴大
　　　　　師寫論的根據？

仁波切：這是顯示大師說法傳規的根據。

皈 敬 頌

　　南無⑩致敬或頂禮，姑如⑩上師、尊重、堅穩，曼殊⑩柔妙，廓喀⑩聲或語或音，耶⑩所為格。（梵語）

　　敬禮尊重妙音（漢譯）⑪此為頂禮殊勝天或根本上師怙主妙音，如至尊云：「由師恩德得見時。」故向功德尊勝之上師及妙音致敬。

講記

　　下面就是正文的〈皈敬頌〉了。「南無姑如曼殊廓喀耶」，這裡有妙音笑大師的箋註。「南無」，註為「致敬或頂禮」。「致敬」，就是表示恭敬的樣子。「頂禮」，主要就是為了消除我慢。以極為恭敬的姿態，用自己身支上最尊貴的頂門，致敬於天尊身分最低的雙足或蓮座，這樣就是身禮敬。

　　「姑如」，註為「上師、尊重、堅穩」。「尊重」，就是分量很重的意思。「堅穩」，就是很深邃、很莊嚴。「姑如」翻成藏文時是上師，不翻成沉重。為什麼沉重呢？就是指功德很重、深邃的意思。藏語翻成「喇嘛」（ བླ་མ ），我們在《攝類學》[1]中提到，「喇」就是「上」，因為功德至高無上所以稱為「喇」（ བླ ），如同慈母悲憫一切有情故稱為「嘛」（ མ ）。翻成上師就行了。

「曼殊」，註為「柔妙」。「廓喀」，註為「聲或語或音」，所以稱妙音。「妙音」，因為淨除了煩惱的粗暴故稱為「妙」，具足六十韻音語故稱為「音」。

「耶」，註為「所為格」[2]，這是藏文語法的一種用法。這裡要表達什麼所為呢？我們禮敬的目的，就是為了止息自己心中的一切煩惱，領納上師及殊勝天尊的加持，以及能夠易於究竟通達論義，由於這些目的，所以禮敬勝天尊。

這裡有一處巴梭法王的箋註：「此為頂禮殊勝天或根本上師怙主妙音」，就是頂禮殊勝天尊、根本上師文殊怙主。

巴梭法王的箋還沒結束。「如至尊云：『由師恩德得見時』」，這是宗喀巴大師的話。話中所指的上師是誰呢？就是文殊怙主，由於文殊怙主的恩德，使我見到一切法的內涵。接下來，「故向功德尊勝之上師及妙音致敬」，「功德尊勝」，就是上師的意思。

🈯其次於諸傳承上師中，最初皈敬教主者：🈁以〔俱胝🈁者，謂不可計數或數中絕頂，因梵語俱胝亦可釋為絕頂，如《俱胝耳本生》所說，俗語中不可計數亦可得俱胝之名，此中亦即指此。〕〔圓滿🈁者，功德也，此指身等。〕妙善🈁之二資糧所生🈁所積聚故，或宣法音故，名之為🈁果位之身，🈁為

相好所莊嚴，觀之不厭。^妙成滿現前究竟所欲求義，故為成滿^妙無際無邊〔^妙從前趣生於後，故名眾生。〕希願，^妙應上中下三機之語，^巴開示應機之法，故僅一語，亦為具足六十或六十四支韻音。如實^妙俱時觀見^妙一切〔無遺之智所了達，故名無餘所知。〕^妙法意，^巴由詮身語意功德之門，^妙傑喇嘛至誠恭敬，於是^巴生於〔釋迦，^語謂強力或勇猛種族。〕^巴種姓中之二足尊主，^妙以身分之尊勝處稽首禮^妙敬，^巴謂以三門恭敬頂禮。

講記

接下來禮敬傳承上師，首先是禮敬教主——佛陀薄伽梵。宗喀巴大師是以「俱胝圓滿妙善所生身，成滿無邊眾生希願語，如實觀見無餘所知意，於是釋迦尊主稽首禮」一偈來禮敬。妙音笑大師註釋：「俱胝者，謂不可計數」，是數目很大的量詞。「或數中絕頂」，是說數量的最高單位，就稱為俱胝。「梵語俱胝」，「俱胝」，是梵文的音譯，在梵文中即是最高的數目，過此沒有其他的量詞，而只用一俱胝、兩俱胝來計算，這裡主要指功德多到無法計算。「如《俱胝耳本生》所說，俗語中不可計數亦可得俱胝之名，此中亦即指此」，「俱胝耳」，是佛世一位阿羅漢的名字，他的本生傳當中提到，俱胝是不可計數的意思。「圓滿者，功德也，此指身等」，是說導師佛薄伽梵的身圓滿。

「俱胝圓滿妙善」，有很多很多的妙善功德，由這樣的福德、智慧兩種資糧所生的佛身，「二資糧所生所積聚故，或宣法音故，名之為果位之身」。總而言之，這句話是說，具三十二相八十隨好的佛身，就是由福智二種資糧所出生的。

另一種說法，「圓滿」，是指意樂圓滿及加行圓滿：意樂圓滿，比如說大悲心；加行圓滿，比如說證得無我的智慧等等。因為佛身是從這些圓滿出生，所以是圓滿。那「妙善」的意思是什麼呢？因為賜予現前增上生人天的安樂果位，故名為「善」；出生究竟決定勝、成就解脫及一切遍智的果位，所以是「妙」，也有這樣說法。

接著有個巴梭法王的註。佛陀的身，「為相好所莊嚴，觀之不厭」。

「成滿無邊眾生希願語」，「無邊」，妙音笑大師註：「無際無邊」。「眾生」，「從前趣生於後」，從前生去到後世，所以叫眾生。「無邊眾生」，指很多眾生，一切有情。「成滿希願」，即「成滿現前究竟所欲求義」，佛語能成滿今生所求的一切希願，以及究竟獲得佛陀果位的希願，有這兩種成滿希願的方式，所以說「成滿希願」。如果就單單希求解脫而言，成就解脫是究竟的希願，在尚未解脫之前，為了解脫所希求的一切，如今生長壽無病，和來世的種種，都是現前的希願。「語」，是指「應上中下三機之語」，上等根機

能聽到最上的法，符順各自的心量。無論對天、龍、藥叉[3]、食香[4]、人，隨以一音說法，也能使他們按照各自的語言理解，這是應上中下三機之語的佛語功德。

真　師：這就是佛經裡面說的「眾生隨類各得解」[5]嗎？

仁波切：對、對、對！最主要的，佛陀說法，是調伏所化機的方便，任說何法，都必須利益到所化機，如果沒利益到所化機，說法就毫無意義。比如我們身為上師說法，也是這樣，必須知道符合每位所化機的心量來說法，否則就無法達到利益。如果自己心量很高，就依著很高的起點去說，那很難利益到所化機。因此，要順應上中下三種所化機的心量而說法，佛陀的語功德是這樣解釋的。隨機度化，就是佛語的不可思議。前面「應上中下三機之語」，是妙音笑大師的註。之後，巴梭法王也有補註，「開示應機之法，故僅一語，亦為具足六十或六十四支韻音」。

「如實觀見無餘所知意」，「如實觀見」，佛意能如實的觀見一切如所有性、盡所有性的法。妙音笑大師註：「無遺之智所了達，故名

「無餘所知」，能毫無遺漏地證得一切所知，所以提到「無餘所知」。「無餘所知」，佛陀的意擁有在同一個時間，各別如實觀見一切所知法的功德。

接下來，巴梭法王註：「由詮身語意功德之門」來頂禮「釋迦尊主」。此中「釋迦」，是說「強力或勇猛種族」，是說明種族。「強力」和「勇猛」同義，就是力量。「二足」，是人的異名。「二足尊主」，就是人中尊主。用一種恭敬的方式，說佛薄伽梵生於釋迦種族，而不直說他的名諱。「傑喇嘛」宗喀巴大師用最澄淨的信心「以身分之尊勝處稽首禮敬」。「以三門恭敬頂禮」，「三門」，即身語意三，身作禮敬，語作讚歎，意起淨信，用這樣的三門去頂禮。

那麼，第一句「俱胝圓滿妙善所生身」，在其他的解釋也這樣說到，「所生身」是指能仁佛薄伽梵的身。而頂禮的意義何在？因為這是能令自己獲得無量福德的方便。

佛身的妙相和八十隨形好，是由於無量福德而產生的，有無量的福德才能產生這樣的身。例如：獲得聲聞、獨覺果位的福德，乘以十倍，才能成就佛薄伽梵一個毛孔。所有毛孔的福德，乘以一百倍，能成就佛陀八十隨形好中的一種隨好。所有八十隨形好的福德，再乘以一百倍，能成就除了佛陀白毫相和頂髻相之外的三十相。成就這些相好的福德乘以一千倍，能成就佛陀的白毫相。這個福德再乘以十萬倍，能成就佛陀的頂髻。這是《中觀寶鬘論》中所說的。

　　由此可知,「俱胝圓滿妙善所生身」這一句,表達了佛身是從這麼多福德出生的。後面語功德、意功德也是這樣。對如此的佛身,僅以一次合掌作禮的福德是不可思議的,這用理路就可以推知。我們常常嘴裡會念誦:「皈依佛、皈依佛」,但是皈依佛的目的是什麼呢?是因為佛陀的功德這樣無量、無法衡量,所以我才要皈依他。那麼,我們現在講「俱胝圓滿妙善所生身」時,說到佛陀一個毛孔的福德有多大?縱使聲聞、獨覺的一切福德聚在一處,也無法出生佛陀的一個毛孔。這樣的話,是怎樣地累積福德,最終才能聚成佛陀的尊身,所以必須了解這是不可思議的。以這樣的認識來頂禮,就能產生不可思議的利益!

　　⑧其次,此論所示深廣二道中,前者由文殊傳與龍樹,後者由慈氏傳與無著,後者又由文殊傳與寂天。覺窩大師圓具此三,順此等義,而以三偈依次讚歎,另以一頌頂禮此外餘諸上師。其中初科、讚歎慈氏妙音者:是無⑧匹等⑧讚如白蓮,修正所化相續故為⑧師,⑧由其語教所出生最勝子,荷佛一切⑧隨應調化十二事業擔,現化⑧種種情器遊戲無量土,禮〔⑧戰勝四魔,故名阿逸多。〕紹勝尊及⑧至尊妙音。

講記

「其次，此論所示深廣二道中」，「深廣」，《廣論》含攝甚深、廣大二道，所以宗喀巴大師頂禮其中的傳承上師。那甚深、廣大二道的傳承是如何？「前者」，即兩者中的甚深道、深見傳承。此傳承「由文殊傳與龍樹」。「後者」，是廣行道、廣行傳承，「由慈氏傳與無著」。主要的傳承是深、廣兩種，之後還有「文殊傳與寂天」，偉大行派，或稱為修行加持派的傳承。以上共有三種傳承，「覺窩大師圓具此三」。因為匯集三個傳承，「順此等義」，「依次」宣說三個禮敬讚歎的偈頌。「另以一頌頂禮此外餘諸上師」，除上述祖師外，又用一個偈頌來禮敬宗喀巴大師的上師。

「其中初科、讚歎慈氏妙音者」，這裡是一起讚歎慈氏、妙音兩位菩薩。「是無等師最勝子，荷佛一切事業擔，現化遊戲無量土，禮阿逸多及妙音」，所謂「無等」，是指「無匹等」的意思。是怎樣的一種無等呢？這在前面已經說過了，因為一切佛陀對他都「讚如白蓮」，所以無匹等。「修正所化相續故為導師」，是什麼呢？「修正」就是能滅除所化相續中一切煩惱的意思。能開示這個方法的人，就稱為「導師」。所以「無等導師」，即是無可匹等的導師佛薄伽梵。「由其語教所出生最勝子」，是在解釋慈氏、文殊兩位佛子，是從佛陀的語教所出生的弟子，並不是指一般父子。

「荷佛一切事業擔」的「佛事業」，是指佛薄伽梵的「隨應調化十二事業」。將所有的擔子圓滿地擔荷起來，就是慈氏、妙音兩位菩薩。「現化種種情器遊戲無量土」，「器」，指青山、岩石、樹木等等；「情」，指能屈伸俯仰的各種有情，這就是「種種情器」。菩薩顯現變化成種種情器，以各種化身「遊戲無量佛土」，成辦有情義利。「戰勝四魔」，「四魔」，是煩惱魔、五蘊魔、死魔、天子魔。因為消滅了自己相續中的一切四魔，所以稱之為勝者「阿逸多」。「紹勝尊」，指成為佛薄伽梵的繼位者，如同往昔導師世尊成為兜率天[6]的主尊那樣。這裡禮敬紹勝尊勝者阿逸多及「至尊妙音」。此偈是禮讚深見、廣行傳承的主尊阿逸多及妙音兩位菩薩。

⑬又，⑭其後禮讚二大車者：如⑭經云：「任為誰說皆不解」，於極難量⑬一切至言之主，⑭能生三種聖者及勝者⑭之母，⑬各別⑭如實造釋，⑬皆如勝者自之密意，⑬而成⑭贍部樹所表徵之贍⑬部洲⑭中光顯二義之莊嚴，名稱遍揚於三地，我禮〔⑭等同龍與阿周那故為龍猛。〕⑬以及無著足。⑬是為龍猛無著二大車。

講記

　　「其後禮讚二大車者」，這是在箋註提到的。「極難量」，佛陀所說的法非常地難，非常地難懂。佛經有說道：「任為誰說皆不解」，佛陀說的法，就我們而言是很難的，不會隨隨便便就說。佛陀現正等覺後不是四十九天沒說法嗎？佛說：「我得深寂離戲論，光明無為甘露法，任為誰說皆不解，是故默然林中住。」[7]「任為誰說皆不解」，就是無論跟誰說都令對方難以理解，說和不說都沒有辦法懂，所以不說。由此可知佛說的法義難以證知，「極難量」就是在說明這一點。那麼是指什麼法呢？主要是指「勝者母」，即是《般若經》。由於難以證知「一切至言之主」──勝者母的一切意涵，所以說極難量。接下來註裡面說到：「一切至言之主，能生三種聖者及勝者之母」。「三種聖者」，是聲聞聖者、獨覺聖者、菩薩聖者。

　　對於這樣的至言「各別如實造釋，皆如勝者自之密意」，是說能按《般若經》來造論解釋勝者的密意。因而成為贍部洲的莊嚴。所謂「贍部樹所表徵之贍部洲」，「贍」，贍部洲的贍部是指樹幹的枝條、果實掉入湖水中會發出「贍部」的聲音，於是稱為贍部洲、南贍部洲。「贍部洲中光顯二義之莊嚴」，「二義」，應該是指自利和他利。因為能成辦一切他利有如莊嚴，所以稱為「莊嚴」。這裡禮敬成為贍洲莊嚴的龍猛及無著兩位菩薩。「等同龍與阿周那」，「阿周

那」，是帝釋天王之子的名諱。龍猛本身是人，但等同龍、天，故稱
為龍猛。所以龍猛一名，具備了天和龍兩個意思。這裡沒有另外解釋
無著。龍猛、無著他們的美譽名稱遍揚於三地，我禮敬此二大車的雙
足之下。

真　　師：前面講到除了深見派還有廣行派的傳承祖師，另外還有
　　　　　第三派的傳承，是從文殊直接傳到寂天菩薩，然後傳到
　　　　　阿底峽尊者。我不清楚為什麼這個派不是在深見和廣行
　　　　　派裡邊，而被稱為第三派？

仁波切：龍樹和無著是緊接至尊文殊及彌勒的，寂天菩薩年代較
　　　　　晚，龍樹菩薩於世尊示寂後四百年即降世，至尊文殊有
　　　　　對龍樹菩薩說法，相距多年後，寂天菩薩才降臨人世。
　　　　　那麼上師中，身為人類的上師，最初是龍樹和無著菩
　　　　　薩，之後依序一位位上師往下傳承。但是寂天菩薩不是
　　　　　這樣，寂天菩薩沒有從龍樹菩薩接續傳承，也沒有從無
　　　　　著菩薩接，而是至尊文殊直接給他說法，然後形成另一
　　　　　派傳承。這種傳承，稱為近的傳承。這類傳承宗喀巴大
　　　　　師也有，所謂的淨相傳承，就是指這一類。文殊菩薩直
　　　　　接傳給宗喀巴大師的也是這樣。但是這些法一般都是不

太公開的，宗喀巴大師也是一代一代上師傳下來的才能傳。現在很多其他教派有這種現象，很多說：「我在夢中這個傳給我的。」一般這些傳承在格魯派來講的話，不會公開，而且要清淨是非常困難。這種傳承也有很多清淨與不清淨的狀況，有真的，可能也有假的，所以傳承是以代代相傳的為主。而淨相傳承，就沒有經過一位位上師的傳持，只透過本尊傳授。就是近傳和長傳中的近傳。如果承認近傳，這中間又有清淨或不清淨，之後會產生很大的麻煩，所以格魯派不會承許它，不以它為主。

這裡禮敬了「龍猛無著二大車」。

🈷其次🈵禮讚造此道者獨一天尊：從二大車🈷依次善🈷為傳流，🈵圓具詞、義、加持等，非有間隙及含毒等。🈷由深見🈷以及廣行🈷二門，往趣圓滿佛地之道🈴次第、🈵體性及差別等悉皆無謬，🈵此復完具齊備，故為圓滿，🈴又攝🈴道之支分等至言密意🈵扼要、🈵一切經續之教授🈴無盡🈴寶王藏、🈵善妙生源，敬禮持彼🈴吉祥燃燈智🈴慧。🈷此讚無等覺窩大師。

講記

「其次禮讚造此道者獨一天尊」，「造此道者」，即道次第、《菩提道炬論》的造者。「獨一天尊」，這是指獨一天尊覺窩傑，獨一天尊就是至尊的意思。此偈是對阿底峽尊者作禮讚。

口　譯：「道」是指什麼呢？

仁波切：「道」就是指道次第的教授。這教授的造者是誰呢？覺
　　　　窩傑具德阿底峽。

「從二大車」，從上面的龍樹、無著菩薩傳下來的傳承。「圓具詞、義、加持」，加持的力量沒有散失、減損，這是上師傳持下來的傳承所必須的。「非有間隙及含毒等」，「間隙」，是指房子與房子之間的空隙，用此譬喻傳承中斷。「含毒」，指混雜煩惱的意樂，應該是指惡劣的意樂。並非上述的情況，不被過失雜質沾染地「依次」傳下來的傳承。善傳「由深見以及廣行二門，往趣圓滿佛地之道」，這樣的「善傳流」必須是毫無間斷的傳承，加持的威力沒有散失，未被破誓的雜質染汙，這些是傳承所必須的，對傳承非常重要。「往趣圓滿佛地之道次第，體性及差別等悉皆無謬，此復完具齊備，故為圓滿，又攝道之支分等至言密意扼要」，如果要趣往佛地的話，那麼，

攝集道之支分等八萬四千法蘊[8]、十二分教扼要的「一切經續之教授」，就像如意寶庫般的「寶王藏」，是「無盡」的「善妙生源」。「持彼」，執持這種寶庫的是誰呢？是「吉祥燃燈智」，覺窩具德阿底峽。對他作禮敬。

口　譯：是說能執持兩個傳承嗎？

仁波切：不是兩個傳承喔！有三個傳承，透過兩個傳承的系統，間接顯示了偉大行派。從至尊文殊至怙主寂天菩薩的傳承，稱之為偉大行派。並沒有直接說出來，但是在其他地方有提到三派法流匯一，阿底峽尊者完全擁有三派傳承法流。三派的傳承匯合處就是阿底峽尊者。

「此讚無等覺窩大師」，於無等覺窩大師作禮敬。

⬚其次讚歎尊師自身之親傳上師——虛空幢及法依吉祥賢等：⬚猶如遍視〔⬚無邊故為無央。〕〔⬚一切語中最為勝，故為佛語。〕目⬚之道次第與善知識，⬚三士道次以及詮說彼諸至言，⬚易於趣入復賜大義，是故猶如賢種趣脫之⬚度越輪迴大海最勝⬚階磴或津梁，⬚而於如此道次第，因由⬚大

悲⑫愍撼動⑩其心，⑬令無自在，⑫善巧⑫於⑩依所化心志三種次第，引導直至佛地之方便，⑫一切時處⑩依道次第之門，由聞思修而善開顯⑩一切至言文義，敬禮此諸善知識。⑬此為禮敬其餘此法諸上師。

講記

「其次讚歎尊師自身之親傳上師」，指宗喀巴大師自己的上師。大師是從何處聽聞道次第的呢？洛札大成就者——「虛空幢」上師，和依怙大堪布——「法依吉祥賢」，宗喀巴大師從這些上師聽聞道次第，在此禮敬這些上師。「遍視無央佛語目」，「無央」，即「無邊」。「猶如遍視一切佛語目之道次第與善知識」，這個「目」是指什麼呢？應理解為道次第和自己的善知識。「賢種」，賢善種姓，趣往解脫和一切遍智。「度越輪迴大海最勝階磴或津梁」，所謂「津梁」，是能度越至大海彼岸的工具，比如說舟船。所謂「階磴」，本來是指河壩一類，這裡指像船這一類的。

口　譯：是橋嗎？

仁波切：橋啊，大概都是一類的。

　　因為是主要的津梁，所以是「最勝」。這是指什麼呢？即「三士道次以及詮說彼諸至言」，這是一切至言當中最殊勝的。

　　「易於趣入復賜大義」，這是妙音笑大師的註。「易於趣入」，是指如果修持三士道次的話，不會走入錯道，易於趣往佛地。「復賜大義」，是說如果修持三士道次的話，能獲得佛陀果位的大義利。「於如此道次第」，對這樣清淨的至言，「因由大悲憾動其心，令無自在」，依一切種種「所化」眾生的「心志」，結合下、中、上三士夫「三種次第，引導直至佛地之方便」，而作善巧地宣說。這樣善巧地「一切時處依」三士「道次第之門，由聞思修而善開顯一切至言文義，敬禮此諸善知識。」

　　「善開顯」，就是由聞思修而開顯道次第的修持，令未解能解。就是以前不懂道次的修持，上師宣說之後，懂得了修持，就是「善開顯」，也是能增廣的意思。

真　　師：「敬禮此諸善知識」，是指敬禮除了深見派、廣行派、偉大行派，和匯集這三派的傳承者──阿底峽尊者之外的善知識嗎？

仁波切：主要是頂禮宗喀巴大師自己的上師──虛空幢及法依吉祥賢。虛空幢傳的道次第，實際上就是阿底峽尊者的《菩提道炬》。

真　師：對，那弟子就明白了。我在想這個三士道好像只有阿底
　　　　峽尊者明白地闡述出來，怎麼又有一派祖師闡述出來
　　　　了？好像都是道次第，有一個這樣的不解。這裡頭的上
　　　　師也是講阿底峽尊者的道次第。

仁波切：道次第是自己上師傳下來的。道次第也不是宗喀巴大師
　　　　自己創造出來的，而是從阿底峽尊者一代一代傳下來，
　　　　一直傳到他自己的上師——虛空幢尊者、法依吉祥賢尊
　　　　者，所以在這裡講的主要是頂禮自己的上師。

真　師：師父，如果是頂禮自己的上師的話，那第一句說「遍視
　　　　無央佛語目」，「遍視」，就是好像這一切他都看見
　　　　了，看見的是什麼呢？就是那個佛陀的語教。

仁波切：對、對、對！透過道次第，八萬四千的法門能很容易理
　　　　解，就像自己的眼睛一樣，大體上就這個意思。

口　譯：所以「目」在這裡其中一個解釋，就是道次第的意思。

真　師：對呀！

口　譯：一個是善知識的意思。

真　師：善知識！

仁波切：對！

口　　譯：要「遍視無央佛語」，一定要有眼睛嘛！那你的眼睛是
什麼呢？

真　　師：就是善知識。對吧！

口　　譯：其實就是透過你的善知識、透過道次第，要是沒有道次
第、沒有善知識，就好像沒有眼睛一樣，沒有辦法遍視
無央佛語。

仁波切：對！「敬禮此諸善知識」，於自己的上師敬禮。此偈
把自己的上師和一切上師，都攝入其中。觀視佛語的
「目」，要理解為「道次第與善知識」，善知識指自己
的上師。而「此諸善知識」，指禮敬一切有結法緣的善
知識，禮敬一切的善知識！

真　　師：所以我這樣理解第一句，好像就是在讚歎道次。因為就
是透過這樣像眼睛一樣的道次第，才能夠看到無央佛語
嘛！

仁波切：嗯！也是讚歎道次第，也是讚歎自己的上師啊！道次
第，你這個道次第誰來給你傳的呢？就是上師傳的啊！
就是需要具足這兩個涵意。之前的註解有提到「道次第
與善知識」，就是道次第和自己的善知識。

ⓦ其次第二、著作之因者：今ⓔ欣樂且勤於〔瑜伽，ⓔ他派雖說四種，然此係指真實瑜伽止觀雙運，及彼隨順內三摩地。〕ⓔ者率多寡聞，ⓔ而諸廣ⓔ作聞ⓔ者亦不善於修持ⓔ之要，ⓔ當今行者，偏執自所信解講修，故觀視佛語多ⓔ成片眼，復乏理辨教義之ⓔ慧力。故ⓔ遠離智者歡喜道——ⓔ謂得全然圓滿ⓔ教證教法扼要之殊勝教授，見已ⓔ而悲愍彼等，踴躍造論而立誓云：釋此大車道ⓔ次第，我ⓔ傑喇嘛心全然遍勇喜。

講記

「其次第二、著作之因者」，那第二科就講著作的原因是什麼呢？「今勤瑜伽多寡聞」，所謂「今勤瑜伽」的瑜伽師，中文是指修行者。這裡解釋瑜伽的意思，「他派雖說四種」，四種在這當中沒有解釋，密宗對瑜伽的說法，即為四種。而在顯教道次第的瑜伽是什麼呢？「然此係指真實瑜伽止觀雙運，及彼隨順」，止觀雙運以及不是真實止觀雙運，只是隨順的「三摩地」也可以。「勤」，指他們想要學習，並且覺得瑜伽很好，欣樂歡喜。雖然是這樣，但他們「率多寡聞」，指對其他的學習很少。是指宗喀巴大師當時，很多藏區的修行者，他們自認為是很大的修行者，但是往往就是缺乏多聞啊！

「諸廣作聞者」，也有一些人有這樣學習，但是他們真正在修持的時候，沒有很好地理解修持的扼要，未達到善巧。「當今行者」，在那個時候，行法者、修法者大多是什麼情況呢？「自所信解講修」，對於任何自己所信解的講說及修持，由於「偏執」，不論是好是壞，都說這個是好的，而沒有遍觀一切佛語，只是少分、少分地觀看後，就對此產生了愛著，「故觀視佛語多成片眼」。對佛薄伽梵所說的教義，自己復缺乏理路辨析的能力、力量，內心沒有這種分辨的「慧力」，沒有能力區分。對於經教之義，無法各別去區分，這裡是指這個、那裡是指那個，他分辨不出來，不能體會的意思。整個修行的過程當中，這第二個部分是很重要的，就是他當時為什麼要造這個論呢？由於藏地有很多教派，各有自認為好的修行方式。但是宗喀巴大師看來，很多都是不理解真正修行的方法和佛陀的教義。有些人看來自己是很好的一個修行者，但是他修行的方法很多都是錯誤的。在這種情況下，造這個論是很有意義的事情，大體意思就這樣。很有意義的，不造出這樣的論的話，在很多修行方便、學修的方法都是錯誤的。

「故離智者歡喜道——圓滿教要勝教授，見已釋此大車道，我心全然遍勇喜」，佛薄伽梵的教法，即是教正法和證正法。「故遠離智者歡喜道——謂得全然圓滿教證教法扼要之殊勝教授」，是說這樣的教授是一切智者非常歡喜的妙道，但上述那些人沒有能力看出來，因此大師要宣說「大車道」。也就是說「全然圓滿教證教法扼要之殊勝教

授」，即是最殊勝的教授，也是智者所歡喜的妙道，當看到他們不具備這些之後，大師就表達了想著作這本論。

接下來最後兩句是「踴躍造論而立誓」，既然狀況已經是這樣，大師就不再有所顧慮，而立下誓願要說這個大車道。「釋此大車道，我心全然遍勇喜」，大師對此十分歡喜，就是生起歡喜心的意思。

仁波切：你說，你剛才要問什麼問題？

真　師：在開始解釋「今勤瑜伽多寡聞」，那個「瑜伽」不是顯密的解釋不一樣嗎？但是一開始解釋瑜伽時說在這指一般修行者，後來又是一種說法？

仁波切：不是一般的修行者，主要說的是止觀雙運的修行者。這裡講的瑜伽師是什麼呢？專修止觀雙運的人，或是修相順止觀雙運三摩地的人，是這種人。宗喀巴大師的教言非常溫和，所以他沒有點哪個教派不對，這裡實際上意義是很大的，很多大師的止觀有很多是錯誤的，認為自己是個大瑜伽師、大修行者，他覺得他學的方法是完全對的，但是修行過程當中很多都是錯誤的。沒有這樣明確的道次第論著，這個修法很難改變過來，他們修行的方法很難轉變過來。

真　師：師父，他們如果修行方法都錯了的話，那也不能說他們
　　　　是在修止觀，他們不曉得在修什麼，為什麼把他們歸類
　　　　在修止觀的這些人裡面？

仁波切：但他們自己認為修的是止觀啊！當然修奢摩他的人有很
　　　　多，在藏地有很多修奢摩他的人，也有很多學奢摩他的
　　　　方法，但並不是真正止觀雙運的修行方法，很多都修錯
　　　　了。

真　師：所以「今勤瑜伽」，他們這種瑜伽只是自許的瑜伽，並
　　　　不是宗大師所許的那種瑜伽。

仁波切：那當然是他們自認為的瑜伽！他們認為在修奢摩他、止
　　　　觀。但是在修行當中有的缺乏學習；有些學了一些，但
　　　　也缺乏理解；有的是修行方法有很多的錯誤。在修行過
　　　　程當中也會遇到各種各樣的障礙。所以造這個論的意
　　　　義，就是要將龍樹和無著的道次第、大車道，在這裡明
　　　　顯地講出來。這就是大師造論的宗旨。

真　師：師父，我還是有點不清楚。既然他們所修的瑜伽已經不
　　　　是瑜伽，宗喀巴大師造論的時候，為什麼還把他劃在
　　　　「今勤瑜伽」裡面？為什麼不再作一個清晰的簡別，說

這些人只是相似瑜伽，並不是真正的瑜伽，他們修的已經不是瑜伽啊！

仁波切：「止觀雙運，及彼隨順內三摩地」，並沒說是得止的修行人，有說隨順，沒有說一定是真實的止觀雙運，相似的。另外，這註解不是宗喀巴大師講的，是註解裡的。註解是指他自己認為的止觀雙運，還有和止觀雙運相似的一切三摩地，主要指的是這個。相似的，他沒有說一定是真正的止觀，而是有相似的三摩地、禪定。

口　譯：在這裡面「真實瑜伽止觀雙運，及彼隨順內三摩地」，看的時候是不是要分開看？止觀雙運一類，隨順止觀雙運的三摩地又是另一類。

仁波切：這裡的止觀雙運沒有說一定是真實的止觀雙運，相似的也是可以被假名為止觀雙運。

真　師：如果相隨順的話，一定要有一分的正因；如果相似的話，就沒有正因了。

仁波切：相似的意思，應該就是相似的三摩地。

真　師：所以這些所謂瑜伽者，他們在因地就已經失去止觀的

因，是相似因。

仁波切：「今勤瑜伽多寡聞」，在藏文的「今勤瑜伽」就是他為
這方面努力的修行者，沒有說完全就是一個瑜伽者。還
未得到，但想在瑜伽方面努力的這些人，對此有興趣，
尚在修行過程中。你看這很清楚嘛！藏文中「今勤瑜
伽」。對於什麼精勤呢？對瑜伽精勤。他們所要得到的
是什麼呢？他要得到的就是瑜伽。原文上是很清楚的，
想向瑜伽努力的這些修行人，意思就這樣。而註解是指
趣向於隨順止觀雙運這點，並非完全具足止觀雙運，但
在內三摩地、止的部分努力的修行人。「隨順」是表示
沒有做錯。而且他們大多數寡聞，這說明很多人就這
樣，剛開始的時候，不注重學習佛教的教理、教言，不
注重學習；有的是學到以後，開始修的時候，學修不能
結合，在修的過程當中方法也有很多錯誤。這些都是當
時藏地出現的一些問題，宗喀巴大師看到這些情況以
後，他就想把這個大車軌之道講出來，就是這個意思。

法　師：師父，「觀視佛語多片眼」和「復乏理辨教義力」有什
麼差別？

仁波切：「觀視佛語多片眼」是指什麼呢？不全面去看的意思，
　　　　就是片段，有些佛語會看、有些不會看。假設不遍觀佛
　　　　語的話，過去經典中宣說了很多各別不同的了義、不了
　　　　義，有些說補特伽羅有我，有些說補特伽羅無我，不可
　　　　以只片面地說：「佛宣說補特伽羅有我。」對於佛語要
　　　　全面地學習，不這樣做的話就是「片眼」。不能因這之
　　　　前他有說過，就非得固執不可，這一句是這個意思。要
　　　　學的話，就必須要全面學。有些人不全面學的話，就會
　　　　體會不到。看前面寫的是「有我」，這是佛講的，是對
　　　　的。但是為什麼要講「有我」呢？到後來又寫的是「無
　　　　我」，那不全面看的話，只抓住一句這就是片眼。「復
　　　　乏理辨教義力」，佛薄伽梵所說的教義，要用各自的理
　　　　路去分析，再再觀察思惟是不是這樣。從理論上分析道
　　　　理的能力，就是這裡的理辨教義力。

「圓滿教要勝教授」，圓滿佛薄伽梵教法中一切扼要的最勝教
授，比如說像《廣論》這樣的道次第。這是所有智者的歡喜道。他們
沒有像這樣的法，大師觀見他們相續中遠離了智者歡喜之道，因此如
箋註所說，大師要造此論。

　　科判是挺重要的，箋註的科判有兩家：一個是遍智妙音笑大師箋註的科判，另一個是巴梭法王箋註的科判。妙音笑大師的科判有「一、皈敬；二、立誓宣說；三、敦囑勵聽；四、由辨識所詮之門而明如何講聞此法」四科。接著應該是巴梭法王的科判，這裡開頭標。「此中分為：一、前行趣入講說之方便；二、正敍所說；三、宣講究竟之理。」那麼我們已經說完「皈敬」和「立誓宣說」，這是依妙音笑大師的科判來說。那就巴梭法王的科判上來說「一、皈敬殊勝天及根本傳承上師」已經講完了，「二、由明希欲造論因相之門而立誓造論」，這是第二科。最初「前行趣入講說之方便」分了四科，已經結束了前兩科。

　　如果宗喀巴大師沒造這樣一部論，清淨教法是很難住持在雪域西藏的。是為了非常重大的意義，所以大師造了此論。為什麼呢？可從之前的偈文中知道，當時西藏佛教是怎樣？雖然佛陀的教法曾興盛過，遍布著許多宗派。但事實上，真正地能清淨修行解脫和一切遍智之道的法，真的不多、很稀有。這不是在批評其他宗派，那時還沒有所謂的日窩甘丹派[9]，宗喀巴大師並不是說其他宗派不行。那是什麼呢？因為我們修行的方式有很多錯誤，所以才這樣說。是為了修持全圓的教法，而造了此論。因此，由於悲憫這些修行人，想以大悲之門為他們宣說正道，大師才說要著作此論。「見已釋此大車道，我心全

然遍勇喜」，內心非常歡喜，並對這些人懷著強烈的大悲，而著作了此論。

在這個偈頌裡，說明了「所為等四法」[10]，在造任何論時都要具備這些內容。不具備這四法的話，造論就沒有意義。四法是什麼呢？所詮、所為、究竟所為、係屬四個。任何一本清淨論典，如果不具此四法，就不是清淨論典。那「所詮」是什麼呢？可以從前面說過的「圓滿教要勝教授」的「勝教授」，和「見已釋此大車道」的「大車道」來了知本論的所詮。總攝一切佛語心要，由三士道次之門完整宣說的道次第，就是本論所詮，這是第一個。「所為」，有分「現前所為」和「究竟所為」二者。「所為」是什麼呢？那時雪域西藏有很多修行人，不懂修行扼要，修行不完整，為了將這一切導入正道，於是造了此論，這是所為。那麼在修行的時候，或是缺漏、或是片面，有些已在前面說了，為了獲得全然圓滿教證教法扼要之殊勝教授，就是所為。「故離智者歡喜道，圓滿教要勝教授，見已」，為了悲憫這一切人，為了令教法清淨，這個是所為，在字面上除此以外就沒有再顯示其他的所為。那間接顯示什麼所為呢？將一切具緣所化機，依三士道次第引導而正確修持，這也是所為。「究竟所為」是什麼呢？依著「所為」，安立一切所化機於圓滿菩提。依三士道次修持後，現證究竟無上圓滿正等菩提，這是究竟所為。因此宗喀巴大師說：「我心全

然遍勇喜。」「係屬」是指依著所詮成辦所為，依著所為成辦究竟所為，這就是係屬，在論典中並沒有明文。

㊙第三、勸勵具器人應聽聞者：㊋謂諸有偏執暗未覆，具辨善惡妙慧力，欲令暇身不唐捐，諸具善者專勵聽。

講記

現在我們講妙音笑大師的第三個科判，從巴梭法王的科判來看也是第三科，兩個註釋的內涵是一樣的，都是「勸勵具器人應聽聞」。

再下來有一偈：「諸有偏執暗未覆，具辨善惡妙慧力，欲令暇身不唐捐，諸具善者專勵聽。」「偏執」是什麼呢？不了解圓滿教法扼要，只執持片面，把這點比擬為「暗」。如果為暗所覆，比如說黑暗籠罩這個房子的話，無論有什麼事物都看不到呀！如同這樣，去除黑暗後，將此道的扼要完全地光顯，就是「暗未覆」。「具辨善惡妙慧力」，要具備辨別正確與不正確的清晰慧力。欲令賢善所依暇身具義而不唐捐的諸具善緣的人們，於此論應專一勵力地聽聞！這就是「勸勵具器人應聽聞」。如果不是器，就不會這樣說。

口　譯：「具善」是指具器嗎？

仁波切：是。「具善」，是具有修習此論的善緣，也就是此論的
　　　　具器者、此論的所化機。指遠離前述過失的人。什麼過
　　　　失呢？就是指偏執一方，說：「大乘有問題」、「小乘
　　　　怎樣怎樣」這種偏執。具足沒有被這類黑暗蒙蔽的功
　　　　德，又具有分辨善惡妙慧力，欲令暇身不唐捐的善緣
　　　　者，擁有上述功德的人才能將法聽進耳裡。不是這樣的
　　　　人，根本聽不進去。雖然不是不能聽，但是不具信心、
　　　　不具器、有偏執、不具分辨善惡慧力的人，即使講給他
　　　　們聽，也聽不進去，無法利益到他們。因此聽聞《廣
　　　　論》應該具備這些功德，能具足這些就能有所饒益，因
　　　　為是具器者。

　　🌸第四、辨識名義及所說法者：此中總攝一切佛語扼
要，遍攝龍猛無著二大車之道軌，往趣一切種智地位勝士法
範，三種士夫一切行持所有次第無所缺少。依菩提道次第門
中，導具善者趣佛地理，是謂此中所詮諸法。

講記

第三科已經結束了，現在是第四科。這一段裡仍有不同的段落，可以細分，但此處沒有再各別分段。本論到底依循何種講說傳規，下面還有說明。就是辨識所說法後，用哪一種解釋、講說的方式，有吉祥那蘭陀寺和止迦摩囉寺兩種傳規，本論將要依循哪一派的作法。

從「此中」至「所詮諸法」中間沒有箋註。「此中總攝一切佛語扼要」，所謂「佛語」，即指勝者言教，佛薄伽梵所說的法，全部即八萬四千法蘊。以有情的三毒煩惱為本的九品八萬四千煩惱，佛薄伽梵針對這些煩惱宣說了各自的對治法，就是八萬四千法蘊，也就是「佛語」。將這其中一切的扼要攝集在一起，就是總攝扼要。如果將八萬四千法蘊收攝在一起，可以歸納成甚深及廣行二種道，這就是收攝扼要的方式。

「遍攝龍猛無著二大車之道軌」，所謂的「大車」，比如說，本來只有窄小的道路，後來整治成大路，使所有的車輛都能行駛，能這樣去拓寬道路的人，就被稱為「大車」。在龍猛菩薩及無著菩薩之前並不是沒有佛陀的教法，但是大乘教法非常地式微，傳持的人很稀少，而小乘部派則廣泛地弘傳。由於龍猛、無著二位菩薩廣開大乘之門，令大乘的教法長久流傳光顯宏揚，所以被尊稱為「大車」。

　　大乘教法中最主要是深見、廣行二派傳承，這是龍猛、無著二位菩薩得自文殊、慈氏二位菩薩的傳承。而龍猛、無著二位菩薩並非在各自的教法中沒有對方的教法。以具德怙主聖者龍猛來說，無論深見、廣行的教法都全部了然，聖者無著也是一樣，並非不了解對方的教法，只是各自開啟事業大門的方式不同。因為各自所化機不同，而形成不同的事業門，不是只有自己的教法而沒有對方的教法，或者不了解對方的教法。在以前，佛薄伽梵就已經授記龍猛、無著二位菩薩將光顯大乘之門。本論將要闡述的就是二位大車的道軌。

　　接著，是一切具有善緣的所化機，「往趣一切種智地位勝士法範，三種士夫一切行持所有次第無所缺少」，所化機有上、中、下三類，將三種士夫各自修持方式的所有次第，無所缺少攝集一處的，就是本論。「三種士夫」是：以自利為主，並且因為怖畏三惡趣，希望自己不要墮入三惡趣，而且能獲得人天果位，為此努力的就稱為下士夫；為了自我能夠從六道的輪迴大海中解脫而精勤奮鬥的，就稱為中士夫；不同於前者，為了一切有情利益，自己精勤於獲得佛陀果位的，是上士夫，這是約略的介紹。其中的重點為何？三種士夫是依著什麼來安立？是依各自的等起、思想方向來安立。結合我們的經驗來看也是如此，主要是自己的動機，如果好的話，就可以說是清淨的正法，動機不好就很難說是清淨的正法。

我們禮佛一拜，或唸一句「嘛呢」，如果是懷著為了來世人天增上生的動機，那就屬於下士道。《道炬論》當中直接顯示的下士夫，最基本必須是希求來世人天增上生的士夫，如果只希求今生，就不是《道炬論》直接顯示的下士夫。如上所說，無論現在我們作課誦也好，或作任何的修持，為了獲得人天增上生，就屬於下士夫。為了自利而希求從輪迴中解脫，無論作任何淨罪的行為，都會成為中士夫的道。內心想著一切有情的利益，即使我只作一個禮拜，那也將成為上士夫的道。所謂的法，非常非常地甚深，非常非常地細微，僅就相續中內心執持境的方式那一點來安立。本來可能是不可思議的功德勝利，如果心被煩惱染雜，就會丟失這樣的功德。內心中意樂的差別，存在著巨大的差異！這樣的三士道，遍攝「所有次第無所缺少」，收攝在哪裡？菩提道次第就完全收攝在《道炬論》裡面。「依菩提道次第門中，導具善者趣佛地理，是謂此中所詮諸法」，這是在辨識所要講說的法。

🟡開示釋儀當中諸智者異門者：此中傳有二派釋儀：〔勝那蘭陀，🟡謂蘆葦塘。師云：此為往昔阿育王於舍利弗誕生處，所建安置大乘經函之宏偉經院。五百大乘阿闍黎、陀尊兄弟及龍樹等，皆於其中，以講聞大乘教法之門廣為拓建，為印度諸僧團中最殊勝者。〕中

講記

「釋儀」，接著是說明要用什麼講解方式來闡述道次第。在印度有兩座大寺院，第一座是「**勝那蘭陀**」，這裡有語王尊者的註，所謂「那蘭陀」意思是「蘆葦塘」，因為那裡的水池長了許多長長的蘆葦，所以拿來稱呼那個地方。那蘭陀同時也是舍利弗尊者的出生地。接下來，語王尊者的箋註說：「*此為往昔阿育王於舍利弗誕生處，所建安置大乘經函之宏偉經院。*」本來是舍利弗尊者的出生地，之後到了阿育王時，在這裡建造了安放很多經典的經院。

你們去過那蘭陀寺嗎？現在還保有遺跡，現在的那蘭陀已成為廢墟了，不復存在。有個塔的遺跡，傳說是舍利弗尊者的塔，不知道是不是真的。裡面有個遺跡是座高塔，聽導遊說那是舍利弗尊者的塔。在當時的那蘭陀，有「五百大乘阿闍黎」和「陀尊兄弟」倆，哥哥是陀尊成就尊，弟弟陀尊安樂主，後者是《勝天讚》[11]（ཕྱ་ལས་ཕྱུལ་བྱང་གི་བསྟོད་པ）的作者；此書很有名，在《丹珠爾》[12]中有收錄。他倆都是印度班智達。「*及龍樹等，皆於其中，以講聞大乘教法之門廣為拓建*」，那蘭陀寺大概自阿育王時開始有雛型，之後為具德怙主聖者龍樹擴建，成為印度內道徒講聞、學習的主要寺院。「*以講聞大乘教法之門*」，透由講說、聽聞大乘教法的方式來興盛擴建寺院，而成為「*印度諸僧團中最殊勝者*」。

四家合註
皈敬頌

83

　　諸智論師，許由三種清淨門中詮釋正法，謂軌範語淨、
學者相續淨、所說法清淨。

講記

　　吉祥那蘭陀寺所有的智者，是用什麼方式來講說正法呢？以「三種清淨門」來「詮釋正法」，就是「軌範語淨、學者相續淨、所說法清淨」，以這三種清淨門來詮釋正法。所謂「軌範語淨」，軌範師對清淨論典的內涵，所作的無謬解釋，即是「軌範語淨」。「學者相續淨」，指弟子們相續不摻雜煩惱。同樣的，前一個「軌範語淨」的意思，雖然主要是指無謬解釋論典義理，然而軌範師的相續清淨也很重要，並不是只要講得好就可以，而軌範師本身的心續、意樂不好卻沒關係。從字面上來看，沒說軌範語淨就可以，不用管相續清淨不清淨，其實相續清淨才是主要的，軌範的相續清淨非常重要！一定要思考，這對他人是有利益的，或者這對他人是否能有利益，一定要懷有利益他人的心才說法，這是根本！在這之上言語清淨——能無謬宣說論典義理，這才是軌範語淨的意思。除此之外，不能說即使軌範師我的相續不清淨，但所說的法仍是清淨的。

　　接著第三個「所說法清淨」，所說的法必須是能以無謬方便之門，引導所化機至佛地的正法，這才是清淨的法。就修改與救護的功

德這角度來講，正法的定義是什麼呢？摧伏所化機的煩惱，能令他的相續生起功德，依此引導令至正道，這就稱為正法。

那蘭陀寺的說法方式，就是以這三種清淨門來詮釋正法。

真　師：師父，有一個問題，現在可以問嗎？就是在「勸請聽聞」裡邊，翻譯說有三種條件：一個是諸有偏執暗未覆，另一個是具辨善惡妙慧力，再一個是欲令暇身不唐捐。我在想，為什麼要把這解釋成三個條件，而不解釋成為兩個條件的人？就是說，偏執暗未覆和具辨善惡妙慧力的這兩種人，如果希望你的暇身不唐捐的話，就來聽《廣論》。我是說，為什麼把它解釋成三種條件，而不是二種條件？根據是什麼？

仁波切：不是這樣！沒有說聽《廣論》就非得要具備這樣的條件，大師是說聽聞《廣論》的這些補特伽羅，不要執持片面，不要我只學這個其他的不學，要清楚辨別是非。如果想令暇滿的賢善人身具備意義，那麼請來聽聞正法。除此之外，沒有說聽聞《廣論》一定要具足這樣的條件，不具足的話就不能聽。

口　譯：那我們前面的要修正。

真　師：那勾掉、勾掉！我們順您的看法。剛才說到「軌範語淨、學者相續淨、所說法清淨」。師父剛剛解釋軌範語清淨時，說並不是把所說的法講清楚就完了，主要是他的相續。如果只是強調他講的時候那種意樂的清淨，現在翻譯成「語」的話，那內涵可能就表達不出來了。

仁波切：表達得出來，這個藏文字面上也只有「語」。主要講的是語清淨，但是這個意樂也很重要。在字面上看不出來，但實際上他的相續也是很重要的。這是我講的，字面上沒有。

真　師：就是他說話的時候，要和他的心相應。

仁波切：對！

真　師：師父，還有一個問題。就是您說龍樹菩薩到那蘭陀寺，他在那個大寺院開始聽聞、講說大乘的佛法。那個時候大乘佛法不是很衰微嗎？他聽誰說法？

仁波切：不是他聽，他是在那裡弘揚大乘法，用講聞佛法作為門徑弘揚佛法。他不聽法，別人也要聽啊！

真　師：他講說，別人聽？

仁波切：那當然！

真　　師：我以為他去那蘭陀寺聽大乘法。

仁波切：龍樹菩薩在那裡擴建，弘揚大乘法，是這樣。但是龍樹
　　　　菩薩之前，也並不是沒有大乘學者，但不是那麼多，當
　　　　時也有密乘的修行者和大成就者。那時就有大成就者薩
　　　　惹哈在那裡，他是具德怙主龍樹菩薩的上師。所以不是
　　　　說在之前沒有這樣的道，而是道不寬廣，因為將道變
　　　　大，所以成為大車軌，這之前已經說過了。

　　　後時〔止迦摩囉室囉，^麭師云：此寺於摩羯陀北方，恆
河畔小丘腳下，具一百零八佛殿，外有圍牆環繞。安住其中
諸班智達，行種種聖教事業，亦為僧伽資生極妙善處，覺窩
大師亦從此處迎赴藏地。建寺者為法王達摩波羅，彼即獅子
賢論師之施主。內殿中央供奉與金剛座大菩提像等量之世尊
像。〕聖教盛行，彼諸智者，則許三種而為初要：謂正法造
者殊勝、正法殊勝、如何講聞彼法規理。^麭明當隨於何規：
今於此中，應如後釋。

講記

　　勝那蘭陀寺以三種清淨門宣說正法，那蘭陀寺的講法傳規就是這樣。另一種方式是什麼呢？「**後時**」，就是之後，繼那蘭陀寺之後，印度另有一座止迦摩囉室囉的大寺，亦即戒香寺。這裡所有智者的講說方式，在義理上和前一種講規大致相同，但字面上不太一樣，說的方式不同。

　　「*止迦摩囉室囉寺*」，有語王尊者的箋註，「*師云：此寺於摩羯陀北方，恆河畔小丘腳下*」，印度的摩羯陀[13]是現在的菩提迦耶[14]，在那北方恆河邊的小山腳下，「*具一百零八佛殿，外有圍牆環繞。安住其中諸班智達，行種種聖教事業*」，在那裡有很多班智達駐錫，有的說法、有的辯論，以各式各樣不同的事業來承事教法，用不同的方式弘揚教法。比如說，有些人坐鎮在東門或西門，如果有外道前來，就同他辯論；有些人當住持說法，用不同的形式來弘揚佛法。「*亦為僧伽資生極妙善處*」，這是指當時僧人的生活很優渥。「*覺窩大師亦從此處迎赴藏地*」，阿底峽尊者去西藏時，就是從這座寺院請去的，當時尊者就住在那裡。

　　此寺院的功德主、大施主，是印度的「*法王達摩波羅*」。「*彼即獅子賢論師之施主*」，《顯明義釋》的作者即獅子賢阿闍黎，達摩波

羅也是他的施主。「內殿中央」，在寺院大殿最裡面的後殿中間，「供奉與金剛座大菩提像等量之世尊像」，「大菩提」是佛薄伽梵的聖像，殿裡有一尊和金剛座菩提迦耶釋迦能仁等量的佛像。以上是語王尊者的箋註。

在這座寺院裡聖教非常地盛行。這裡面諸智者們的說法方式，就如下文提到的，「則許三種而為初要：謂正法造者殊勝、正法殊勝、如何講聞彼法規理」。講法一定要具備這三個條件，這很重要。講法必須具備這三個條件，就是這座寺院的講規。

有些解釋，或是一些上師的說法裡，說那蘭陀寺和止迦摩囉室囉寺的說法沒有太大差別，為什麼呢？「所說法清淨」可以攝入「正法殊勝」；「學者相續淨」可以攝入「如何講聞彼法規理」；「軌範語淨」大致上可以納入「造者殊勝」，這兩者基本上是相似的。那本論是依循何者呢？宗喀巴大師是依後者止迦摩囉室囉寺的講規，因為覺窩傑具德阿底峽是依這座寺院的作法，是這個寺院的上師，這樣去講說的話，應該也會有良善的緣起，因此「明當隨於何規：今於此中，應如後釋」。

註釋

1　**《攝類學》**　為令初學者易於理解《釋量論》的內義，攝其心要而編寫的因明學初階教典。

2　**所為格**　為藏文語法八轉聲中的第四格。表示為了某種目的而作的一種虛詞。

3　**藥叉**　一種鬼名，譯為施礙。由於能損害、障礙他人，以及會被眾人祭祠，施予供物，故名施礙。又或為一類天人，住於須彌山北面，為多聞天子眷屬。

4　**食香**　一種天上樂神，梵語音譯為乾達婆。為天中一類喜愛歌唱，音聲善妙，以香為食的天人。又，中陰有情也名食香，因其以香為食故。

5　**眾生隨類各得解**　引文出自《大寶積經・淨飯王詣佛品》。全偈為：「佛以一音演說法，眾生隨類各得解，稱意所欲知其義，斯則如來不共相。」

6　**兜率天**　為欲界六天的第四天，義為具樂。由於此天具有眾多歡樂，故名具樂。

7　**我得深寂離戲論，光明無為甘露法，任為誰說皆不解，是故默然林中住**
引文唐天竺三藏地婆訶羅譯《方廣大莊嚴經》作：「我得甘露無為法，甚深寂靜離塵垢，一切眾生無能了，是故靜處默然住。」今此乃按藏文譯出。

8　**八萬四千法蘊**　即導師世尊所說的一切法。一法蘊，即為開示一類煩惱的完整對治法，煩惱可分為貪欲行的二萬一千種煩惱，瞋恚行的二萬一千種煩惱，愚癡行的二萬一千種煩惱，三毒均行的二萬一千種煩惱，共八萬四千種煩惱，故其對治共有八萬四千法蘊。

9　**日窩甘丹派**　即格魯派，為西藏佛教四大教派之一，此派祖寺甘丹寺建於拉薩東邊的卓‧日窩切山上，故名日窩甘丹派。乃至尊宗喀巴大師所創之顯密講修並進的宗派。

10　**所為等四法**　即所詮、所為、究竟所為、係屬四者。此四為所化機能趣入論典的方便。透由了知所為及究竟所為，能發起求取此義利的心。而由了知所詮、係屬，則可了知在論典中有獲得此義利的修持方法。於是便能去除不欲趣入論典的障礙：認為不可能成辦此等義利，以及認為雖能成辦，但依這本論典不能成辦的邪執，而能趣入。

11　**《勝天讚》**　此讚為印度阿闍梨陀尊安樂主所造。此師先為外道徒，後入佛門而造此讚。

12　**《丹珠爾》**　此世界佛教教主——釋迦牟尼佛所說的一切顯密至言，印度及漢地的祖師們，為解釋佛語密意而造了種種論典，其中被翻譯成藏文的，便稱為《丹珠爾》，義為翻譯的論典。

13　**摩羯陀**　為古代中印度的一大城名。佛世竹林精舍所在地，古代阿育王建都處。

14　**菩提迦耶**　地名，位於印度比哈爾邦迦耶城南。

造者殊勝

第二、正敘所說：由是菩提道次引導，分四：一、為顯其法根源淨故開示造者殊勝；二、令於教授起敬重故開示其法殊勝；三、如何講聞二種殊勝相應正法；四、如何正以教授引導學徒之次第。今初：所言根本及直接造者：

　　總此教授，即是至尊慈氏所造《現觀莊嚴》所有教授。別則此之〔教典，令意正安住故，名為教典，如燈照明闇中黃金等，此亦照顯菩提道故，即是《菩提道炬》。〕故彼造者，亦即此之造者。是語顯示此二上師同一心續。究竟而言，固為同一心續，然此文義是謂此《菩提道次第》所詮說之根本教典或如根本頌者，即為覺窩傑所造《道炬論》，故彼造者理應亦為此道次第之造者。下文所說法殊勝，亦即宣說《菩提道炬論》之殊勝，其旨實同。〔彼復往昔勝者降世之時，於王舍城中示現長者相，名曰賢護菩薩。以卓聾巴云：「於勝者前名佛子賢護。」綽普譯師云：「昔於佛世尊汝名賢護」故。〕即是大阿闍黎〔迪邦為燈，嘎惹為作，師利為吉祥，迦那為智。〕別諱共稱勝阿底峽。此中有上師謂由具增上意樂，故名曰阿德雅峽；眾聲明論師謂為至極寂靜之義；然如傑仁波切云：「傳稱最勝三百十」，阿底峽應為超勝或殊勝之義。

講記

「第二、正敘所說」，語王尊者的箋註已圓滿結束，這應該是妙音笑大師的箋註。「由是菩提道次引導，分四」，這是《廣論》的科判。「一、為顯其法根源淨故開示造者殊勝；二、令於教授起敬重故開示其法殊勝；三、如何講聞二種殊勝相應正法；四、如何正以教授引導學徒之次第。今初：所言根本及直接造者」，這四個科判含攝了從開頭親近善知識軌理，至最後雙運果位、佛地中間的所有道次。

第一個，「為顯其法根源淨故開示造者殊勝」，這裡「根本及直接」的「根本」是什麼？《廣論》的根本，即《道炬論》；《道炬論》的「造者」，即覺窩傑具德阿底峽。《道炬論》所說的教授是什麼呢？「即是至尊慈氏所造《現觀莊嚴》所有教授」。《現觀莊嚴論》是彌勒菩薩著的，那是怎樣的一本論呢？此論能讓所化機易於了知廣、中、略三種《佛母》一切內義，就像鑰匙一樣。當中統攝了《般若經》裡，次第超脫、不合之處，並攝集了廣、中、略三部《般若》的內義，使人易於理解，主要是這樣的一本論。《現觀莊嚴論》中，宣說了隱義現觀次第和顯義空性次第兩者。那麼這兩者在《廣論》中是如何分布呢？在〈奢摩他〉之前是完整無缺地宣說隱義現觀次第，〈毘婆舍那〉則是宣說顯義空性次第。

「別則此之教典，即是《菩提道炬》」，所謂「教典」，「令意

正安住故，名為教典」，這是巴梭法王的箋註。「如燈照明闇中之黃金等，此亦照顯菩提道故」，如果黑暗裡沒有光明，放了黃金也看不到；如果在裡面點燃火炬，就看得到黃金。同樣的，因為有了《菩提道炬論》，才能完全清晰地看見所有趣往佛地的道路。這樣的教典是什麼呢？「即是《菩提道炬》」。「故彼造者」，即覺窩傑阿底峽，「亦即此之造者」，這裡所說的「此」即《廣論》。

關於造者方面有許多的問題。如果阿底峽尊者是造者的話，那是否宗喀巴大師就不須著作《廣論》，因為造者阿底峽已著作的緣故。這樣的疑問很多，關於這點接下來語王尊者的箋註中有清楚解釋。「是語顯示此二上師同一心續」，有些人說宗喀巴大師和阿底峽尊者兩位是同一心續，這句話就是宗喀巴大師要表達自己是尊者的化現，但是語王尊者說這樣是不合理的，並不是這樣。「究竟而言，固為同一心續，然此文義」，語王尊者他並沒有說不是同一心續，但是這段文的意思，「是謂此《菩提道次第》所詮說之根本教典或如根本頌者，即為覺窩傑所造《道炬論》」。「故彼」，彼是《道炬論》，「造者」是阿底峽尊者，「理應亦為此道次第之造者」。這裡的造者只是從義理上說，並沒有說是文字的造者。因為《廣論》就是在解釋《菩提道炬論》，所以阿底峽尊者理應是此論的作者，這是大師的意思。怎麼知道呢？語王尊者的說法中提到：「下文所說法殊勝」，接下來會講述法殊勝，在講到法殊勝的時候，是在說《菩提道炬論》的

殊勝，從這裡就可以推知。

如果換成提出疑問的方式來講的話，會這樣想：佛薄伽梵宣說了廣、中、略三種《佛母》，既然已經講了《般若經》，就等於講了《現觀莊嚴論》。因為此論的內容在廣、中、略三種《佛母》都有，所以可能會生起疑惑：「這樣著作《現觀莊嚴論》不就沒有意義了嗎？那麼，既然已經作了《現觀莊嚴論》，著作《菩提道炬論》就沒有意義，因為它的一切教授在《現觀莊嚴論》中都有了。而尊者也已經著作了《菩提道炬論》，其中的內涵和《廣論》的內涵也一樣，那著作《廣論》也就沒有意義。」不知道是否會現起這樣的看法？有的話，事實並非如此，每一部論都有各自特殊的意義。

攝集廣、中、略三種《佛母》一切扼要於一處，即是《現觀莊嚴論》，這就是著作《現觀莊嚴論》的意義所在；明了《現觀莊嚴論》的話，就能通達廣、中、略三種《佛母》所說的一切內涵。如果不著作《菩提道炬論》的話，在《現觀莊嚴論》中，並沒有按照各自的次第，安立出下、中、上三種士夫這樣的框架啊！

開創三種士夫道軌的應該是覺窩傑阿底峽尊者，這以前在印度應該是沒有的。後來《道炬論》送至印度，印度的班智達們說：「覺窩傑去西藏是件很好的事，如果不去西藏，就不會作出這樣的論著。」因為在印度不需要這種著述，很多的大智者就能通達。後來也有來自

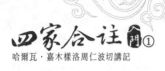

印度的祈請，希望能有此論的自釋。依次宣說安立三士夫的行相，這就是著作《道炬論》的目的。而《道炬論》的文字極為精要，圓滿完整地含攝顯密之道，這樣的話，除了上等根機的補特伽羅之外，下等根機的補特伽羅無法證得其中的義理，因此也非常需要著作《道炬論》的解釋。「故彼之造者，亦即此之造者」，只是指《廣論》內涵的造者是具德阿底峽尊者，並不是說文字的造者是阿底峽尊者。

接下來是介紹尊者的傳記，是語王尊者的箋註。「往昔勝者降世之時，於王舍城中示現長者相，名曰賢護菩薩。以卓壟巴云：『於勝者前名佛子賢護。』」阿底峽尊者在過去導師佛薄伽梵降世的時候，於印度王舍城受生為示現長者的賢護菩薩，這是尊者多生以前的一世。這不僅噶當派的卓壟巴大師這樣說，綽普譯師也這麼說。以上是語王尊者的註釋。

接下來，正文：「即是大阿闍黎迪邦嘎惹師利迦那，別諱共稱勝阿底峽。」這是覺窩傑的名諱。迪邦的意思「為燈」，嘎惹「為作」，師利「為吉祥」，迦那「為智」，即為吉祥燃燈智，另外的名號是阿底峽。有些人說阿底峽是天尊菩提光王取的名號，印度沒有人稱「阿底峽」。西藏國王天尊菩提光迎請尊者至西藏後，尊稱為阿底峽，於是奉上「超勝」的名諱。語王尊者的箋註裡說到，「此中有上師謂由具增上意樂，故名曰阿德雅峽」，因為具有清淨的增上意樂，所以稱為阿底峽。「眾聲明論師謂為至極寂靜之義」，聲明學者們認

為是指相續非常寂靜，所以稱為阿底峽。宗喀巴大師並不是這樣說，箋註說：「然如傑仁波切云：『傳稱最勝三百十』」，宗喀巴大師的承許是超勝的意思。因此語王尊者認為應該依宗喀巴大師的說法，所以「阿底峽應為超勝或殊勝之義」。

其殊勝，分三：一、圓滿種中受生事理；二、其身獲得功德事理；三、得已於教所作事業。今初：如那措大譯師所造《八十讚》云：「金剛座之東，有廣大境域名邦伽羅，其境域之支分中，有諸印度人稱為薩賀，藏語中稱為撒賀之勝境，此說與《種敦巴遊記》所云：『印度東方撒賀境，有城名為邦伽羅』及『周有十萬戶』不同。然《洛札巴窩教法史》中亦作前說，《桑郭瑪遊記》等似與彼同。此復，種敦巴所造〈傳記祈請文〉有『富饒之地邦伽羅，貴冑撒賀王種姓』之說，亦與前同。此為箋註探疑。其境域間有諸多大城，其中最大者乃〔比為儼然，札瑪尼為次第，布惹為城。〕傳稱其與卡切次頓相當，其中有兩百四十或兩百七十萬戶，此讚下文即云：廿七十萬戶。其中有稱為王都之宮殿極廣博，此宮殿名為有金幢。傳說當今名金頂者即此。遊記中有謂：『印度東方薩賀境，有城名為邦伽羅』云云，故應觀擇。受用位饒盛，等支那東君。

此義或謂有象黃之象名為君，千象之中方得其一。彼王有此象千頭，故為至極富饒之義。有謂於千輻金輪之一一輻上，各置一饌，來奉王前，轉動其輪，王但能噉其前之食，不堪更食，故名為君。雖見眾說，然余勝上師云：『支那國王名曰東君者，實命名者隨意立號，更無餘因；如稱光王‧及燒熱性為火，亦別無他由也。』其國王善勝，妃名吉祥光。父母有三子，太子名蓮藏，次子月藏，並其幼子吉祥藏。王太子蓮華藏，有五妃九子。長子福吉祥，現時大善巧，稱為陀那喜吉祥米札，為近事班智達，通曉一切波羅蜜乘教授。三子中幼子吉祥藏，苾芻比惹贊札精進月，有說此師善巧密咒教授，能化出真實壇城。曾赴藏地，於堆隆措昧施降冰雹，後至雅隆。於昂雪之龍寺示寂。善勝次子月藏者，即現至尊覺窩師。」

講記

那麼無論是稱呼為具德燃燈智，或稱呼為阿底峽都可以，這位上師名稱已遍揚於大地，他的殊勝分三個科判來說明。「一、圓滿種中受生事理；二、其身獲得功德事理；三、得已於教所作事業。今初：如那措大譯師所造《八十讚》云」，覺窩傑的傳記，宗喀巴大師主要是

依著那措譯師造的讚文來講述。印度「金剛座之東，有廣大境域名邦伽羅，其境域之支分中，有諸印度人稱為薩賀」，指邦伽羅當中一個小地區的某座城市名，印度人稱為薩賀，「藏語中稱為撒賀」。「此說與」覺窩傑的弟子「《種敦巴遊記》所云：『印度東方撒賀境，有城名為邦伽羅』」講得不太一樣，這裡是將撒賀和邦伽羅倒過來說。以現在我們的說法，邦伽羅是一個國家，撒賀是這個國家的城市。這段妙音笑大師的箋註，提到了很多說法，這是其中一種。「及『周有十萬戶』不同」，現在的說法是在前面箋註提到邦伽羅這地方，有座撒賀城，和這句邦伽羅被十萬住戶所圍繞的說法不同。「然《洛札巴窩教法史》[1]中亦作前說」，所以應該以這個為是。「《桑郭瑪遊記》等似與彼同」。無論如何，妙音笑大師說在種敦巴尊者的說法裡，邦伽羅是國家、撒賀為城市的說法也是可以的。為什麼呢？「種敦巴所造」覺窩傑「〈傳記祈請文〉有：『富饒之地邦伽羅』」，地方是邦伽羅。「貴冑撒賀王種姓」，撒賀王是指撒賀城的國王。

口　　譯：妙音笑大師是以最後的說法為是嗎？

仁波切：對，取最後的，這和「周有十萬戶」的說法不同。妙音
　　　　笑大師認為「富饒之地邦伽羅，貴冑撒賀王種姓」的說
　　　　法，與前面種敦巴尊者《遊記》的說法不同。一個是撒

賀放前面，邦伽羅放後面；一個卻是邦伽羅放前面，撒賀放後面，這兩種不一樣，或許《遊記》的説法是錯的吧？但是兩派説法種敦巴尊者都有説過，一個是《遊記》，一個是覺窩傑的〈傳記祈請文〉。「亦與前同」，妙音笑大師説〈傳記祈請文〉的説法，與前面巴梭法王的箋一樣。「此為箋註探疑」，説這裡有個疑點，在最後認為可靠的説法是，覺窩傑出生在邦伽羅境中的撒賀王種姓。這是種敦巴尊者的第二種説法。妙音笑大師、巴梭法王、種敦巴尊者三位的承許都是相同的。那措大譯師的讚文中也説：「東撒賀勝境，其間有大城」。

在那措戒勝譯師對大覺窩的讚文中説：「東撒賀勝境，其間有大城」，在這當中最大的城市是「比札瑪尼布惹」。這裡有巴梭法王的箋：「傳稱其與卡切次頓相當」，「卡切次頓」，也是一個城市。「卡切」，就是喀什米爾[2]，在喀什米爾有一個名為「次頓」的城市，這個大城與次頓城大小相等。「其中有兩百四十或兩百七十萬戶」，就是有兩百四十萬到兩百七十萬戶之間。「此讚下文即云：廿七十萬戶」，在那措譯師所造的《八十讚》中説：有兩百七十萬戶。

然後提到：「其中有王都，宮殿極廣博」，在這個城市中間，

「稱為王都之宮殿極廣博」，就是說非常大的宮殿。「此宮殿名為有金幢」，就是這個宮殿的名稱叫作有金幢。巴梭法王的箋註說：「傳說當今名金頂者即此」，就是這宮殿又稱為金頂。巴梭法王在此引前面種敦巴的《遊記》為註：「遊記中有謂：『印度東方薩賀境，有城名為邦伽羅』云云，故應觀擇。」巴梭法王認為這裡的城市、地域沒有各別說清楚，所以要觀察。

這國王的「受用位饒盛，等支那東君」，講到「等支那東君」是什麼呢？下面巴梭法王的箋裡有很多種說法。這個國王的地位，就和支那國王一樣。什麼是「支那」呢？藏語「支那」和「支嘎」中的「支那」，現在我們是指中國。關於「東君」，有很多疑點、很多說法。有人說「東君」是漢語，就是「東貴」，東方的貴人，這是一種說法。又有人說是「東漢」，但這個說法和時間對不起來，為什麼呢？譯師造此讚時是覺窩傑入藏的時候，那時大約是宋朝初期，所以應該不是「東漢」。藏文裡「東君」的「東」，就是我們數字裡「千」的意思。巴梭法王在這點有很多註解。

「此義或謂」，這是一種說法，並不代表絕對正確。「有象黃之象名為君，千象之中方得其一」，在千隻大象中會有一頭具象黃的大象，而這個國王有一千隻這樣的大象，所以稱為「東君」，就是指有這樣的富盛。有人覺得不是這樣，「有謂於千輻金輪之一一輻上，各

置一饌，來奉王前，轉動其輪，王但能噉其前之食，不堪更食，故名為君」，就是國王的餐桌上有千輻金輪，形狀像有千片花瓣那樣，在上面一一擺放著各式各樣的美食，國王用餐的時候金輪就會旋轉，讓國王隨意享用，因此叫作「東君」。但是巴梭法王認為上面所說都不正確，所謂東君，就是這個國王的稱謂而已，是最初命名者隨意取的名字，並沒有什麼其他意思。比如把具有熱性而會燃燒的東西稱為「火」，而為什麼叫「火」，也是沒什麼理由的，就是一個最初隨意取的名字。「然余勝上師云」，「這是國王自己的名字而已，而不是其他意思」這一點，巴梭法王說這是他的上師說的。

「其國王善勝」，國王的名字為善勝。「妃名吉祥光」，王妃的名字為吉祥光。「父母有三子」，他倆有三個兒子，大兒子名為蓮花藏，次子為月藏，小兒子名為吉祥藏。「王太子蓮花藏，有五妃九子。長子福吉祥」，是覺窩傑具德阿底峽的姪子。「現時大善巧，稱為陀那喜」，這個長子應該是優婆塞身，傳說是能像班智達們所通達的那樣，無餘通曉一切波羅密乘教授。他是身為「近事」的班智達，不是出家人。善勝國王的「幼子吉祥藏，苾芻比惹贊札」，是位苾芻，「比惹贊札」譯為「精進月」。「此師善巧密咒教授，能化出真實壇城」，他獲得密咒的殊勝成就，能依憑自己的能力將壇城真實變現出來。之後他來到西藏，曾在拉薩附近的「堆隆措昧」使用咒術降雹。之後到過「雅隆」，在「昂雪之龍寺示寂」，這是小王子。而二

王子呢，「善勝次子月藏者，即現至尊覺窩師」。圓滿種中受生事理這一科就講完了。

獲得功德事理，分二：一、知見廣博獲教功德事理；二、如理修行獲證功德事理。

講記

「獲得功德事理」，下面分作二科。「一、知見廣博獲教功德事理，二、如理修行獲證功德事理」，就是宣說教證兩種功德。一般而言，佛陀的教法不出教證二種正法，而覺窩傑具德阿底峽具足全部的教證功德，所以成為全佛教的教主。

今初●學習共通明處者：如《讚》云：「二十一歲中，善巧●共通六十四，技術及一切，工處善構言，及一切諸量。」謂於二十一歲以內，學習內外四共明處：聲明、因明、工巧業明，及醫方明，善巧究竟。特如大卓壟巴云，十五歲時，僅聞一次《正理滴論》，與一點慧戲論外道興辯，令彼墮伏，美譽遍揚。

講記

　　「今初」，就是說明「學習共通明處」的道理。「如《讚》云：『二十一歲中，善巧六十四，技術及一切，工處善構言，及一切諸量。』」這全部都是共通明處，無論內外道都學習，所以是「共通」的。「六十四技術」就是各式各樣的技術，「工處」是種種眾多的工巧，「善構言」是梵語，「量學」也是共通的，外道徒也會學量學。在二十一歲中就已經把這些全部學完了，這是譯師在讚文中說的。後面宗喀巴大師就解釋說，「謂於二十一歲以內，學習內外四共明處：聲明、因明、工巧業明，及醫方明，善巧究竟。特如大卓壟巴云，十五歲時，僅聞一次《正理滴論》」，《正理滴論》是一部量論。「與一點慧戲論外道」，就是一位外道的大善巧者。和他辯論後，「令彼墮伏，美譽遍揚」。

　　◉學習密咒之理：於其◉邦伽羅黑山道場瑜伽自在、親見歡喜金剛尊身、獲得金剛空行佛母授記之尊重〔羅睺羅毱多，◉羅睺羅隱或密。〕前，具足請受一切灌頂，立密諱為智密金剛。

講記

其次，「學習密咒之理」，就是在學習顯密二種教法之中，有關學習密咒的情況。「於其邦伽羅黑山道場」，黑山道場是在邦伽羅境內，一座因地得名的寺院。「瑜伽自在」，就是獲得密咒的成就。「親見歡喜金剛尊身、獲得金剛空行佛母授記之尊重羅睺羅毱多前，具足請受一切灌頂」，這位上師梵語名為羅睺羅毱多，又稱「羅睺羅隱或密」，覺窩傑就從其聽聞，受得喜金剛的一切灌頂。雖然沒說是喜金剛，但應該是這樣。「立密諱為智密金剛」，尊者灌頂後得到了密名，稱為智密金剛。

二十九歲以內，於多獲得成就師前，習金剛乘教典教授，善巧無餘。^語不唯於餘時處如是聽受，亦嘗於一夜中，夢從語王名稱班智達聽受十萬四百五十一部密續。「於諸密咒唯我善巧」，作是念已，諸空行母於其夢中，陳示眾多昔所未見密咒經函，摧其慢意。

講記

「二十九歲以內，於多獲得成就師前，習金剛乘教典教授，善巧無餘」，在二十九歲前，以羅睺羅毱多為主要上師，又從許多獲得成

就的上師尊前，學習金剛乘的教典，而善巧了一切金剛乘的教典與教授。「不唯於餘時處如是聽受」，不僅在其他時間、印度的其他地方聽受了很多密法。「亦嘗於一夜中，夢從語王名稱班智達聽受十萬四百五十一部密續」，有一天晚上夢裡，在班智達語王名稱尊前，聽了如此多種密續。「『於諸密咒唯我善巧』，作是念已」，在他的心中就生起了慢心，覺得：「應該沒有人比我更善巧密咒了，因為我聽聞而且獲得如此眾多的密法，在這世上不會再有第二人了。」這時，「諸空行母於其夢中，陳示眾多昔所未見密咒經函，摧其慢意」，於是尊者知道自己對於密法尚未修學究竟，心中的我慢也就被降伏了。

至尊度母曾經對他說：「在人間現有的密咒，僅像是馬的毛端這樣多而已，密咒的經函典籍大都在龍宮以及天界裡。」假如整個密法的教典是一匹馬的話，人間所存在的密法，只有一匹馬身上的一根毛尖那麼大。但是他認為，對於人間所擁有的密咒而言，已經沒有比他更善巧的人了。後來阿底峽來到西藏的桑耶寺，在桑耶寺的藏經閣裡見到很多梵本，當中有非常多覺窩傑從未見過的密乘經典。他就說：「心裡從未想過西藏會有這麼多密法的經論，在印度也從未看過這些教典，這除非是蓮花生阿闍黎用神通從天界與龍宮請回來，否則不可能會有的。」

　　此後尊重及諸本尊，若寤若夢，隨其所應，勸云若出家者，則於聖教及諸眾生起大饒益。依是勸已，如《讚》中云：「共稱汝親教，為加行道者。」隨請〔大眾部持律上座，㊦以其受四根本部中大眾部軌近圓戒，故作是說，非是真大眾部，以言其獲加行道及證空性故。〕得加行道一分真實㊤名證所取無自性三摩地者，厥號〔希拉惹喀大㊤戒護或戒鎧。〕為親教師而正出家，其諱又名勝燃燈智。

講記

　　「此後尊重及諸本尊，若寤若夢，隨其所應，勸云若出家者，則於聖教及諸眾生起大饒益。依是勸已，如《讚》中云：『共稱汝親教，為加行道者』」，這時候，許多上師與本尊，不論是親見或夢中都勸他出家，如果出家會對聖教及眾生有廣大利益，於是尊者就出家了。

　　「以其受四根本部中大眾部軌近圓戒，故作是說」，四根本部就是：說一切有部、大眾部、上座部、正量部。雖然根本四部全都是聲聞部派，但是尊者的親教師戒鎧並不是入聲聞部派，只是用小乘他們的宗規出家受取近圓律儀而已，並不是從大乘向下趣入小乘。所以這裡說：「非是真大眾部，以言其獲加行道及證空性故。」「隨請大眾部持律上座，得加行道一分真實名證所取無自性三摩地者，厥號希拉

惹喀大戒護或戒鎧」，加行道有煖、頂、忍、世第一法四種，當獲得加行道忍位的時候，就說證得一分真實，尊者就在這樣的上師跟前受了近圓戒。「共稱汝親教，為加行道者」，就是指這位師長。「其諱又名勝燃燈智」，此為尊者法號。

㊙學習上下部內明經咒之理：此後乃至三十一歲，習學相乘內明上下諸藏。特於〔能飛聚落，㊟師云：「昔有內道居士，任一外道起屍修法侍者。既成，起屍之舌化作寶劍。居士倚劍飛登須彌山頂，須臾遍歷四洲八渚，還來將劍歸與外道，外道囑云：『此屍成金，割截取用，但勿傷骨，夜中即復，終無盡期。』言訖持劍飛登天境。居士即倚金屍，依己凌虛所見須彌四洲佈列，建此大寺。寺中但憑其金，足供百位比丘及百居士資生多年。」傳稱藏地桑耶寺，亦為靜命堪布仿照此寺所建。〕達摩惹喀大㊟法鎧師前，十二年中聽受〔《大毘婆沙》，㊟傳為阿羅漢近護，抑或法依，或法商主所造，凡八百卷。〕極善㊟說一切有部、大眾部、上座部、正量部根本四部教典，雖諸異部作受食等，諸微細分，互取捨處，遍知無雜。

由是度越㊟中觀自宗、實有他宗，㊙非徒習學，復如理

通曉之理者：自他諸部宗海彼岸，故是無倒解了一切教正法中樞要處者。

講記

　　接下來要講「學習上下部內明經咒」的道理。出家以後，「學習上下部內明經咒之理：**此後乃至三十一歲，習學相乘內明上下諸藏**」，就是在三十一歲以前，學習內明，「相乘」就是顯教。「**特於能飛聚落，達摩惹喀大法鎧師前，十二年中聽受《大毘婆沙》**」，特別對《大毘婆沙》做了多年的學習，傳記中說學了十二年。《大毘婆沙》是一部有八百卷的大論，比《大品般若》還大，主要講述一切有部的承許。在巴梭法王的箋註中，說是「阿羅漢近護」也可以叫「法依或法商主」所造的。此論的作者有各種的說法，有的書上說是八、九個羅漢一起造的。在巴梭的註解裡講的是一個羅漢，就是近護，也是法依所造的。一切有部的論師認為《大毘婆沙》不是佛經，是論。有漢譯本，但過去並沒有翻成藏文，法尊法師曾經把它翻成藏文。並不是以前的西藏沒人能翻，而是不准翻。印度的經論並未全翻成藏文，對於可不可翻、適不適合西藏，國王與班智達們會一起討論做出判斷後才翻譯，而《大毘婆沙》就是不可以翻的。但是對於學習《俱舍》來說，裡面引用了很多《大毘婆沙》的文字，沒有它會有些困

難，所以很多格西討論後就勸請能將此論翻譯出來。法尊法師得到這樣的允許才著手翻譯，並非自作主張。前幾年有人發現法尊法師翻譯手抄稿，並且已經出版了。

接下來語王尊者對於「能飛聚落」這座寺院的歷史作了很多註解。以前有位外道修起屍法。起屍就是讓死人的身體起來行走，即是起屍悉地，這也是密法八種悉地之一，內道徒也有，如果修成，這具死屍會變成金子。這位外道要修起屍法，但沒人幫助就無法修成，所以請一位內道居士幫忙，告訴他：「我在修起屍時，如果你能將屍體的舌頭砍下來給我，剩下的全部會變成金子，那些全歸你。」於是那居士就幫他修。起屍法如果修成了，舌頭會變成一柄寶劍，拿著這寶劍，可以去到須彌山[3]頂，也可以飛到天界。起屍法修了幾天之後，屍體就開始回暖，再過幾天屍體就會動，再過幾天就可以看到舌頭也在動了。一開始舌頭會伸出來，一下又縮回去。如果在第一次能用寶劍把舌頭割取下來的話，是最上等的，請那位居士幫忙的就是這件事。但這位居士有沒有在第一次就割下舌頭呢？因為縮得太快，所以第一次並沒有割到。如果第二次取得，就可以得到次等的成就，但第二次也沒能割下來。到第三次那居士就把嘴巴湊過去，等到舌頭一伸出來，就用牙齒把舌頭咬住，然後才用寶劍把它割下來。如果舌頭不割下來，舌頭就會變成寶劍，起屍會復活，並且會將整個地方毀滅。當時那位居士把舌頭割下來，馬上就變成了寶劍，那居士就說：「寶

劍先借我，我想去看看風景。」於是手持寶劍，瞬間就到了須彌山頂去看風景了。

他借劍飛到了山頂，全覽四大洲[4]與八小洲[5]，回來後將寶劍還給外道。那整具屍體早已變成黃金，把金屍的肉割下來，肉即是黃金，只要不割到見骨，肉都可以長回來，一旦割到骨頭，肉就長不回來了。於是這位居士就用這些金子，建造了能飛聚落這座經院，而且按照他在天上所看到的須彌山及四大洲、八小洲的樣子蓋這座寺院。並用這些金子奉養這寺院裡的百位比丘與百位居士，在很多年裡作為他們的施主。靜命大堪布到西藏最初創建了桑耶寺，也是仿造能飛聚落這座經院建的。在中國北京承德的外八廟[6]也是這樣蓋的，有四大洲、八小洲。承德有些寺院也是仿造桑耶寺的建築，北京頤和園山頂上的寺院[7]也是仿桑耶寺蓋的。以上是語王尊者的箋註，說明此樁史蹟。

接下來，覺窩傑具德阿底峽，「**極善說一切有部、大眾部、上座部、正量部根本四部教典，雖諸異部作受食等，諸微細分，互取捨處，遍知無雜。由是度越自他諸部宗海彼岸，故是無倒解了一切教正法中樞要處者**」，自部是中觀宗，他部是說實事宗，實有宗即是內道裡非中觀宗的部派。這全部都要學，並不因為是他宗就不學，連外道教典都要學習。由於遍學並如實證得所有宗派，度越自他諸部宗海的彼岸，無倒地通達一切教正法的扼要。

　　^妙證悟功德攝入三學之理：獲得證德事理者：總佛一切
教法聖教，^語經律論三藏寶攝，故證聖教亦須攝入三學寶
中。^巴增上戒定慧三猶如珍寶，難得、稀有、貴重、饒益、
救護損害、引生喜樂，以此六法同於珍寶。

講記

　　接下來，「獲得證德事理者」，證功德全部收攝在三學之中，
所以要宣說通達這一切功德的道理。「總佛一切教法聖教，三藏寶
攝」，「經律論」，就是三藏，它們被稱為三藏寶，這是教正法。
「故證聖教亦須攝入三學寶中」，證聖教必須收攝在三學裡面。「增
上戒定慧」，即增上戒學、增上定學、增上慧學。必須加上「增
上」，不加的話，外道也有戒學、定學、慧學，所以在內道三學之上
要加上「增上」，這是為了和外道三學作區分。那為什麼要把三藏以
及三學取名為寶呢？因為「猶如珍寶」，所以稱為寶。那是如何相似
呢？「難得、稀有、貴重、饒益、救護損害、引生喜樂」，提到了六
個珍寶的功德，和此相順，所以稱為寶。珍寶是很「難得、稀有」
的，而三藏與三學也很難得、非常稀有。由於具足不可思議的功德與
利益，所以像珍寶一樣「貴重」。如果自己能修持三藏與三學，會得
到解脫及一切智的果位，所以對自己有「饒益」。由於能救護從煩惱

所出生的一切輪迴的痛苦，所以是「救護損害」。由於能獲得人天果位的增上生及解脫和一切智果位的決定勝，所以是「引生喜樂」。由於有六種功德與珍寶相順，故稱為寶。

引敘戒律：其中戒學，至言及釋數數讚為定慧學等一切功德之所依處，故須先具戒學增上諸證功德。其中戒律，分三：成就最勝別解脫律儀事理者：如《讚》中云：「尊入聲聞乘之宗規別別解脫律儀門已，護戒如犛牛愛尾，如《菩提道炬論》云：『七眾別解脫，如來所宣說，最勝妙梵行，即比丘淨律。』具妙梵行勝苾芻，持律上座我敬禮。」謂其正受圓滿苾芻諸律儀已，如愛尾牛，若尾一縷掛著於樹，雖見獵士將離其命，寧捨其命護尾不斷。如是雖於一輕學處，尚寧捨命防護不犯，況其所受重大學處，是故成大持律上座。

講記

「其中戒學」，現在過渡到三學寶中的戒學。戒學是三學的根本，因為「至言及釋數數讚為定慧學等一切功德之所依處」，就是在

佛陀的至言及其眾多釋論當中都有如此提到。如《親友書》[8]說「戒是一切德依處,如動不動依於地」,如同大地可以出生一切作物,同時作為一切情、非情的所依,戒也是一切功德的所依,所以像大地一樣。要想獲得任何功德,根本都在於戒。「**故須先具戒學增上諸證功德**」,所以最初必須具足這樣的證德。

戒學有三種:別解脫律儀、菩薩律儀、密宗律儀。首先,「**成就最勝別解脫律儀事理者**」,這裡就講到具德阿底峽尊者具足最勝別解脫律儀的道理。「**如《讚》中云:『尊入聲聞乘門已,護戒如氂牛愛尾。』**」《讚》中所說入聲聞乘門的意思,並不是入聲聞乘,而是入其「**宗規別別解脫律儀**」之門。我們必須了解這兩者的差別,否則我們就會說,阿底峽尊者入聲聞部派了,但並不是這樣,這很重要。比如說我們是執持大乘宗,但我們也持守別解脫律儀,不會因為持別解脫戒就說趣入聲聞乘。覺窩傑趣入聲聞乘的律儀之後,對於每一條戒,都如同氂牛守護牠尾上的每一根毛一樣善加守護。在雪山上的氂牛就會這樣,如果尾上的一根毛纏在樹上,縱然遭遇了生命危險,牠也不願斷一尾求存。所以如同這個譬喻,就算遭遇命難也不捨戒。

那別解脫律儀有幾種呢?「**如《菩提道炬論》云:『七眾別解脫,如來所宣說,最勝妙梵行,即比丘淨律。』**」如來說有七種,就是近事、近事女、沙彌、沙彌尼、學法女、比丘、比丘尼。「**梵**

行」，就是指出家。而出家律儀中的比丘律儀是別解脫律儀之中最殊勝的。「**具妙梵行勝苾芻，持律上座我敬禮**」，也就是說這個。雖然在《菩提道炬論》的字面上說七種別解脫律儀，但本來是八種，就是把八關齋戒算進來，不分男女二眾，就成為八種。《律海心要》[9] 中提到「在家律儀為前三」，在家律儀就是指八戒、近事、近事女；又說後五為出家律儀，即是沙彌、沙彌尼、學法女、比丘、比丘尼五種。別解脫律儀是以守護身口的律儀為主。

「**謂其正受圓滿苾芻諸律儀已**」，指阿底峽尊者受比丘戒後，「**如愛尾牛，若尾一縷掛著於樹，雖見獵士將離其命，寧捨其命護尾不斷。如是雖於一輕學處，尚寧捨命防護不犯，況其所受重大學處**」，「重大學處」就是四種他勝罪等重大學處，「**是故成大持律上座**」。

我們有些人，在受戒的時候很勇敢，也做了許多承諾，但是持戒的時候，一條戒也守護不了，這樣的話利益很小，還累積了眾多的過失，所以不應該這樣。傳說覺窩傑具德阿底峽在前往西藏的路上，雖然只是微小的惡作，也會立刻停下來進行懺悔。在西藏有些上師，自許獲得很高的密法證量，就不重視別解脫律儀。但是覺窩傑具德阿底峽在密法的證量如此崇高，對於守護別解脫律儀卻比自己的生命還珍惜，這就是極扼要處，聖教的根本在於戒律也就是指這個。佛法能否

住世，觀待正法毘奈耶的行持是否住世。正法毘奈耶的行持住世，佛法就住世；正法毘奈耶的行持不住世，佛法就不住世。

有說：正法毘奈耶的行持，就是指結夏、解夏、誦戒，此三住世就還有正法毘奈耶的行持在，就可以說佛法還住世。就你們而言，大部分的寺院經濟條件很好，有很多恢宏莊嚴的殿堂，這是很好的，但主要是看有沒有正法毘奈耶的行持，正法住世與否也是在此。因而不管外相上多麼盛大，也不會安立這就是佛法。我想這些寺院應該有正法毘奈耶的行持，道海長老就很好，對佛陀的聖教作了極好的承事。有些寺院很大，但進到裡面一個僧人也沒有，可以說有佛法住世嗎？沒有！寺院很大，但裡面沒有一個出家人。聖教的根本、佛法是否住世，全賴是否善加守護自心相續的戒律，不是靠其他人。如果善加守護自心的戒律，自心中就有佛法，所以重視戒律是很重要的。

我們講到〈造者殊勝〉當中，其身圓滿功德事理，這一科裡有具足別解脫律儀之理、具足菩薩律儀之理，現在要講具足菩薩律儀之理。

　　成就菩薩律儀者：如《讚》中云：「尊入度彼岸門已，增上意樂善清淨，覺心不捨諸眾生，具慧大悲我敬禮。」依慈氏瑜伽士等上師長修眾多慈悲為本菩提心之修習教授，特於十二年間依金洲大師，多時修習至尊慈氏及妙音尊傳授無著及寂靜天最勝教授。如《讚》中云：「能捨自利以利他，為勝是即我師尊。」謂心發起愛他勝自菩提之心，以此願心所引行心，受學菩薩廣大妙行，學受隨行所有學處，行賢妙故，能不違越諸勝者子所有制限。

講記

　　《八十讚》中說：「尊入度彼岸門已，增上意樂善清淨，覺心不捨諸眾生，具慧大悲我敬禮。」顯密二者之中，顯教即是度彼岸乘。進入度彼岸乘門之後，「增上意樂善清淨」，由清淨增上意樂之門發起菩提心，以菩提心不捨如虛空般一切眾生，因此頂禮具足如是菩提心、「具慧大悲」的尊者。大悲即是大乘的根本，所以敬禮具慧大悲者。

　　然後，阿底峽尊者從「慈氏瑜伽士」為主的眾多上師跟前，請了很多以「慈悲為本菩提心之修習教授」。必須以慈悲心作為根本，才

能發起菩提心，在此師座前修習以慈悲心作為根本的菩提心教授。「**特於十二年間依金洲大師，多時修習至尊慈氏及妙音尊傳授無著及寂靜天最勝教授**」，特別在一切上師之中，主要依止攝修心教授為一脈的金洲大師，在十二年中修習菩提心。「**如《讚》中云：『能捨自利以利他，為勝是即我師尊。』**」捨棄自利，而精勤成辦一切他有情的義利，這就是我的上師。

在無等覺窩傑的廣傳中清楚記載：主要在見地上來說，尊者是中觀應成派，見地是非常高的。見地雖然很高，進入大乘道與否，主要仍是看有無菩提心。心中生起菩提心就是大乘人，如果沒有菩提心，怎樣都不算是入大乘教。因此為了大寶菩提心、為了在相續中生起菩提心、為了在上師面前受取菩提心，歷經數月度越大海去到金洲。去的時候，尊者的眷屬有一百二十五位比丘與沙彌，金洲大師旁邊則有五百位比丘。就在金洲十二年裡，在上師跟前修菩提心。對於大經大論而言，阿底峽尊者與金洲大師都很善巧，而見地上阿底峽尊者又特別超勝於金洲大師，但是差別在於相續中是否生起菩提心，為此尊者才會去金洲。在尊者所有的上師裡，金洲大師成為最主要的上師就是這個原因。在這十二年裡並沒有學習很多教典，而是學修菩提心，看相續中是否生起，乃至未生起之間，就一直在上師跟前，所以是主要的上師。

　　最近有人說：「依止上師是西藏的特色，佛法中沒有特別強調一定要依止上師。」但不是這樣，印度的大成就者們都依止上師。覺窩傑具德阿底峽依止金洲大師的原因，是由於他的菩提心傳承極為清淨，而且加持力極大。如果能如實依止上師的言教，就是自己獲得加持的最勝之門。因此，尊者十二年中，在心中還未生起菩提心時，就在上師跟前修習菩提心。具德阿底峽的一切上師之中，最殊勝的是金洲大師，因為是依止金洲大師才生起菩提心，所以執持金洲大師是所有上師之中最超勝者。阿底峽尊者在西藏時說過：「我能有善心，此乃上師恩。」就是由於依止這位上師而生起菩提心，所以特別地恭敬這位上師。

　　「謂心發起愛他勝自」，生起珍愛他人勝過自己的菩提之心。「以此願心」，就是先以發願的方式，在心中生起菩提心。這之後，「所引行心，受學菩薩廣大妙行」，就是受取律儀。「學受隨行所有學處，行賢妙故，能不違越諸勝者子所有制限」，完全沒有違越任何一點菩薩戒所制定的界限和學處。尊者在西藏時，藏人曾請問覺窩傑：「您戒律清淨嗎？」尊者回答：「別解脫律儀是清淨的，密乘戒與菩薩戒的根本罪與粗罪從來沒犯過，只有生起一些惡作罪而已。」因為別解脫律儀是守護身口的行為，所以比較容易持守。對我們而言，這點就很困難了。密乘戒與菩薩戒主要所防護的是內心，所以比較難。這就是學習菩薩行、菩薩學處的部分。

成就金剛乘律儀者：如《讚》中云：「尊入金剛乘門已，自見天具金剛心，瑜伽自在獲中者，修密護禁我敬禮。」成就觀見自身即天生起次第，及金剛心圓滿次第三摩地故，總讚為其瑜伽中尊，特讚如理護三昧耶，不越制限。亦如《讚》云：「由具念正知，不作意非戒，慎念無諂誑，犯罪不染尊。」

講記

接下來，在具足別解脫律儀以及菩薩律儀的基礎上，宣說具足金剛乘律儀的持守。「成就金剛乘律儀者，如《讚》中云：『尊入金剛乘門已，自見天具金剛心，瑜伽自在獲中者，修密護禁我敬禮。』成就觀見自身即天生起次第，及金剛心圓滿次第三摩地故，總讚為其瑜伽中尊」，「尊入金剛乘門已」，就是說尊者進入了密乘聖教之門，由於能如生起次第所說，視自身為本尊，所以具足生起次第的證德。「金剛心」，是指圓滿次第的三摩地。「瑜伽自在獲中者」，就是獲得一切圓滿次第的功德、三摩地，並對圓滿次第的瑜伽獲得自在。由具足生圓二次第的一切功德而作禮讚。

密法中最主要的，就是必須守護密乘的誓言與學處。如果能持好

密乘戒，持好灌頂時所受取的律儀與誓言，就算未慣修本尊法，十六生內也能成佛。「**特讚如理護三昧耶，不越制限**」，就是說能如理守護在灌頂時承許的所有密乘戒，毫無違犯。「**成就觀見自身即天生起次第**」，宗喀巴大師是解釋《讚》文的「自見天」。「**及金剛心圓滿次第三摩地故，總讚為其瑜伽中尊**」，是解釋「具金剛心，瑜伽自在獲中者」。這裡最重要的，是下面的「特讚如理護三昧耶，不越制限」。

　　在三種律儀中，別解脫戒、菩薩戒、密乘戒，不管是哪種律儀，這一切戒都應該如《讚》中所說：「**由具念正知**」，必須具足正念、正知。《入行論》說：「欲護學處者，策勵當護心，若不護此心，不能護學處。」[10]如果要守護學處，首先一定要守護心，如果不護心，是無法守護學處的，這是《入行論》所說的。守護心的方法，就是必須要有正念、正知，所以說「由具念正知」。阿底峽尊者因為具足正念、正知，所以能守護戒律。「**不作意非戒**」，沒有不符合戒律的想法。所以要護戒就要護心，要護心就要有正念、正知。大佛子寂天菩薩說：「欲護自心者，致力恆守護，正念與正知。」[11]就是由於正念、正知，必須再再憶念：「我有戒律，我是出家人，我心續中有此學處。」要能憶念，並且用正知去監視是否有好好地守護學處，這樣就是護心的方法，如果能護心就能護戒，所以提到要具足正念、正知。

後面說「慎念無諂誑，犯罪不染尊」，就是斷除一切放逸的心而具足不放逸，並且具足正念、正知，沒有諂誑，因此不會被根本墮等墮罪染著。明明持戒不清淨殘破不堪，犯了許多戒，嘴上卻說自己戒律清淨；本來不是清淨比丘，卻令人看去像清淨比丘，就是諂誑，沒有這種行為就是「無諂誑」。

㊙理應如是守護三律儀：如是於諸三種律儀淨戒學處，非僅勇受，如其所受隨行防護，不越制限。設少違犯，亦以各各還出儀軌，疾疾令淨。如是淨傳，應知是諸通達聖語扼要智者所喜愛傳，隨諸正士應當修學。

講記

此後，「理應如是守護三律儀」，宗喀巴大師下面就說，我們應該如阿底峽尊者一樣守護律儀，這很重要。「如是於諸三種律儀淨戒學處，非僅勇受」，這裡說到「非僅勇受」，我們在灌頂時會受三種律儀，有人會去求獲灌頂，但是在灌頂後要守什麼律儀與誓言卻毫不知情，所以說不能只是敢於受戒。「如其」於上師前「所受隨行防護，不越制限」，不應該違越根本墮等所有律儀制定的界限，而要好好守護，這是很重要的。先不論產生像他勝罪或根本墮這麼大的罪，

「設少違犯」，即使稍微違越惡作等罪，「亦以各各還出儀軌，疾疾令淨」。就像別解脫戒有別解脫戒的還淨儀軌，菩薩戒有菩薩戒的還淨儀軌，密乘戒有密乘戒的還淨儀軌，就應該立刻用這些儀軌悔除防護來還淨，這是很重要的。這裡所說，一點點也不違越制限，就算犯了也立刻還淨，這就是覺窩傑的行誼。「如是淨傳，應知是諸通達聖語扼要智者所喜愛傳」，這樣的傳記，是讓通達聖語扼要的智者非常歡喜的傳記。所以宗喀巴大師說：「隨諸正士應當修學。」如同覺窩傑阿底峽一樣，我們也應該隨學，清淨持守自己相續裡的戒律。在這點上要特別用功，這很重要。這段是「殊勝戒學」的結論。

　　成就定學，分共與不共二：共者，謂由奢摩他門，得堪能心。不共定學者，謂具極穩生起次第。此復三年或六年中，修明禁行。爾時遙聞飛行國中諸空行母謳歌之聲，心中亦有所憶持者。

講記

　　接下來說到具足增上定學的道理，「成就定學，分共與不共二」。具足共通定學之理，「謂由奢摩他門」，奢摩他是顯密共通之道，修密教需要修止，修顯教也要修止。「由奢摩他門，得堪能

心」，獲得奢摩他就會生起身堪能與心堪能，這即是共通定學。「**不共定學者，謂具極穩生起次第**」，不共定學，就是相續中擁有密法生起次第的道與一切證悟。「**此復三年或六年中，修明禁行**」，明禁行就是閉關修習本尊。這裡的三年或六年是同樣的意思，因為我們的半年在印度被算作一年，也就是指在印度所算的六年，或我們的三年中，堅持住關。「**爾時遙聞飛行國中諸空行母謳歌之聲，心中亦有所憶持者**」，這是獲得生起次第證德的徵兆。鄔金就是飛行國，有些人說就是現在的巴基斯坦或阿富汗，以前密法非常興盛，蓮花生大師也是那裡的人。他們修持密咒之後就可以在空中飛行，所以稱為鄔金，翻為「飛行」。尊者在閉關入定時，耳中聽到阿富汗那一帶空行母歌唱的聲音，而歌中的內義就烙在心裡，於是把它記錄下來，尊者的成就已達到這樣的程度！這是獲得生起次第的證德。

真　師：我知道有些人把鄔金解釋成黑色的金子。

仁波切：不是！實際上在梵文中是「鄔智_依雅那」，然後長時演化，藏文上習慣把這個詞稱為「鄔金」。現在看來是巴基斯坦、阿富汗那一帶，從它出土的文物當中也可以看到很多密宗的佛像、密法的法器，足以證明過去是密法非常興盛的地方。

有一種大威德的密續，在過去鄔金地方的人全都修成了。不只能飛起來，而是已經成佛，那一帶幾乎沒有人了。有部大威德的講義提到曾發生過這樣的事情，大威德實際上也是拉里達金剛從阿富汗——鄔金那邊請來的。

真　師：師父，不知道這個問題該不該提？就是生起次第的「不共定學」，跟「共通定學」，主要區別在哪裡呀？

仁波切：主要區別在顯宗和密宗。

真　師：不共之處在哪裡？

仁波切：不共之處就是把自身觀為佛身、觀為本尊來修，這是不共的。

法　師：師父，那這「極穩生起次第」是指什麼呢？

仁波切：就是完全能觀為佛身。這就是得到生起次第的成就！

法　師：那極穩呢？

仁波切：極穩就是不變，就是自身完全能轉變為這個本尊。

法　師：二六時中都這樣子，還是修法的時候？

仁波切：修法的時候完全觀為本尊，這就是不共的修法，這個定
力是很高的。定力達到什麼程度呢？即使在很遠很遠的
佛國淨土裡的那些佛聲、空行母的歌聲也能聽到。而共
通的這個奢摩他的定力，就沒有那麼高，只能把自己的
心降伏。

法　師：「堪能」是這個意思嗎？

仁波切：「堪能」就是能降伏自心的意思，過去老師是這樣解釋
的。「堪能」，比如說一張牛皮，西藏很多用氂牛來比
喻，一張乾牛皮是很硬的，你怎麼也用不上，把它加工
成軟軟的，做什麼都可以。心也是這樣，心是很堅硬、
很難調伏的，用奢摩他的力量降伏的話，就可以做很多
事。而且已經成就奢摩他之後，不僅是心，身體也能自
在地使用，怎麼使用都可以。「堪能心」就是你的心隨
便怎麼用都用得上。不然的話我們的心很難對付，它是
控制不住的。奢摩他已經達到一定成就之後，你的身心
就能安住下來，怎麼放都可以。

法　師：師父，還有一個問題。剛才討論增上戒學的時候提到正
念和正知，那正念和正知哪一個比較重要？

仁波切：正念是很重要的。

法　師：行持時是要把正念先提起來嗎？

仁波切：正念要提起來，正念很重要，正念不提起來的話你就想
　　　　不到。但是正知也很重要，正知就是觀察。正念好比《入
　　　　菩薩行論》講的：你在打仗過程中用的刀劍，刀劍掉了
　　　　馬上要拾起來，正念就像這樣。《入行論》說：「戰陣
　　　　失利劍，懼殺疾拾取。如是若失念，畏獄速提起。」[12]
　　　　在戰場上，寶劍要是掉了要馬上撿起，否則敵人就會趁
　　　　機殺掉你。正念也是一樣，一旦失去，你就必須觀察到
　　　　地獄和惡趣的痛苦，真的要能把這個心調整過來。沒有
　　　　正念，正知也生不起來呀！有了正念，然後用正知來觀
　　　　察做得對與不對，用它來分析，大體是這樣的。

法　師：師父，還有個問題！阿底峽尊者後來是跟金洲大師學菩
　　　　提心，可是阿底峽尊者在之前就學了密法，那時修學密
　　　　法應該會有菩提心吧？

仁波切：真正的菩提心有沒有生起？那很難說。我們也學過密
　　　　法，也沒有菩提心，應該是有相似的菩提心，一定會有
　　　　的。真正生起菩提心的話，就必須要依靠上師。阿底峽
　　　　尊者學了十二年才生起，是吧？修密法的時候必須要有
　　　　菩提心，但真實的菩提心生起是很難的，真實生起菩提
　　　　心的話，你就已經成為菩薩了嘛！那只要修了密法，人

人就都是菩薩，那不可能。應當在這方面努力，要修菩
提心，這很重要，一定要修！

法　師：可是尊者如果沒有菩提心，怎麼會修到密法的成就呢？
　　　　他已經觀自身為本尊了。

仁波切：剛才我們所講的這些成就，不一定是拜見金洲大師之前
　　　　的事。發菩提心有願菩提心，還有行菩提心、相似的菩
　　　　提心。我們所發的心也不能說是完全真實的菩提心，因
　　　　為那很難。但是我們不能說沒有相似的菩提心，如果沒
　　　　有它，我們也不能成為大乘人。但是至少在心裡面，學
　　　　習的過程當中必須要觀察到這種情形，必須要有這樣的
　　　　心，這樣才能成為大乘的法。僅僅為了自己來世能達到
　　　　人天的福報，那是下士的思想。所以我們一開始皈依發
　　　　心也是這樣，不能說已經生起菩提心，那不可能。

　　成就慧學，⑩分共不共二者：其中，共者，謂得止觀雙
運毘缽舍那三摩地。不共者，謂得圓滿次第殊勝三摩地。
⑪獲得圓滿次第幻化身故，不由業惑增上受生，於心續中生
起即身成佛之道。如《讚》中云：「如密咒乘教，顯是加行
道。」

講記

下面說具足殊勝慧學，這也分成「共」與「不共」兩種。具足共通殊勝慧學是指什麼呢？「**共者，謂得止觀雙運毘缽舍那三摩地**」，就是獲得了止觀雙運三摩地。「**不共者，謂得圓滿次第殊勝三摩地**」，就是獲得圓滿次第三摩地。在此語王尊者做了箋註：「**獲得圓滿次第幻化身故，不由業惑增上受生，於心續中生起即身成佛之道**」，就是此生就會成佛。如果今生就成佛了，那怎麼還會有受生？是不會受生的。「獲得圓滿次第幻化身」，在獲得光明、幻身雙運時，就成佛了。

「**如《讚》中云：『如密咒乘教，顯是加行道。』**」漢文翻的是青海版的，書上有個記號。這裡有一個問題，這二句有點不通，知道吧？但是從很早以前就是這樣的，很多木刻版當中全都如此。

「如密咒乘教，顯是加行道」，密乘並沒有說加行道，是顯乘才說加行道、見道、修道，所以有問題。應該另外加上二句：「如密咒乘教，生次必堅固」，指獲得堅穩的生起次第，「如顯教論中，顯是加行道」，這樣就很恰當，就可以理解。但是過去的法王與班禪大師解釋時都是現在這兩句，法尊法師翻譯時也沒發現。所以在青海版印行的時候，阿拉·夏日東仁波切[13]就提出這個問題，而作了記號。在過去的《廣論》版本當中都沒有，西藏版也沒有，安多版、德格版都沒有。《八十讚》中有多出「生次必堅固，如顯教論中」這兩句。

真　師：師父，這個《八十讚》是誰作的？

仁波切：那措譯師。

真　師：他讚美阿底峽尊者？

仁波切：對，目前的版本中就少了幾句。應該是：「如密咒乘教，生次必堅固，如顯教論中，顯是加行道。」

　　　於聖教所作事中分二：一、於印度所作事理；二、藏中所作事理。今初：

　　　於勝金剛座大菩提寺，曾經三次以法戰敗外道惡論，住持佛教。即於⓬內道佛乘上部之中觀、唯識；下部之一切有部、經部自部上下聖教，所有未達、邪解、疑惑諸惡垢穢，亦善除遣，而弘聖教。故一切部，不分黨類奉為頂嚴。如《讚》中云：「於大菩提寺，一切集會中，自部⓭內道及他部⓮外道，諸惡宗敵者，以獅吼聲語，一切腦漿崩。」又云：「能飛聚落中，出家二百半，能映覆戒中，出家不滿百，四本部全住，尊部無傲舉。摩羯陀境內，一切寺無餘，成大師⓯比丘、比丘尼、優婆塞、優婆夷四眾，一切頂上珠。⓰覺窩尊乃天佛智足所傳大眾部支派之說出世間部，然不偏黨自部，能不紊雜分辨各部，故尊居十八部，一切頂中時，一切皆受教。」

講記

第三個科判，前面「其身獲得功德事理」已經結束了，這裡是「於聖教所作事業」。「於聖教所作事中分二」，就是阿底峽尊者對於聖教所作的事業，有兩個科判：「ㄧ、於印度所作事理；二、藏中所作事理。今初」，在印度對於聖教做了什麼事業呢？「於勝金剛座大菩提寺」，「大菩提」是聖像的名字，指的是金剛座裡的大菩提聖像——一尊世尊聖像，這座寺院因此被稱為大菩提寺。「曾經三次以法戰敗外道惡論，住持佛教」，之前外道在印度製造了許多令佛教困擾的事，如果不能辯勝外道，連同寺院弟子等一切都必須歸入外道教法，這是非常危險的。尊者在金剛座，三次戰勝很厲害的外道導師而住持佛教，這是擊敗外道的事蹟。

那對於內道佛教徒，「即於內道佛乘上部之中觀、唯識；下部之一切有部、經部自部上下聖教，所有未達、邪解、疑惑諸惡垢穢，亦善除遣，而弘聖教」，這應該沒什麼不懂的。「故一切部」，在自部當中有很多部派，「不分黨類奉為頂嚴」，不管是誰，都把覺窩傑具德阿底峽尊者奉為頂嚴。「如《讚》中云：於大菩提寺，一切集會中，自部內道及他部外道」，自部就是內道佛教徒，他部則是外道。「諸惡宗敵者，以獅吼聲語，一切腦漿崩」，就是與所有的惡宗諍論者辯論，用正理的獅吼，將他們完全摧毀。「腦漿崩」，就是指被毀滅的意思。

對於佛教徒而言，則如下所說，「能飛聚落中」，前面已經解釋過了。「出家二百半，能映覆戒中，出家不滿百」，能飛聚落二百五十位出家人，而覺窩傑的寺院——止迦摩囉室囉寺（即能映覆戒寺），則不到一百位。「四本部全住」，如之前說過的聲聞四種部派，全住在裡面，非常齊全。「尊部無傲舉」，尊者不會覺得：「我是大眾部，你們是上座部比較差。」不會這樣分黨。「摩羯陀境內」，就是金剛座所在的摩羯陀境內。「一切寺無餘，成大師比丘、比丘尼、優婆塞、優婆夷四眾」，在摩羯陀境內，不管是寺院也好，或是這地方的佛教四眾——比丘、比丘尼、優婆塞、優婆夷，都將尊者奉為頂上的寶珠。

下面有個語王尊者的箋註，「覺窩尊乃天佛智足所傳大眾部支派之說出世間部」，「佛智」，梵語就是「布達迦那」，他傳下來的大眾部。「支派」，大眾部當中還有很多支分，尊者是其中的「說出世間部」。然而尊者不偏黨自部，是位能毫不紊雜地分辨各部的智者。「尊居十八部，一切頂中時，一切皆受教」，「十八部」就是聲聞部派的根本四部所分出的十八部，這當中所有人沒有不承許尊者的，都在尊者座前聽法。「受教」的意思就是指聽法等，所以成為頂嚴。

　　藏中所作事理，⊕分五：第一、以法破除邪解，開闢新軌者：天尊師長🅑智光、菩提光叔姪，如其次第起大殷勤，數數遣使羅㝋瓦賈精進獅子及那措戒勝往印迎請。菩提光時，請至阿里上部，啟請治理佛陀聖教。依是因緣，總集一切經咒要義，束為修行次第，遂造《菩提道炬論》等，而興教法。

講記

　　「藏中所作事理者」，接下來就是尊者在西藏為佛教所作的事業，遍智妙音笑大師的箋註在此分五個科判：「分五：第一、以法破除邪解，開闢新軌者」，就是透由說法，破除藏地的一切邪執，並新開創了清淨的教軌。

　　「天尊師長智光、菩提光」二位「叔姪，如其次第起大殷勤，數數遣使羅㝋瓦賈精進獅子及那措戒勝」譯師前往印度迎請。「菩提光時，請至阿里上部」。在後弘時期，西藏佛教非常地混亂，很多智者沒來，反而從印度來了很多號稱是印度班智達的，說了很多邪法，藉口稱為密法。比如講合度法[14]的紅裙阿雜惹等等，在那時很多從印度途經阿里的印度阿雜惹對聖教產生極大的垢染。朗達瑪[15]破壞教法，影響所及，長達七十年沒有戒法，因為教法是否住世，觀待戒法是否住世。

　　此後教法從下方康區、安多等處向上復興。此時西藏已經沒有統一的國王，朗達瑪已死，天尊師長智光雖是松贊岡布王的皇統之一，但並非全西藏的國王，只是阿里地區的小王而已。天尊師長智光王見到教法非常混亂，為了能完善地復興教法，思索著誰是能從印度來饒益西藏的班智達，為此做了很多觀察。因為覺窩傑阿底峽尊者有廣大饒益西藏的緣起，所以多次努力迎請。

　　後來，菩提光的叔叔天尊師長智光王，為了迎請阿底峽尊者，拋棄了身命等一切所有。他為了迎請尊者而去尋求黃金，被迦羅[16]的國王抓起來關入監獄。當他的姪子菩提光來救他時，那國王說：「你們大家捨棄佛教，歸入我的教法，要不然就拿和智光王身體等重的金子來，就可以放了他。」他應該是回教國王。之後菩提光帶著黃金來到了獄中，智光王說：「你帶著這麼多金子來很不容易，但我年事已高，即使出了牢獄也無法再活過十年，你還是把這些金子拿去迎請阿底峽尊者吧！」然後天尊師長智光就希望託話給阿底峽尊者：「像我這樣一個西藏境內的普通凡夫，為了佛陀的聖教，乃至身命等一切都奉獻給教法了，尊者您是大菩薩，是否顧念西藏的教法，您自己知道。此生雖然見不到您，祈願來生一定要值遇您！」

　　真　師：師父，是他叔叔說的？

　　仁波切：是他叔叔在獄中給阿底峽尊者帶的口信：「我是一個凡

夫，我生生世世沒有為佛教事業獻出生命，這一次我要把生命獻給佛教的事業。我最大的希望，請您到藏地來整理藏地的佛法，弘揚清淨的佛法知見。」他把一切全部貢獻給佛法的事業，直到他的姪子菩提光的時候，那措戒勝譯師才能從印度迎請尊者過來。

「啟請治理佛陀聖教」，菩提光王啟請尊者治理佛教，啟請後，覺窩傑具德阿底峽尊者「依是因緣，總集一切經咒要義」，無所缺少地「束為修行次第，遂造《菩提道炬論》等，而興教法」。當時菩提光曾對尊者請問了七個修法方面的問題[17]，尊者為回答他的問題而宣說《菩提道炬論》。在《道炬論》開頭有說到：「應賢弟子菩提光，勸請善顯覺道燈。」弟子菩提光對我問了許多的問題，為了回答而說此《菩提道炬論》。這本論並不是問答形式，而是菩提光問尊者很多問題，比如「大乘佛教中，菩薩的所依身是否需要別解脫戒？密咒聖教又是如何如何？」問了七個，因此著出一本總集一切經咒要義的論著來作答覆。

此復住於阿里三載，矗塘九歲，衛藏餘處五年之中，為諸善士開示經咒教典教授，罄盡無餘。🈲《甘丹法源史》謂

覺窩尊生於壬午年，五十九歲時自印度啟程，六十歲時抵尼泊爾，六十一歲至阿里，六十三歲至前藏，七十三歲時圓寂於聶塘，駐錫藏地十一載，此為一說。又那措所傳善本方志謂覺窩尊生於庚午年，五十七歲時自印度啟程，當年歲末入藏，甲午年七十三歲圓寂，於藏地駐十七載。二說之中，雖以前說為主，然此《道次第》中所說者，順應後說。尊者駐藏十七載，聖教規模諸已沒者，重新建樹，諸略存軌，倍令增廣，諸被邪解垢穢染者，皆善治除，令聖教寶悉離垢染。

講記

到了西藏以後，「此復住於阿里三載，聶塘九歲，衛藏餘處五年之中」，共十七年。「為諸善士開示經咒教典教授，罄盡無餘」，開示了很多顯密教法。

語王尊者依了《甘丹法源史》[18]提出一個疑點。《甘丹法源史》是福稱大師所著。「謂覺窩尊生於壬午年，五十九歲時自印度啟程，六十歲時抵尼泊爾，六十一歲至阿里，六十三歲至前藏，七十三歲時圓寂於聶塘，駐錫藏地十一載，此為一說」，語王尊者把這個註解引出來，但這個不是很重要。

「又那措所傳善本方志」，那措譯師撰寫了一本遊記，是比較有根據，資料確切的。其中提到「謂覺窩尊生於庚午年，五十七歲時自印度啟程」，就是出發上路的意思。「當年歲末入藏」，在那一年的年底蒞臨藏地。「甲午年」，就是木馬年，「七十三歲圓寂，於藏地駐十七載。二說之中，雖以前說為主」，有二種說法。「然此《道次第》中所說者，順應後說」，但在《廣論》文中主要是依後者十七年的說法。

「尊者駐藏十七載，聖教規模諸已沒者」，在藏地駐錫十七年，將朗達瑪王滅教後七十年間隱沒不振的道軌，「重新建樹，諸略存軌，倍令增廣，諸被邪解垢穢染者，皆善治除」。諸如所謂「藍裙班智達」、「紅色阿雜惹」等所傳的灌頂、說法等，這所有的邪分別都完善清除，「令聖教寶悉離垢染」。「阿雜惹」就是西藏人對印度人的稱呼，泛指印度人。

真　　師：那兩個班智達真是從印度來的嗎？

仁波切：應該不僅是這兩個，很多班智達。

真　　師：真的是從印度來的？

仁波切：對，都是從印度來的。實際上阿里離喀什米爾很近，從

喀什米爾和印度來的，不一定都是印度人，很多都是喀
什米爾人，他們可能冒充佛教徒來藏地。那時藏地後弘
期的佛法剛剛盛行，沒有什麼辨別能力，所以就傳了很
多邪惡密法，實際上就是邪法。

法　師：《略論釋》好像有提到是青裙阿闍黎和紅裙阿闍黎，是
不是這兩個？

仁波切：對。

法　師：現在西藏是否還有這些人、法？

仁波切：沒有，這些都清除了。他們所傳的法當中很多都是錯誤
的，少部分也有一點佛法的根據，但是他們的行為各方
面都不是清淨的。

🌸第二、滅除損害梵行及三學者：總之雪山聚中前弘聖
教，謂吉祥靜命🅰親教師菩提薩埵及悲瑪桑巴瓦🅱蓮華生，建
聖教軌。然由支那和尚堪布，解了空性未達扼要，以是因緣，
謗方便分，遮止一切作意思惟，損減教法，為嘎瑪拉希拉🅲蓮
花戒大阿闍黎善破滅已，決擇勝者所有密意，為恩極重。

講記

「第二、減除損害梵行及三學者」，這是妙音笑大師的箋註。第二科的內容，是如何清除以前藏地有許多損害三學、比丘戒等梵行的情況。妙音笑大師將下文的這些內容歸入第二科。「總之雪山聚中前弘聖教」，說藏地前弘期教法時，「吉祥靜命親教師菩提薩埵及悲瑪桑巴瓦蓮華生」，由他們兩位「建聖教軌」。靜命大堪布也是邦伽羅人，和覺窩傑是同一個家族，所以在種敦巴尊者造的祈請文中提到「富饒之地邦伽羅，貴冑撒賀王種姓，菩薩靜命所生族，燃燈智足敬頂禮。」他和蓮花生大師兩位就是最初擎持西藏佛教的大德，與法王赤松德贊三人，聯合在西藏創立最初的佛教道軌，並且善為樹立清淨無染的教法。

此後，「然由支那和尚堪布，解了空性未達扼要，以是因緣，謗方便分，遮止一切作意思惟，損減教法」，這裡提到「支那和尚」，他的見解中並未透徹了達空性的扼要，因為不了解，所以認為捨棄方便、智慧其中一者是可以成佛的。方便分中的菩提心、出離心等全都不需要，只要毫不作意思惟的見解就能成佛。由於支那和尚摩訶衍那堪布的出現，造成聖教的傷害，其後蓮花戒論師蒞臨藏地斷除這種邪見，著作《修次初、中、後三篇》，完全破除其宗，重新光顯佛陀聖教，恩德至極深重！

真　師：朗達瑪前世是誰啊？他為什麼能這麼嚴重地破壞佛教？

仁波切：這個有很多故事。在修尼泊爾博達大佛塔的時候，他是一頭牛。當佛塔開光的那一天，大家都在祈禱的時候，牠祈禱說：「當他們正式弘法的時候，我就要滅法！」就是這樣。

真　師：那頭牛發惡願。

仁波切：對，有這樣的說法。漢地也有很多國王滅法，三次是吧？

居　士：三武一宗，四次。

仁波切：但是沒有朗達瑪滅法那麼嚴重。朗達瑪實際上在位才四到五年，五年以後就被刺殺了。在五年當中，他就把整個佛法毀滅得那麼嚴重，之後七十年沒有恢復，七十年後才慢慢復甦。經書也燒掉了，但是主要是不准有一個出家人，傳戒的人全部斷絕了，完全沒有。沒有戒的話就等於沒有佛法，實際上就是這樣。

真　師：對啊！還要找兩位漢人。

法　師：當初朗達瑪滅法之後，剩三位出家人逃走？

仁波切：對，逃到安多。

真　師：也是在安多啊？

仁波切：就是在安多，他們三個幫「拉欽波貢巴饒色」[19]傳戒，
　　　　當時他的年紀很小，大約二十來歲。後弘期第一個求戒
　　　　的西藏人就是拉欽波，就是被這三位大師傳授比丘戒的
　　　　第一人。三大賢哲從西藏經過新疆逃到青海，最後當地
　　　　人發現有三位出家人，也比較恭敬他們。最後就是有一
　　　　位拉欽波——拉欽貢巴饒色，年紀很輕就被他們收為弟
　　　　子，接受比丘戒律。後來請到那個殺朗達瑪的人來幫忙
　　　　傳戒，他說他已經殺了人不能傳戒，所以請了兩個漢地
　　　　的和尚，一共五個人傳。安多地方僧人上衣裡面都是藍
　　　　色的，實際上就是紀念漢地和尚。拉薩人不知道有沒有
　　　　這種說法，安多地方就是這麼說的。

　　　　後來西藏那裡有十個人到拉欽那裡受戒，傳說有衛藏
　　　　人，還有後藏人，一共有十個人到安多在拉欽的跟前受
　　　　戒，是這樣傳過來的，所以拉欽是後弘期的第一個傳戒
　　　　人。他們離開的時候，拉欽也很老了，他把自己的黃帽
　　　　送給西藏十個人當中一個叫作魯梅[20]的人，是魯梅帶著
　　　　這十個人來的。拉欽送給他時說：「你在一路上惦記著
　　　　我，戴著這頂帽子到西藏去弘法。」後來西藏黃帽派為
　　　　什麼那麼興盛，緣起就是在那裡。安多的拉欽波相當有
　　　　名的。

居　士：宗喀巴大師後來選擇黃帽就是這個原因？

仁波切：不是這個原因，但是有這個緣起。後來黃帽派為什麼這麼遍傳呢？緣起當初就在這裡，有這種說法。西藏的國王——天尊師長智光王是很偉大的，把自己的生命都貢獻給佛法，那不容易啊！

真　師：一定是個菩薩！

仁波切：正是。

真　師：為教法捨卻生命。

仁波切：而且天尊師長菩提光王派那措譯師的時候，他也講過：「你去到阿底峽跟前，就說：『西藏地方窮得像餓鬼的世界一樣，在這個地方能找到食指那麼大的金子也是很難的。我們把人力、財力全部集中在請大師到西藏的事業上，如果您這位菩薩再有其他的想法，不來救度我們的話，那您這位菩薩，也僅僅只是一個名義上的菩薩。』」他一邊哭一邊給這個譯師交代任務，譯師就帶著這些金子到印度去求。

真　師：好像在傳記上有寫，去請阿底峽尊者的那個人，見到阿底峽尊者的時候，跪在地上一邊哭一邊講、一邊哭一邊講，是不是？好像有這麼說。

仁波切：見到阿底峽尊者的時候，那當然。

真　師：有一邊哭一邊講？唉呀，真是了不起！

仁波切：這真是了不起，沒有天尊師長菩提光王，就沒有藏傳佛
　　　　教的今天了！

真　師：對！

　　　於後弘聖教，則有一類妄自矜為善巧智者及瑜伽師，由
其倒執相續部義，於教根本清淨梵行作大損害，為此善士善
為破除。復能殄滅諸邪執著，弘盛增廣無倒聖教，故其深恩
普遍雪山一切眾生。

講記

　　　前弘期的佛教經歷過興盛期，後來式微，原因是當時支那堪布等
人未達空性正見的扼要，損減教法，後來蓮花戒論師著作《修次三
篇》善為破除，廣弘佛陀的密意，所以恩德極重。後弘期中，有人妄
執密續義理，這裡並沒有提及顯教，主要是顛倒執持密續義理，自詡
為班智達和瑜伽師，「藍裙班智達」和「紅色阿雜惹」等人嚴重地損
害聖教的根本——梵行。教法根本為戒律，他們對梵行眾——出家僧

團傳播邪法，將殲滅敵人予以解脫、對女人行非梵行的惡行稱為合度法，造成教法極大的傷害。「為此善士善為破除」，此指覺窩傑阿底峽尊者。「復能殄滅諸邪執著，弘盛增廣無倒聖教」，消滅所有的邪法，在西藏弘傳無倒的清淨聖教。西藏能有清淨的教法，弘盛增廣，全都是阿底峽尊者的恩德，不可思議的恩德！

　　⊛第三、辨識造論圓滿三因：如是造論光顯能仁所有密意，復有三種圓滿勝因，謂一、善所知五種明處及二、具教授，謂從正遍知輾轉傳來，於其中間善士未斷，修持彼義扼要教授；三、並得謁見本尊天顏，獲言開許。此等隨一雖能造論，然三齊具極為圓滿，此大阿闍黎三皆備具。

講記

　　第三科，如果要造一部破除邪法、清淨無誤的論典，必須具有三個圓滿因，妙音笑大師用此科來含攝下文的內容。「光顯能仁所有密意」，如果想造一部闡揚佛陀無垢聖教密意的論著，就要有「三種圓滿勝因」。「謂一、善所知五種明處」，造論者必須通達五明；「及二、具教授」，不管造什麼論，都要有修持扼要的教授。具有「從正遍知輾轉傳來，於其中間善士未斷，修持彼義扼要教授」，有傳承的

教授很重要，就是要有清淨傳承教授，這是第二項。西藏有如此說法：「大江源頭，須自高山雪嶺；教法源頭，須自圓滿世尊。」從世尊依序傳持下來很重要，如果傳承的根源不清淨，很難有清淨的法，所以必須要有清淨傳承；如果有清淨的傳承，就會有清淨的口訣。最主要的就是要有清淨口訣，所以傳承和清淨口訣這兩項很重要。

接下來第三點，「三、謁見本尊天顏，獲言開許」，能親見本尊是非常困難的，而且又得本尊的親口開許——在夢中開許也算，有些經論是這麼說的，所以必須獲得本尊親口或在夢中的開許。如果造論者能夠具足這三個條件，那是最好的；如果沒有全部具備，「此等隨一雖能造論」，即使只具備其中一個，也是有造論的能力，「然三齊具極為圓滿」。並不是具有其中一條就可以造論，是指有造論的能力而已，例如精通五明就有造論的能力，但是沒有傳承和本尊開許的話，即使造論仍然很難算是清淨的，如果具有三個條件，就會非常圓滿。總之，造一部圓滿的論典，必須具備這三個條件，大阿闍黎覺窩傑阿底峽尊者具足了三種造論的圓滿因。

以前印度班智達造論時，比如止迦摩囉室囉寺的某個班智達今年造了一部論，會召集全寺的班智達們討論、評鑑：這本是我今年造的論，是否符合佛陀的密意、言教？是否能饒益眾生？如果真的是一部好的論典，會敬呈國王作最後批准發行；如果書中的內容不夠圓滿就禁印，所有的班智達都會破斥、反對發行，然後把這本論綁在狗尾

上，以示這位班智達的書不能流通，以前有這種嚴格的規矩。過去在西藏，書籍的著作也是很謹慎的，如果要印出清淨的典籍，通常會去德格印經院[21]、拉薩雪印經院[22]，很多智者一起評鑑，如果清淨才能發行，不像現在，只要隨便寫出來就可以印製。以上講完了造論的圓滿三因。

第四分三：第一、本尊所攝受者：其為本尊所攝受者，如《讚》云：「勝歡喜金剛、〔立三三昧耶王，屬事部之能仁，結說法印，即今《修法大海》等論所載者是。三三昧耶者，謂身語意；或指不臥於床、不飲酒、不食似手印三者。〕雄猛世自在、觀世音、主尊度母等、即勝樂輪、不動尊共六尊，謁顏得許故，或夢或現前，常聞最甚深，及廣大正法。」

講記

第四，覺窩傑具德阿底峽尊者具備這三個圓滿因的狀況是如何呢？首先，「其為本尊所攝受者，如《讚》」，指《八十讚》，「云：勝歡喜金剛，立三三昧耶王」，「勝歡喜金剛」就是本尊喜金剛，「立三三昧耶王」指釋迦牟尼佛。「屬事部之能仁，結說法

印，見今《修法大海》等論所載者是。三三昧耶者，謂身語意；或指不臥於床、不飲酒、不食似手印三者」，「不食似手印」，指不食用形狀做得像手印和人、動物的食物。「**雄猛世自在觀世音、主尊度母等**」，主尊度母就是綠度母。「**即勝樂輪、不動尊共六尊**」，忿怒不動明王，不是五部如來之不動佛。這就是噶當派六本尊，覺窩傑平常的課誦就是這六位本尊的自生法等儀軌，主要依止的本尊也是這六尊。「**謁顏得許故**」，直接現見他們，並獲得開許。「**或夢或現前，常聞最甚深，及廣大正法**」，或者夢裡、或者直接現見，經常能從祂們聽聞甚深、廣大正法。這些本尊當中，度母是以常人談話互動的方式在尊者面前。即將入藏前，尊者啟問度母：「此行是否有利藏人？」度母授記：「對藏人有大利益，尤其依靠一位優婆塞──種敦巴會產生很大的利益。透過這位優婆塞，就能作廣大的佛教事業。」這就是「謁見本尊天顏」的部分。

🙂第二、傳承無間斷之理者：師傳承中，有所共乘及其大乘二種傳承。後中分二，謂度彼岸及祕密咒。度彼岸中復有二種傳承：謂見傳承及行傳承；其行傳承復有從慈尊傳及妙音傳，凡三傳承。於密咒中亦復具足五派傳承，復具宗派傳承、加持傳承，及其種種教授傳承等諸多傳承。親從聞學

諸尊長者,如《讚》云:「恆親近尊重,響底巴🅔寂靜、金洲🅔法稱、跋陀羅菩提🅔覺賢,及迦那師利🅔智吉祥,多得成就者。尊又特具足,從龍猛輾轉,傳來最甚深,及廣大教授。」說有十二得成就師,然餘尚多。🅦第三、善巧五種明處前已說訖者:善巧五種明處者,前已說訖。是故此阿闍黎能善決擇勝者密意。

講記

「第二、傳承無間斷之理者:師傳承中,有所共乘及其大乘二種傳承」,這是覺窩傑具德阿底峽尊者所擁有的傳承。「後中分二,謂度彼岸及秘密咒。度彼岸中復有二種傳承:謂見傳承及行傳承;其行傳承復有從慈尊傳及妙音傳,凡三傳承」,這所有的傳承,具德阿底峽尊者都有。「於密咒中亦復具足五派傳承」,例如父續傳承、母續傳承,父續指密集為主的諸多本尊,母續指勝樂為主的諸多本尊,第三是事部及瑜伽部,第四是一切密咒傳承,接下來是閻摩敵傳承,這五派傳承在《廣傳》中都有記載。「復具宗派傳承、加持傳承,及其種種教授傳承等諸多傳承。親從聞學諸尊長者,如《讚》云:『恆親近尊重,響底巴寂靜、金洲大師法稱、跋陀羅菩提覺賢,及迦那師利

智吉祥』」等等眾多獲得成就的上師。「『尊又特具足,從龍猛輾轉,傳來最甚深,及廣大教授。』說有十二得成就師」,指主要的上師。「然餘尚多」,尊者曾依止一百多位上師。

造論的圓滿三因中,「第三、善巧五種明處前已說訖者:善巧五種明處者,前已說訖」,在前面的傳記中已經敘述了。

真　師:我們書上印的是:「然餘尚多善巧五種明處者」,這個
　　　　是合在一起的,是不是要標句號?我們這個中間沒有句
　　　　號。

仁波切:「尚多」在藏文當中的「芒哦」(མང་ཚོ) 跟漢文當中的
　　　　句號一樣。

真　師:「尚多」這個地方應該要有句號。

仁波切:對!對!

造論的三個順緣都一一說完了,後面的「是故」是對前文的收攝。因為尊者已經完全具備造論的三種順緣,所以「此阿闍黎」覺窩阿底峽「能善決擇勝者密意」。

　　🅂第五、殊勝弟子，分二：印度、阿里、西藏三地弟子者：此阿闍黎於五印度、迦溼彌羅、〔🅑鄔智依雅那音變為鄔僅，🅑飛行國。〕、尼泊爾、藏中諸地，所有弟子不可思數。然主要者印度有四，謂與依怙智慧平等大〔班智達🅑義譯通五明者。〕，號毘栝跋，及達摩阿嘎惹瑪帝🅑法生慧、中獅、地藏，或復加入友密為五。阿里則有寶賢〔譯師，🅑羅嘎紮克有，意為世間眼，略作羅紮瓦。〕、那措譯師、天尊重菩提光；後藏則有迦格瓦及廓枯巴天生；羅札則有卡巴勝位及善護；康地則有大瑜伽師、阿蘭若師、智慧金剛、卡達敦巴；中藏則有枯、俄、種三。🅂第二、最勝弟子：是等之中，能廣師尊所有法業大持承者，厥為度母親授記莂，種敦巴勝生是也。造者殊勝略說如是，廣則應知出廣傳文。

講記

　　接下來是妙音笑大師箋註的第五科，「第五、殊勝弟子，分二：印度、阿里、西藏三地弟子者」，西藏指拉薩衛藏等地。「此阿闍黎於五印度、迦溼彌羅、鄔僅」，藏文中並沒有「五」字。「鄔智依雅那音變為鄔僅」，也叫作「飛行國」。「尼泊爾、藏中諸地，所有弟子不可思數」，有很多數量不可思議、功德不可思議的弟子。

真　師：「不可思數」解釋成「不可思議」，還是「不可思議的
　　　　數目」？

仁波切：藏文中並沒有「數」字，但此處可理解為數量不可思
　　　　議。

這邊有個「然」字，「然主要者印度有四，謂與依怙智慧平等大
〔班智達義譯通五明者。〕」，「大班智達」義譯為精通五明者，即
大班智達「毘柁跋」。「達摩阿嘎惹瑪帝」，義為「法生慧」。再加
上「中獅、地藏」共四位，這些是在印度的主要弟子，「或復加入」
弟子「友密」為五位。「阿里則有寶賢〔譯師，羅嘎紮克有，意為世
間眼，略作羅紮瓦。〕」，「羅嘎」是世間，「紮克有」是眼睛的意
思。「那措譯師、天尊重菩提光；後藏則有迦格瓦及廓枯巴天生；羅
札」，羅札也是地名。在羅札這個地方「則有卡巴勝位及善護；康地
則有大瑜伽師、阿蘭若師、智慧金剛、卡達敦巴；中藏則有枯、俄、
種三」，「枯」是枯精進堅固，「俄」是俄・善慧譯師，「種」是種
敦巴勝者生源。

「第二、最勝弟子」，弟子當中最殊勝的。「是等之中，能廣師
尊所有法業大持承者，厥為度母親授記剏，種敦巴勝生是也」，在這

些弟子中，能夠廣弘覺窩傑阿底峽尊者的法業、最主要承接傳承的弟子，即是度母親自授記的種敦巴勝生。「**造者殊勝略說如是，廣則應知出廣傳文**」，〈造者殊勝〉簡單而言是這樣，欲知詳情可閱讀《噶當父法》、《噶當子法》[23] 等尊者的廣傳。這是結語。

「為顯其法根源淨故開示造者殊勝」，這一個科判已經結束。這個法源到底清不清淨、是不是從佛陀一脈相承傳下來的？這是必須要了解的，了解之後，在自相續中對學習《廣論》的欲求心會有很大的幫助。「為顯其法根源淨故開示造者殊勝」，誰是造者？阿底峽尊者。他是怎樣的人物呢？為了明白這點而開出前面造者殊勝第一個科判。看到造者殊勝時，要再再思惟，意識到這也是我們要學習的，對他如何奉獻聖教、通達五種明處、守護自己的增上戒學、利益佛陀的教法等等，有許多該了解注意的地方，要多思惟才能真正對造者生起清淨的信心。一旦有清淨的信心，加持很容易就會進來；如果沒有信心，不管怎麼學習，都很難有加持的，所以這對於我們的行持幫助非常大。對造者有極為清淨的信心，也會對他所著的論典產生信心；如果對論典有信心，就有想學習的心，同樣的也就會生起想修持的渴望，這是很重要的目的！

真　師：「於藏中所作事業」都是妙音笑大師所作的科判？總共

分五部分？

仁波切：對。

真　師：第一科是破邪創新。第二科好像是前弘期，蓮花戒論師
　　　　造《修次三篇》，以及後弘期尊者滅除損害梵行的邪
　　　　說。第三部分就開始說造論圓滿三因，第四部分是如何
　　　　具備圓滿因，第五就是弟子的部分，好像還分出一個子
　　　　科？

仁波切：對，分成兩個，主要的和一般的。

真　師：弟子分主要的弟子和一般的弟子啊？

仁波切：對，大體上意思就這樣。弟子的差別分成兩項，首先是
　　　　印度、阿里、西藏的所有弟子，第二個是這些當中最殊
　　　　勝的弟子。

真　師：主要的是種敦巴勝者生源。另外還有枯、俄二位。

仁波切：對，枯精進堅固、俄‧善慧譯師、種敦巴勝者生源這三
　　　　位。

真　師：堅固精進、善妙智慧、種敦巴。

仁波切：在這裡的科判是從「是等之中，能廣師尊……」這裡分判，他的弟子分前邊和後邊，後邊是種敦巴。

真　師：喔！種敦巴是單列一個。

法　師：為什麼大威德金剛特別列出一支啊？

仁波切：他不純屬於父續也不純屬於母續，而是聚合父續、母續兩者的，聚集父續、母續的一切扼要，所以另外單獨列。

居　士：像前面講的，阿底峽尊者見到本尊、雄猛世自在、主尊度母等，只有勝樂金剛和不動明王沒講出來而已。

仁波切：不動明王《廣論》上沒講出來，但註上有，補上了勝樂金剛和不動明王。

註釋

1 **《洛札巴窩教法史》** 又名《洛札教法史・智者喜宴》，為噶舉派祖師巴窩・祖拉陳瓦所著。

2 **喀什米爾** 地名，位於南亞西北部，東邊與中國交界，西面是巴基斯坦，南面是印度，北面與阿富汗接壤。古代佛教曾在此處興盛。

3 **須彌山** 又名妙高山、妙高山王、蘇迷盧山。高16萬由旬，約現今1264000公里。世界形成之初，眾生共業所致依次出現風輪、水輪、地輪，後經多年洤澍大雨形成大海，風攪海中，其內上等元素累積而成須彌山。

4 **四大洲** 即東勝身洲、南贍部洲、西牛貨洲、北俱盧洲。

5 **八小洲** 即身洲、勝身洲、貓牛洲、勝貓牛洲、諂洲、勝道行洲、聲不美洲、聲不美對洲。

6 **外八廟** 為河北承德八座藏傳寺院的總稱，因地處北京及長城之外，故名外八廟。其中普寧大佛寺的大乘之閣，是仿須彌山、四大洲、八小洲等的形勢而建造。

7 **頤和園山頂上的寺院** 在頤和園北側山後中軸上，有仿西藏桑耶寺建造的以「香岩宗印之閣」為中心的藏傳寺院建築，包括：須彌靈境大殿、四大洲、八小洲等。

8 **《親友書》** 龍樹菩薩造。引文出自《親友書》，第7偈。

9 **《律海心要》** 宗喀巴大師造。此論扼要宣說了別解脫律儀的體性、支分、各別之辨識、生戒所依、捨戒之因、持戒勝利。此段引文出自第7偈。

10 **欲護學處者，策勵當護心，若不護此心，不能護學處** 引文出自《入行論·護正知品》，第1偈。

11 **欲護自心者，致力恆守護，正念與正知** 引文出自《入行論·護正知品》，第23偈。

12 **戰陣失利劍，懼殺疾拾取。如是若失念，畏獄速提起** 引文出自《入行論·精進品》，第69偈。

13 **阿拉·夏日東仁波切** 公元1928-2001。本名善慧講修海，秉性正直且心力強大，曾從當代諸大善知識前求得無量顯密傳承，並為眾生廣轉法輪。為近代稀有而殊勝的大善知識之一。

14 **合度法** 阿底峽尊者未到西藏之前，有一些從印度來的「藍裙班智達、紅裙阿闍黎」等人，宣揚與女人邪行為合修，殺害仇敵為救度的邪法，名此為「合度法」。

15 **朗達瑪** 古代西藏第43代贊普，喜愛飲酒，性情暴惡。後聽信苯教徒之言，毀壞西藏佛教。最後為拉隆吉祥金剛所殺。

16 **迦羅** 地名，和古代西藏西北部相連的吐谷渾地區。此地從八世紀起興盛伊斯蘭教。

17 **菩提光曾對尊者請問了七個修法方面的問題** 參見阿莽班智達的《燈論釋難·殊勝歡喜供雲》列為：1何謂大乘補特伽羅？2在凡夫的所依，能否生起菩提心？3菩薩戒的所依，需不需要別解脫戒？4具別解脫戒者，受了密乘戒，原有戒體轉為密戒抑為二種戒體共存？5圓滿二種資糧時，是否需要方便智慧雙運？6中觀唯識二宗，應執何者為清淨義？7如何入大乘密咒之門？

18 **《甘丹法源史》**　全名《噶當新舊法源史》，福稱大師造。此書略述了從阿底峽尊者到宗喀巴大師師徒之間噶當、格魯諸傳承祖師的傳記。

19 **拉欽波貢巴饒色**　公元892-975。為朗達瑪滅法之後重新建樹西藏戒法的第一位祖師。布敦大師認為滅法後73年，從此師受比丘戒起，為西藏後弘期的開始。種敦巴尊者則認為，從衛藏十人向此師求受比丘戒起，方為西藏後弘期的開頭。

20 **魯梅**　本名戒慧，為西藏後弘期的一位大持律師，一生弘傳戒律傳承功蹟極大。此師即是向拉欽波貢巴饒色求受比丘戒的衛藏十人之一。

21 **德格印經院**　位於四川省西北部德格地區的薩迦派寺院更慶寺內，全名為「西藏文化寶庫德格札西果芒大法寶庫印經院」，也名「德格吉祥聚慧印經院」。此院為德格四十二世土司確吉丹巴澤仁於1729年創建。

22 **拉薩雪印經院**　位於拉薩布達拉宮雪村，全名為「雪域利樂寶庫洲雪印經院」。

23 **《噶當父法》、《噶當子法》**　《噶當父法》是種敦巴尊者問道，阿底峽尊者作答的語錄。由於阿底峽尊者授權種敦巴尊者為教主，且種敦巴又是噶當教法的始祖，故其問道語錄稱為《父法》。《噶當子法》是由俄·善慧譯師及格西庫敦向阿底峽尊者問道的語錄。由於此二師為受持教法傳承之弟子，故其語錄稱為《子法》。此二函書合稱為《噶當寶籍》。

法殊勝

　　^妙第二、顯示法殊勝中，^妙分三：辨識法者：法者，此教授基論，謂《菩提道炬》。^妙第二、宣說具有圓滿、易於受持、派軌殊勝三法：依怙所造雖有多論，然如根本極圓滿者，厥為《道炬》。具攝經咒所有樞要而開示故，所詮圓滿；調心次第為最勝故，易於受持；又以善巧二大車軌二師教授而莊嚴故，勝出餘軌。^語二師者，謂善巧無著派之金洲，及善巧龍樹派之小明了杜鵑，如《道次第傳承上師祈請文》中所說，為覺窩阿底峽之親傳上師。雖有說是阿哇都帝巴及金洲二師，然師云，德哇尖巴及喇嘛一切遍智二師俱許前說。

講記

　　第二科，「令於教授起敬重故開示其法殊勝」，在此妙音笑大師分作三科。第一科，「辨識法者」，「法」可以有很多意思，在此處，「法者，此教授基論，謂《菩提道炬》」，「為於教授起敬重故開示其法殊勝」的「法」，是指《菩提道炬論》。這是第一科，辨識法。

　　第二科分成三個殊勝，「第二、宣說具有圓滿、易於受持、派軌

殊勝三法」，將這三項攝為一個科判。「**依怙所造雖有多論，然如根本極圓滿者，厥為《道炬》**」，尊者造了很多論著，有各式各樣的法類，共有百種，被稱為《阿底峽小品集》[1]，然而其中最主要的是《道炬論》。為何《道炬論》最為重要？「**具攝**」，毫無遺漏地包含「**經咒所有樞要而開示故，所詮圓滿**」。然後是「**易於受持**」，很容易行持的意思──主要是指「**調心**」方便，以三士道的「**次第**」來調心，先以下士道、再以中士道，漸次引導，很容易受持。任何論典，它的內容都是圓滿的，然而一旦涉及行持的時候，很難有比《廣論》更容易行持的。例如《現觀莊嚴論》的所詮雖然圓滿，但是對於初機者要學這個這個、中等者要學這個這個、再上去要學這個這個……，這樣的次第並不明顯。而《廣論》則是把這樣的次第書寫出來，所以「**易於受持**」。

接下來「**派軌殊勝**」，「**又以善巧二大車軌二師教授而莊嚴故，勝出餘軌**」，善巧龍樹、無著二大車之派軌的兩位上師，語王尊者註道：「**二師者，謂善巧無著派之金洲，及善巧龍樹派之小明了杜鵑，如《道次第傳承上師祈請文》中所說，為覺窩阿底峽之親傳上師。雖有說是阿哇都帝巴及金洲二師，然師云，德哇尖巴及喇嘛一切遍智二師俱許前說。**」「**師云**」，是語王尊者的上師，他承許這裡的二位上師應依前一種說法。這裡的阿哇都帝巴，不是小明了杜鵑。

⑩第三、宣說具足四種殊勝：此論教授殊勝，分四：一、
通達一切聖教無違殊勝；二、一切聖言現為教授殊勝；三、⑫少
勞即易於獲得勝者密意殊勝；四、極大罪行⑫謗法之業自趣消
滅殊勝。今初⑩分八：第一、辨識聖教者：

⑫此法若具通達一切聖教無違殊勝，然夫聖教為何？通
達無違之理又為何耶？聖教者，如⑫觀音禁行論師所造清辨
論師《中論》註──《般若燈》之《廣釋》中云：「言聖教
者，謂無倒顯示，諸欲證得〔甘露，⑫梵音阿彌達，意謂無
死。〕無死無住涅槃勝位⑫或得解脫，〔堪為修法之所依
身，故云若人若天。〕，所應遍知⑫苦、所應斷除⑫集、所
應現證⑫滅、所應修行⑫道之理，即薄伽梵所說至言。」謂
盡⑫以此所表勝者所有善說。

講記

「顯示法殊勝中」的「辨識法者：第二、宣說具有圓滿、易於受
持、派軌殊勝三法」結束，接下來「第三、宣說具足四種殊勝」，這
是妙音笑大師的第三科。「此論教授殊勝，分四：一、通達一切聖教
無違殊勝；二、一切聖言現為教授殊勝；三、少勞即易於獲得勝者密意

殊勝；^四、極大罪行謗法之業自趣消滅殊勝。」第一科「通達一切聖
教無違殊勝」，妙音笑大師分為八科：「第一、辨識聖教者」，所謂
的「聖教」是什麼？接下來有巴梭法王的註：「此法若具通達一切聖
教無違殊勝，則夫聖教為何？通達無違之理又為何耶？」如果說這個
法具足通達一切聖教無違的殊勝，所謂的「聖教」是什麼？「通達無
違」的道理又是什麼呢？

真　師：那第一科就跟妙音笑大師一樣。（巴註之「聖教為何」
　　　　　與妙註之「第一辨識聖教者」相同。）

　　「聖教者」，這裡有巴梭法王的註，「如觀音禁行論師所造清辨
論師《中論》註——《般若燈》之《廣釋》中云」，《中論》的注疏
《般若燈論》是清辨論師所著，《般若燈論廣釋》的作者是觀音禁行
論師，如觀音禁行論師所說：「言聖教者」，什麼叫「聖教」？「謂
無倒顯示，諸欲證得甘露勝位，若人若天，所應遍知、所應斷除、所
應現證、所應修行，即薄伽梵所說至言。」配合箋註來解釋的話，
「堪為修法之所依身，故云若人若天」，堪能修法的所依身，除了人
和天，就別無其他有情。「甘露，梵音阿彌達」，意思是「無死」。
「無死無住涅槃勝位或得解脫」，對獲得這樣的果位，稱作「無

死」。而希欲獲得解脫及一切遍智果位者，應觀察這裡說的四諦，對「苦」是「所應遍知」、「集」是「所應斷除」、「滅」是「所應現證」、「道」是「所應修行」，對這樣的道理能無顛倒地開示的論典，就是「薄伽梵所說至言」，這就名為「聖教」。「謂盡以此所表勝者所有善說」，佛薄伽梵所說的一切教法，就是「聖教」。這就是「辨識教法」之理。

⊕第二、通達一切聖教無違之理者：達彼一切悉無違者，謂於此中解了是一補特伽羅成佛之道。此復隨其所應，有是道之正體，有是道之支分。⊕第三、顯示不如是許，教理相違者：此中諸菩薩所欲求事者，謂是成辦世間義利，亦須遍攝三種種性所化之機，故須學習彼等諸道。如《釋菩提心論》云：「如自⊝所定⊝解，欲令他⊝所化機發決定故，諸智者⊝菩薩恆應⊝於所詮義無謬誤，善趣⊝教誡所化機。」《釋量》亦云：「⊝自了知所說義者，是為方便；將其為所化機宣說者，是為方便所生。其中彼方便所生⊝——為所化機宣說——之因⊝——方便，⊝自若〔不現，⊝此謂自未如實了知。〕則於彼⊝義難⊝為所化機如理宣說。」自若未能如實決定，不能宣說開示他故。

講記

　　接下來是妙音笑大師的第二科，「**第二、通達一切聖教無違之理者**」，了解佛陀宣說的一切無倒至言，彼此互不相違的道理。下面「**達彼一切悉無違者，謂於此中解了是一補特伽羅成佛之道**」，應該了解這是一補特伽羅，從凡夫位直到無學雙運果位前的所有成佛之道。「**此復隨其所應，有是道之正體，有是道之支分**」，佛陀說的法，有的屬於道的正體、有的屬於道的支分，佛是以這種方式來說法。

　　真　師：「隨其所應」是什麼意思？

　　仁波切：順著各種心識、各種情況來宣講的意思。比如這部論並
　　　　　　不是全部只解釋道之正體，也有詮釋道之支分，隨機宣
　　　　　　講各式法門。

　　「**第三、顯示不如是許，教理相違者**」，「不如是許」即是指承許佛語彼此相違，不承許前面一切佛語不相違這點，這樣是與教典和正理相違的。「**此中諸菩薩所欲求事者，謂是成辦世間義利**」，菩薩們心中追求的事，即是成辦世間義利，成滿一切有情的義利。就成辦

世間義利而言，菩薩所攝受的「所化之機」又可分為「三種種姓」，菩薩為了攝受他們、為了開示獲得無住涅槃果位的方便，必須學習三種種姓的道——獨覺道、聲聞道、菩薩道等所有的道。

「如《釋菩提心論》云：『如自定欲令他發決定故，諸智者恆應無謬誤善趣教誡所化機。』」如同自己所定解的那般，也令其他所化機發起決定，菩薩智者們應該恆時對於經論的所詮義無謬誤地宣說，這就是教誡所化機的方式，菩薩們應該善巧趣入這種方式。自己必須能對徒眾或所化機無倒開示佛陀的密意，這就是「善趣教誡所化機」的意思。「《釋量》亦云：『彼方便所生因，不現彼難宣說。』」如果不學三種種姓的道，巴梭法王的註說：「自了知所說義者，是為方便；將其為所化機宣說者，是為方便所生。」自己了解道理，叫作「方便」，把道理說給別人聽，叫作「方便所生」；自己證得經論內涵，叫「方便」，將自己所證得的傳遞給別人，叫「方便所生」。「其中彼方便所生——為所化機宣說——之因——方便」，「方便」指我們要善巧了解經論的內涵。「自若不現，此謂自未如實了知」，如果我們也不了解，對我們是隱蔽分，例如不能如實了知《廣論》內涵的話，「則於彼義難為所化機如理宣說」，就沒辦法說給別人聽。這是強調一定要學習的重要性。

真　師：「彼」究竟是指自己所闡釋的內容，還是指所化機？
　　　　「彼方便生因，不現彼難宣」的第二個「彼」，解釋
　　　　為「因為沒有方便所生的因、當初不了解，所以我今天
　　　　對彼──所要闡釋的內容就無法宣說」，但是會不會是
　　　　「無法向所化機宣說那個因」？

仁波切：「彼」是指經論，包括獨覺、聲聞、菩薩三乘的經論。
　　　　凡有所說，必須先要了解經論，自己不了解也就沒法對
　　　　別人宣說。

法　師：第一個「彼」指什麼？

仁波切：指「方便所生」自己已經證得、了解的東西，用此對他
　　　　人宣說。證得經論的內涵叫「方便」，為人宣說是「方
　　　　便所生」，自己了解就是為人宣說的因。第一個「彼」
　　　　字是指「方便所生」為人宣說，然後這個依賴於「方
　　　　便」聞思。沒有聞思，就不能為人宣說。

　　接下來是宗喀巴大師對這兩句清晰的解釋：「自若未能如實決
定，不能宣說開示他故。」自己如果不能如實了知，不管是哪一部經
論，都沒有能力為人宣說。

　　了知三乘道者，即是成辦菩薩求事所有方便。[●]勝者阿逸多云：「諸[●]菩薩依身欲[●]成辦現前、究竟饒益眾生[●]者，由[●]了知聲聞、獨覺、菩薩三道之道種智[●]為方便，成辦[●]其果世間[●]三種種姓利。」《勝者母》中亦云：「以諸菩薩應當[●]於資糧、加行位時，於自相續發起一切[●]三種道，應當[●]於見道位時，以離分別無錯亂識現前了知一切[●]三種道，謂所有聲聞道[●]謂證達補特伽羅無我智、所有獨覺道[●]謂證達能取所取異質空、所有佛陀道[●]謂證達一切法無諦實。非唯發起、了知，如是[●]三種諸道亦應[●]於修道位時由斷證種類之門而令圓滿，[●]非唯生起、了知、圓滿，亦應成辦[●]三種諸道所作，[●]謂將有情未攝受者攝為眷屬、已攝受者令成熟、成熟者令解脫、解脫者令究竟。」故有說云：「是大乘人故，不應學習劣乘法藏」者，是相違因。

講記

　　「了知三乘道者，即是成辦菩薩求事所有方便」，所有的菩薩為了有情的利益，一定會去修學所有無學位的修行，修學三乘道這點就更不用說了。彌勒菩薩在《現觀莊嚴論》的〈皈敬頌〉說：「諸欲饒益眾生，由道種智成辦世間利。」巴梭法王註道：「諸菩薩依身欲成

辦現前、究竟饒益眾生者，由了知聲聞、獨覺、菩薩三道之道種智為方便」，結果呢？「成辦其果世間三種種姓利」，成辦了聲聞、獨覺、菩薩三種種姓的利益，這是果。「《勝者母》中亦云：『以諸菩薩應當發起一切道，應當了知一切道，謂所有聲聞道」，聲聞所證的是「證達補特伽羅無我智」；「獨覺道」是「證達能取所取異質空」，指現證能取所取異質空，是獨覺的所證；「佛陀道謂證達一切法無諦實」，佛陀道指證得一切諸法無有諦實。

「以諸菩薩應當於資糧、加行位時，於自相續發起一切三種道」，在資糧、加行位時，自己心續中應當發起三種道。「應當於見道位時，以離分別無錯亂識現前了知一切三種道」，在見道時，要現證空性。一切菩薩為了成辦利他之方便、為了攝受一切所化機而要證得三種道。「非唯發起、了知，如是三種諸道亦應於修道位時由斷證種類之門而令圓滿」，由於在修道位中修習所有三種道，令應斷的都能斷除，應證的都在心續中生起，所有斷證的種類都令圓滿。「非唯生起、了知、圓滿」，三種道全部都在心中「生起」；不只生起，在見道的時候都現證「了知」；在修道時所有都令「圓滿」。不僅僅三種道在自己心中生起、了知、圓滿，「亦應成辦三種諸道所作」。什麼是「諸道所作」？「將有情未攝受者攝為眷屬、已攝受者令成熟、成熟者令解脫、解脫者令究竟」，「令究竟」就是令得一切遍智的果位。

　　「故有說云：『是大乘人故，不應學習劣乘法藏』者，是相違因。」有人認為自己是大乘人，不應該學習小乘的法藏，這種說法是相違因；這種人覺得自己是大乘人，所以不學習聲聞道，因此沒有完全了達聲聞道，就沒法證得「一切聖教無違」。他認為自己是大乘行者，所以不需要聲聞道。如果這樣，反問這種人：你怎麼利益聲聞道的有情？因為不學習聲聞道，你就不曉得什麼是聲聞道。既然這些都不懂，就算你說自己是菩薩，其實也只能說明你不是菩薩！因為你只偏執一部分的有情，沒有成辦一切有情的利益。既然如此，你就不能通達一切聖教無違。

真　師：剛才討論說，如果你不去學習劣乘法藏的話，只能攝受大乘人，我認為如果不去學習劣乘法藏的話，實際上是不能攝受大乘人。

仁波切：不能攝受小乘啊！小乘的法你沒學，怎麼救度他呢？

真　師：但是不學小乘法的話，又怎麼到達大乘呢？他自己是無法成就。

仁波切：這時就會有一個問難：難道不入聲聞、獨覺道，就無法進入大乘道嗎？

真　師：可以學習劣乘法藏然後進入大乘道，他必須透過共下士、共中士進入大乘。

仁波切：必須要透過這個次第，再沒有其他的方式進入大乘嗎？
　　　　有沒有菩提心一生起，就已經進入大乘了？

真　師：那生起菩提心的過程中，他也學習出離心啊！

仁波切：在一開始就進入大乘道很重要，所以不需要進入聲聞道
　　　　再轉入大乘道，這種類型是指大乘種姓者。如果按你的
　　　　說法，是先進聲聞道，證聲聞阿羅漢、再證獨覺阿羅
　　　　漢、再進大乘道，是這樣嗎？

真　師：不是啊？那大乘種姓從何而來？

仁波切：只要生起菩提心就可以了！何時生起菩提心，從那時起
　　　　就成了大乘行者。

真　師：所謂大乘種姓的人，未必先從下面的學起，最初入道也
　　　　未必先從下面的學起？

仁波切：也是有一開始就是大乘種姓的有情，沒有先學習小乘教
　　　　典而直接進入大乘道的。

真　師：也有這樣的？最初發心直接趣入大乘？

仁波切：真有這種人。

法　師：師父，如果發起菩提心的話，他應該會有出離心吧？

仁波切：是應該有出離心。

居　士：劣乘法藏不僅僅只有出離心而已，還有其他很多修法。

仁波切：主要是菩提心，生起菩提心之後就算大乘了，主要是心裡，這個很重要。

法　師：所以生起菩提心的人，如果不學劣乘法藏的話，就沒辦法去度那些小乘的？

仁波切：對！所以「是大乘人故，不應學習劣乘法藏」這種說法不合理。的確有這種人，沒有就不用講了！

總之，為了成辦眾生的利益，必須學習所有三種種姓的法。主要對學道者的我們來說，這點很重要。都是學習大乘道的人，既然學了大乘道，又不學聲聞、獨覺道，這不合理。此處的教典和正理全部在成立——如果不證得一切聖教無違，是沒辦法成辦眾生利益的。按你的想法，發菩提心入道前，是不是一定要入聲聞道？我們是要入聲聞道嗎？還是進入大乘？

真　師：我以為是必須由前面的路，不證聲聞、羅漢果，但是要從他們的路走過去才進入大乘。證的時候不證果，學的時候是這樣的。

仁波切：對、對、對！學倒是需要。

真　師：所以實際上不學劣乘法藏，是無法趣入大乘的；不學劣
　　　　乘法藏，不能完成菩提心的，不能生起菩提心的。

仁波切：如果有具量的悲心、對有情能生出無量悲心，為了所有
　　　　有情，住於三惡趣歷經劫海也在所不惜，能有這樣強猛
　　　　心力的話，就叫作菩薩。

　　　　我們用釋迦世尊初發心時，身為地獄拉車力士這點來
　　　　討論。大悲導師投生為地獄的所依身時，是一個拉車
　　　　力士，駕車的獄卒在他的同伴沒辦法拉車時，便用三叉
　　　　戟插他。這時世尊想：「這一切的痛苦都由我一人來
　　　　擔。」由此初發菩提心，發心後馬上就離開了惡趣。這
　　　　時的世尊有學完聲聞道嗎？

真　師：很多人看到別人下了地獄，並沒有生起這樣的心，他卻
　　　　生起這樣的心，那麼他的因是什麼呢？一定是在因地裡
　　　　聞思，先看到世間的過患、利己的過患，然後開始生起
　　　　利他的心。

仁波切：那麼住於地獄的有情相續中，有這些心嗎？

真　師：那不是從聞思修次第生起的菩提心，是觀苦有情就生起
　　　　來了。

仁波切：雖然是透過聽聞教典而生起的，畢竟這時他還是墮落在地獄吧！是不是地獄眾生？

法　　師：師父，這個地方應該是說，如果我們現世要修大乘的話，不應該不學劣乘法藏。

仁波切：對！

法　　師：應該是對現世來講，並沒有從無限生命的因來講。

仁波切：主要是學大乘的人，不能忽視小乘，一切教理都要努力學習，這裡的用意主要是這一點。我想應該是這樣吧！只要生起菩提心，那他所走的便不是聲聞道，是大乘種姓。很多教典都有說，聲聞道和獨覺道是所斷，從一開始就應該進入大乘道，這是非常重要的。主要是觀待心中是否生起菩提心，並不是說生起菩提心的因，不需要知母、念恩等等的七因果教授，但是這些應該不是聲聞道。也不是說生起菩提心不用因，一定是需要因的，只是不需必經聲聞道及獨覺道。

主要不能因為學大乘法而輕視小乘法，這很重要；輕視小乘法，會造下謗法的惡業。正因為我們要學習大乘法，不是像小乘只為自己謀求寂靜，也不是主要修持小乘的出離心、念死無常、了生脫死的方便。意樂上生

起菩提心之後，主要不是僅為了個人的利益去追求寂靜的安樂，而是為了一切有情的利益去學出離心、念死無常、了生脫死的方便，這是有一點差別的。「是大乘人故，不應學習劣乘法藏者，是相違因」，主要講的是不應該輕蔑小乘，但也不是說因為不輕蔑小乘的緣故，就如同小乘人將自利作為主要修持。

⑧第四、成立聖教無違之因：趣入大乘道者，有共不共二種㊁應修之道。共者即㊁亦是劣乘藏中所說㊁皈依、業果、思惟輪迴總別諸苦而欲解脫之出離心、四諦、緣起等三學之修持。總之，諸凡共下中士法類諸道，此等何因而成應捨？故除少分希求獨自寂靜樂等不共者外，所餘一切㊁共通法類，雖大乘人亦應修持。故諸菩薩方廣藏中廣說三乘，其因相者亦即此也。復次正遍覺者，非盡少過，圓少分德，是遍斷盡一切種過，周遍圓滿一切種德。能成辦此所有大乘，亦滅眾過備起眾德，故大乘道遍攝一切餘乘所有一切斷證德類。是故一切至言，悉皆攝入成佛大乘道支分中。以能仁言，無其弗能盡一過失，或令發生一功德故；又彼一切，大乘人亦無不成辦故。

講記

「第四、成立聖教無違之因」，妙音笑大師將下一段含攝在這第四個科判中，來說明成立一切聖教彼此互不相違的原因。正文：「趣入大乘道者，有共不共二種應修之道」，大乘道有共通道與不共通道二者，就是波羅蜜多乘與密咒乘，此二者都是大乘。

「共者」，在此處提到的共通道，不僅大乘有說，且指與大乘共通者。「即亦是劣乘藏中所說皈依、業果、思惟輪迴總別諸苦而欲解脫之出離心、四諦、緣起等三學之修持。總之，諸凡共下中士法類諸道，此等何因而成應捨？」小乘經典中講到的皈依、業果、思惟輪迴總體個別諸苦、三學修持等，不應該捨棄，必須修學。這和之前所說的內涵是一樣的。往下很清楚，「故除少分希求獨自寂靜樂等不共者外」，小乘行者追求「獨自寂靜樂」，求一己的寂靜與安樂，這是例外，佛並沒有說大乘行者要這樣修學。除此之外，「所餘一切共通法類，雖大乘人亦應修持。故諸菩薩方廣藏中」沒有差別地「廣說三乘」，三藏當中廣說三乘，「其因相者亦即此也」。因為三乘都很重要，所以所有法藏當中都沒有差別地廣泛顯示了三乘。

口　譯：這就是菩薩要修學三藏的主要原因？

仁波切：對！

　　下面正文，「復次正遍覺者」，所謂的佛陀，「非盡少過，圓少分德」，不是去除一點點的過失，獲得少部分的功德，「是遍斷盡一切種過，周遍圓滿一切種德」。要獲得這樣圓滿一切功德的佛陀果位，「能成辦此所有大乘，亦滅眾過備起眾德，故大乘道遍攝一切餘乘所有一切斷證德類」，因為下乘及中乘等所有斷證德類都含攝於大乘道中。

　　「是故一切至言，悉皆攝入成佛大乘道支分中」，所有的至言，都被攝入成辦佛陀果位的支分裡，其中有大乘的至言，也有小乘的至言，就是大乘道中必須含攝一切佛語的所詮。「以能仁言，無其弗能盡一過失，或令發生一功德故」，只要凡是佛陀的言教，沒有不是斷除過失、生起功德的方法。「又彼一切，大乘人亦無不成辦故」，大乘必須修學這一切，沒有大乘不修持的法。

口　譯：「彼一切」的「一切」指的是什麼？

仁波切：不管任何佛陀的言教，沒有大乘不用修持的，都要修
　　　　持。要獲得佛陀的果位，必須要成辦大乘道、修持大乘
　　　　道。要修持大乘道的話，一切佛語沒有不被含攝其中。
　　　　佛語是什麼呢？在佛語中，不能盡除過失、不能生起功
　　　　德的佛語，一句也沒有，一點都沒有，而這一切大乘人
　　　　都必須修持，並非不須修持。

　　相同的，我們也在學習大乘。學大乘，也是要修習小乘當中的暇滿難得、死無常、惡趣苦等等，不修習這些法類，很難完整地生起大乘道，很難！所以不能因為我是大乘的，看見小乘道就說：我都不用修持。打個比方，假設我是一位修圓滿次第的人，我必須守護一切律藏的學處，都要一併修學。所以不要對圓滿的佛法作錯誤的取捨，把某些當作是好的，而說：這是好的，那不好。不能這樣區別的。只要是真正的佛法，其中無不宣說能出生功德、盡除過失的所詮，所以都要學習。

　　🈹第五、斷諍：諍難：設作是云：「若入波羅蜜多大乘，雖須劣乘法藏所說諸道，然於趣入金剛乘者，度彼岸乘所有諸道非為共同，🈹將不將貪欲轉為道用等道不順故。」此極非理！以度彼岸道之體性，悉皆攝入：意樂——謂於菩提發心；行——謂修學六到彼岸，是則🈹趣入金剛乘者亦一切定應習近。如《勝金剛頂》云：「縱為活命故，不應捨覺心。」又云：「六度彼岸行，畢竟不應捨。」又餘咒教，宣說非一。

講記

　　「第五、斷諍：諍難」，這裡要斷除諍難。這有個諍難：「設作是云：若入波羅蜜多大乘，雖須劣乘法藏所說諸道」，有人說：雖然承許大乘要學小乘道，然於趣入不共之道——金剛乘者，「度彼岸乘所有諸道非為共同」。對於修習金剛乘密咒道而言，波羅蜜多乘不是共同道，是別別不同的。這是指什麼呢？「將不將貪欲轉為道用等」，在波羅蜜多乘並沒有將貪欲取為道用，而在密乘有著能將對五欲的貪欲心改變為修行之道，這是密法的特點。波羅蜜多乘沒有這樣，這點不同，所以說金剛乘道不需要這樣，諍議在此。這是不對的。這裡有個箋註，「貪欲」，指貪著欲界的功德。這種貪欲在波羅蜜多乘是所斷品，我們的貪欲心在波羅蜜多乘來講，必須要斷除。於是產生了這個諍論，說：「波羅蜜多乘沒有這個，這兩個道不同啊！所以，沒有將波羅蜜多乘作為密乘共通道的道理。」

　　雖然有這樣的疑難，「此極非理」，不承許，不是這樣。「以度彼岸道之體性，悉皆攝入：意樂——謂於菩提發心；行——謂修學六到彼岸」，這是波羅蜜多道的體性，就含攝在其中。意樂和行為中，意樂是於菩提發心，行為是修學六度，都含攝在這當中。「是則趣入金剛乘者」，所以要趣入金剛乘的話，「亦一切定應習近」，在許多密續中都有說到這點。在無等覺窩阿底峽尊者入藏後，我們才知道顯

密教法沒有很大的相違。以前不了解,於是修持密咒的詆毀顯教,不承許顯教所說的這一切,就自己修甚深密咒,而修學顯教波羅蜜多的都詆毀密法,說:「密法不是純正的佛法。」是這樣子的。現在阿底峽尊者講完後,對我們就很容易了,我們會了解這是這樣子,但是在阿底峽尊者未入藏以前,這是非常大的難點,認為顯密就像冷熱、水火一般。這很重要!要知道,現在很容易地就能了解,在以前就是沒法證知,所以這非常重要。現在我們稍作學習就能了解這點,但現今一些阿闍黎們,不清楚西藏佛法是不是清淨教法,他們懷疑密法是不是清淨教法。將密教放在一處,顯教放在另一處,說:「喔!西藏的佛教是密法。」會懷疑這是不是純正的。如果不知道這個關鍵,是很容易生起懷疑的。

真　師:我以前讀過很有名的一個人寫的書,他說西藏的密法是從印度婆羅門教傳來的。

仁波切:唉!這個很多人都……這個不奇怪嘛!過去印度也產生過。印度的聲聞部來講,大乘不被認為是佛說的,也曾發生,人是各種各樣的。「西藏的活佛是吃牛羊肉,你們不要去拜他,你們拜他的話……」這是一些雜誌上也公開發表過的。

你看到的只是吃牛羊肉，那你就不拜他，但是密法到底是什麼，你也沒有研究過。當然在藏地的這些活佛吃牛羊肉是不對的，這也可以說是很慚愧的事，但是你不吃牛羊肉，什麼問題都能解決嗎？並非如此，這也很難說。在西藏的佛法裡面，我們哪怕是吃一口飯、喝一口水，也關係著無數眾生的生命。你吃的、住的、穿的一切，都是關係到無數眾生的生命。你光不吃牛羊肉，問題就解決了嗎？你吃不吃飯啊？吃的、住的這些你都不管，你只知道不吃牛羊肉就可以了，那行嗎？當然吃牛羊肉是不對的，這是應該承認的，但是要知道吃什麼都關係著無數眾生的生命哪！所以這點上我們就應該報眾生恩，沒有眾生，我們一剎那間也活不了。你吃的、穿的、住的，全都是關係著無數眾生的生命啊！所以你一樣地迴向啊，吃肉也好，不吃肉也好，都一樣地迴向，都是生命啊！

這些倒是不奇怪，是當然的。一方面也是可憐他們，他們既沒有多聞，也沒有研究過這些。當然有些西藏修密法的人，也有實在過分的，就像過去阿底峽尊者來之前的藍裙和紅裙的這種現象，現時社會上也有這樣胡作非

為的，這當然不對！很多人接觸的就是社會上不清淨的這些，很多都是假冒的。社會上的那幾個人就能代表整個藏傳佛教嗎？藏傳佛教的涵意到底是什麼？

同樣的，對我們而言，也不能忽視漢傳佛教。漢傳佛教也是相當了不起的，過去漢地的這些大成就者，土觀仁波切著的《宗派源流》[2]當中是讚成的，對他們很恭敬、非常恭敬的。宗喀巴大師也在《辨了不了義》的著作上，引過很多漢地法師們的一些論著。所以只要是真正清淨的佛法，《廣論》說都要一視同仁，就是要用恭敬的心來對待。我們對漢傳也好、小乘也好、密乘也好，只要是佛親口講的，那就是一樣地對待，在這裡講的主要是這個。

真　師：師父，那持這種見的人，比如他說密法是不清淨的，他的果報在哪裡？是不是一定會在無間地獄？他誹謗大乘。

仁波切：毀謗大乘這後面有講，誹謗佛法的罪過就是這個，非常容易產生。這個不見得是別人吶，對自己也是一樣，這個不注意的話，你不學這個法門，很容易犯這個錯。只

要是真正的佛法，一樣地對待、一樣地要有恭敬心，這
是很重要的。有不一樣的恭敬心，就是毀謗佛法。毀法
的這個罪過，這後邊即將提到。

所以說密咒乘「一切定應習近」。這是「如《勝金剛頂》」所說
的，《金剛頂》是瑜伽部的續典，所有進入金剛乘的人，也應該要學
這個波羅蜜多乘。需要的這點，就是下面續典所說的：「縱為活命
故，不應捨覺心。」就算要死，也不應該棄捨菩提心。下面說到：
「六度彼岸行，畢竟不應捨。」如前面說的意樂和行持，在意樂方面
不可以棄捨菩提心；行持方面，對六度的行持，任何時候都不應該捨
棄。這是密乘的前行，這先要經過共通道，如果要修持密法的話，需
要學波羅蜜多乘，因此說是共通道。除此以外，「又餘咒教，宣說非
一」，許多續典都說需要學習波羅蜜多乘。

　　眾多趣入無上瑜伽曼陀羅時，亦多說須受共不共二種律儀，共者即是菩薩律儀。受律儀者，即是受學^巴律儀戒、攝善法戒、饒益有情戒三聚戒等菩薩學處。除發心已如其誓受學所學處而修學外，雖於波羅蜜多乘中亦無餘道故。又《金剛空行》及《三補止》、《金剛頂》中，受阿彌陀三昧耶時，悉作是云：「無餘受外^巴事部、行部；密^巴瑜伽及無上瑜伽二部；波羅蜜多，三乘^巴之正妙法。」受咒律儀須誓受故。由見此等少有開遮不同之分，即執一切猶如寒熱遍相違者，是顯自智極粗淺耳。

講記

　　「眾多趣入無上瑜伽曼陀羅時」，是說接受無上密灌頂時，若要進入壇城的話，「亦多說須受共不共二種律儀」，說要接受兩種律儀，菩薩戒和密宗戒兩種。共和不共，共者是菩薩戒，不共者是密乘戒。「共者即是菩薩律儀」，前者是菩薩戒，後者是密乘戒。

　　「受律儀者」，箋註在此解釋三種律儀的內涵：「律儀戒、攝善法戒、饒益有情戒」，三種戒律。「受律儀者，即是受學三聚戒等菩薩學處。除發心已如其誓受學所學處而修學外，雖於波羅蜜多乘中亦無餘道故。」

　　「又《金剛空行》及《三補止》、《金剛頂》中」，這都是譯成藏文的密續經典。《金剛空行》是一部續典的經名，《三補止》也是續典的經名，《金剛頂》也是，前面提過的，全是密乘的續典。「**受阿彌陀三昧耶時**」，在受阿彌陀佛的律儀時，「**悉作是云：『無餘受外密，三乘正妙法。』**」「外」，是説事、行二部密法；「密」是指瑜伽和無上瑜伽；和「波羅蜜多乘」三者，需要這三者，並説要「無餘受」。「正妙法」，這一切正法都要受持。「**受咒律儀須誓受故**」，要承許發誓。所以受密乘律儀時，需要受學波羅蜜多乘，這是誓言、律儀。受密乘戒的話，要受五部佛的誓言，就要受阿彌陀佛的律儀，是在這個時候提到的。

真　　師：「三乘」的「乘」指什麼？

口　　譯：「外、密、乘」三個正妙法，應該要反過來。

真　　師：「外、密、乘」三正妙法？那為什麼法尊法師翻成「三乘正妙法」，這怎麼跟師父講的是倒過來的？

仁波切：外、密、三乘。

真　　師：三乘正妙法？

仁波切：嗯，對！外和密、三乘正妙法，藏文字面上也是這樣

的。註裡的解釋很清楚，外、密、三乘是吧？

真　　師：「外、密」就逗號了，然後才是「三乘正妙法」。

口　　譯：那三乘是否指聲聞、緣覺、菩薩三乘？

仁波切：以前西藏對此也有些討論。外內密三乘法，外、內。有些版本是內外密三乘，有些版本上這樣刻的，這是錯誤的、不對的，不能這樣寫。「外」就是事部和行部，「密」就是瑜伽和無上瑜伽部，然後還有這個般若乘，這三乘。對，就是這樣。

法　　師：是不是修到無上瑜伽的時候，「事部、行部；瑜伽部、無上瑜伽部；波羅蜜多乘」，這三個都應該去學習？

仁波切：對，都要學。「無餘受外密，三乘正妙法。」都要學。

「由見此等少有開遮不同之分」，這很重要。這些裡面是有一些開遮不同，「即執一切猶如寒熱遍相違者，是顯自智極粗淺耳」。例如律典中沒有說不能食肉，並且開許可以吃三淨肉，然而在《楞伽經》中說不能食肉[3]。律典中說不能飲酒、不能親近女人，密咒中卻要求已達高度證量者飲酒、親近女人等。這是為什麼呢？並沒有說一入密乘就要他去親近女人，修持密法、密道後，已經在自心相續生起

一定合量的證德的話，只有說在已達到合量的時候，才能親近女人，其他不行。像這樣有一些不同之處，看到這些就認為如同寒熱一般相違牴觸，這是不行的。

例如病人有風病和膽病，罹患風膽病的人，一開始醫生會說不可以食肉，因為嚴重的膽病，吃肉會傷肝膽，醫生才會說不能吃肉。之後當膽病好了，風大會顯得十分微弱、勢力變小，為了要補充風大，又會說要吃肉。看似相違，但並不是相違，就像這樣。

真　　師：師父開始講的時候是說開出八個科判，這八個科判是妙音笑大師開的嗎？

仁波切：對！

真　　師：那開八個科判，好像一開始的時候沒說，是巴梭法王開兩個科判？

仁波切：巴梭法王開的兩個科判前面是相同的。

真　　師：然後妙音笑大師開的，它第一個是「辨識聖教」；第二個「通達一切聖教無違之理」；第三個「以教理顯示不如是許有相違」；第四個是「成立聖教無違的原因」；第五個是「問難跟破斥」。

仁波切：我們現在講第六個。

真　師：第六個是……？

仁波切：第六個還沒講。

真　師：第六個還沒講，第五個是「問難和破斥」。

口　譯：等一下就要講第六個。

仁波切：對，謝謝你。

真　師：謝謝師父。

　　⓫第六分二：第一、經續相共應理者：如是唯除少分別緣開遮之外，諸正至言極隨順故，若趣上上三乘五道，必須完具下下乘道功德種類。⓬故前所說波羅蜜多道者，如《佛母》中云：「所有去來現在佛，共⓭行之唯一道是此度非餘。」是趣佛陀道之棟梁，故不應捨。金剛乘中亦多說此，故是經續二所共道。⓮第二、若不爾者，便致謗法之理者：若於其上更加密咒諸不共道──灌頂、三昧耶、律儀、二種次第及其眷屬，故能速疾趣至佛陀。若棄共道，是大錯謬。若未獲得如是知解，於一種法獲得一分相似決定，便謗諸

餘。特於上乘若得發起一似勝解，如其次第遂謗棄捨下乘法藏、諸度彼岸，即於咒中亦當謗捨下三部等，則當集成極相係屬、甚易生起、尤重異熟毀謗正法深厚業障，其中根據，至下當說。

講記

第六科分成兩科，「第一、經續相共應理者」，顯密都是共同的合理原因。「如是唯除少分別緣開遮之外」，如之前提過的，律典中說不應喝酒，密教中說要喝酒，少分別緣開遮之外。「諸正至言極隨順故」，不論顯密任何經教，都是極為相順的。「若趣上上三乘五道」，五道是說資糧道、加行道、見道、修道、無學道等等。「必須完具下下乘道功德種類」，如果要趣入上乘，必須要完具下乘的功德，要往上去必須完具下面的所有功德。上上乘，譬如登梯，下下就像是趣入上乘的基礎，如同塔的階級一樣，所以要完具下下乘所有的功德。

前面我們有一道辯論題，你們承許：菩薩一定要具足下下的功德，才能往上安立。是的，趣入大乘門有兩種方式，一是依次增上，一是初始即入大乘，大乘種姓直接進入大乘。不管是誰，凡是現證菩薩的果位時，一定要具足下下的功德。

口　譯：菩薩的果位？

仁波切：菩提心。已獲菩薩、大乘究竟所獲時，一定要具足下下的所有功德。為了獲此大乘種姓，必須學習下下的一切。

口　譯：所以最初發心，有兩種發心方式？一是經過下下道而後發心，一是直接趣入大乘道發心？

仁波切：一發心，就入大乘了。一定要是大乘種姓。

口　譯：按照各種相續中的發心來講，有兩種方式：一是最初即入大乘道，或經過下下道。

仁波切：依次經過下下道，之後到了菩薩道時才發心，有這兩種。要具足一切下下功德，菩薩是這樣的，獲得大乘究竟果位的時候，一定要具足下下道的一切功德。

　　「故前所說波羅蜜多道者」，這裡提到波羅蜜多道的重要性。「如《佛母》中云：『所有去來現在佛，共行之唯一道是此度非餘。』是趣佛陀道之棟梁」，學習密乘已，豈能棄捨波羅蜜多道？「故不應捨」。「金剛乘中亦多說此」，很多經都講到不應棄捨，所

以波羅蜜多道是經續、顯密二所共道。「第二」，是接著前面「第六分二：第一、經續相共應理者」，現在是第二，「若不爾者，便致謗法之理者」，如果將顯密教法執為冷、熱般相違，便會導致謗法業。謗法是怎麼產生的呢？下面即將講到。

「若於」波羅蜜多乘「其上更加密咒諸不共道──灌頂、三昧耶、律儀」、生圓「二種次第及其眷屬」，如果加上這些密法，就能更快速成就佛道，「故能速疾趣至佛陀」。「若棄共道，是大錯謬」，「共」者，是指波羅蜜多乘，不能棄捨這個波羅蜜多乘。以波羅蜜多乘作為基礎，再加上密咒道，便能夠快速成佛。

口　譯：「及其眷屬」是另一部密續經典嗎？

仁波切：不能翻成「眷屬」，漢文上面翻「眷屬」是吧！這裡
　　　　是指「全部」的二種次第道，不是指眷屬。指全部的
　　　　二種次第，沒有遺漏的，包含全部二種次第道的正體及
　　　　支分。翻成「眷屬」比較難懂。此指所有二種次第的修
　　　　法，眷屬是全部的意思。以波羅蜜多乘作為基礎而學習
　　　　密乘的話，便會更加快速成佛；棄捨波羅蜜多乘，獨舉
　　　　密乘的不共道，是沒有這種修法的。

「若未獲得如是知解」，不知道這樣的道理。「於一種法獲得一分相似決定」，學了「一種法」覺得挺好的；「相似決定」，不是正確的決定。「便謗諸餘。特於上乘若得發起一似勝解」，比如想要學習金剛薩埵的法，覺得自己正在學習密法，好像在密法上見聞廣博似的，因此不想學下乘法，如波羅蜜多乘等，這是不行的。「如其次第遂謗棄捨」，不學習「下乘法藏、諸度彼岸，即於咒中亦當謗捨下三部等」，同樣的，要學無上瑜伽密續，就不學事部、行部、瑜伽部，他不學這些，覺得不需要。如果不認識這個，是很容易生起的。「則當集成極相係屬、甚易生起、尤重異熟毀謗正法深厚業障」，這樣的話，會造集謗法的罪業。「尤重異熟」，會積累不可思議的罪障。

口　譯：「極相係屬」是什麼意思？

仁波切：如果不認識這道理的話，是很容易生起的。

「其中根據，至下當說」，關於謗法的根據，下面將會說到。到這裡講完造集謗法的方式。

第七、通達一切聖教無違方便者：是故應當依善依
怙，於其一切正言皆是一數取趣成佛支緣所有道理，令起堅
固定解。諸現能修者，即當修習。諸現未能實進止者，亦不
應以自未能趣而為因相，即便棄捨。應作是思：願於何時於
如是等，由趣遮門現修學耶？遂於其因集積資糧、淨治罪
障、廣發正願。以是不久，漸漸增長智慧能力，於彼一切悉
能修學。善知識敦巴仁波卿亦讚無等覺窩尊者云：「分
別了知因由依身、時節、應遮、所需增上力故，將不將貪欲
轉為道用等不同之開遮，而能知以互不相違，一一互為助
伴之四方道攝持一切顯密聖教者，謂我師長。」此語即是
極大可觀察處。第八、此論開示聖教無違，故具此種殊勝
者：由是因緣，以此教授能攝經咒一切扼要，於一補特伽羅
成佛道中而正引導，故此具足通達一切聖教無違殊勝。

講記

妙音笑大師的箋註講到第七科。「第七、通達一切聖教無違方便
者」，講到如何證得的方法。「是故」，因為這樣的緣故，應該將顯
密二者不相違而作修持。是故「應當依善依怙，於其一切正言皆是一
數取趣成佛支緣所有道理，令起定解」，「善依怙」，指善知識。不

論是顯教所說的也好、密教所說的也好，任何勝者至言都是一數取趣成佛支緣、成佛方便，對此要堅固地了解而生堅固信心。

我們現在是講修持。無論任何顯密之道，「諸現能修者，即當修習」，不管是自己的能力、慧力、心量、條件任何一方面，能修持的現在就要修持。「諸現未能實進止者」，在修持當中，對於直接應學的學、應斷的斷，「進止」就是指這個。如果現在沒有能力進止的部分，「亦不應以自未能趣而為因相，即便棄捨」，不能以現在學不來、修不來作為理由，而不學、不背、不修。說：「我沒有這能力，我不學這個，我沒有這樣的慧力，我沒有這樣的條件！」不能這樣說。「應作是思：願於何時於如是等」，盡己所能，隨自己的心量，「由趣遮門現修學耶？」應該想：什麼時候可以修持所有的顯密之道？這是提到要好好發願。「遂於其因」，凡是任何一種修持，沒有因是沒辦法修持好的。需要什麼因呢？「集積資糧、淨治罪障、廣發正願」這三個條件。要勵力地淨罪積資、好好發願，這非常重要！「以是不久」，很快地自己的智慧能力會漸漸增強，也會獲得一切佛菩薩的加持。「漸漸增長智慧能力，於彼一切」顯密之道「悉能修學」，都能修學，這是很重要的，口訣！口訣！這是口訣！

寂天菩薩曾說：「然我乏精進。」[4]相續中為何沒有生起證德與體驗呢？只是因為自己沒有精進罷了！如果有精進的話，不論學習什

麼功德，一定可以隨自己的程度有所了解。同樣地，無論學習顯乘或
密乘，證量能否在內心生起，就看能否不間斷地精進學習。有說道：
「有為不安住故。」凡是有為法，不會一直安住。自己如果去學習這
些的話，智慧能力會漸漸增上，就會生起證量，這是法性。而要生起
如是證量的話，要淨罪、積資，這是很重要的，沒有淨罪積資的話，
道是很難在心續中生起的。所以才說要聚合淨罪、積資、發願三者。

　　圓滿修持所有一切顯密之道，就如善知識敦巴仁波切勝者生源所
說：「能知以四方道攝持一切聖教者，謂我師長。」宗喀巴大師就
說：「此語即是極大可觀察處。」「一切聖教」，就是指一切顯密圓
滿之道。如果圓具了這一切，譬如四方形，不管從哪一方面看，不管
怎樣擺都有四方，是圓具四方的；如果有一邊不具足，有一角缺了，
四方就不圓滿。所以知道用四方道圓滿地攝持一切聖教、一切顯密之
道，就是我的上師。這是對大覺窩的盛讚。「此語即是極大可觀察
處」，無等宗喀巴大師作如是讚歎。說到「四方」，有多種解釋。有
些論典說是「出離心、菩提心、清淨見及密法」等，也有說是「三乘
及密咒聖教」。無論是哪一種，都是說一切聖教、圓滿經咒之道。

　　這裡有語王尊者的箋註：「將不將貪欲轉為道用。」將貪欲轉為
道用是密教，不將貪欲轉為道用是顯教。「不同之開遮」，比如有時
說不應飲酒，有時說可以；有時說不應食肉，有時說可以。這些「不

同開遮」是為什麼而說呢？「依身」，一個是配合所化的心量而這樣說的；二是「時節」，就所化怎樣能產生證德，在這些時節緣分，觀待這些時機而有所開遮。「應遮、所需增上力故」，就是有人得遮、有人得開。「分別了知」，這些全都要各別地去了解以後，「而能知以互不相違」，是互相不相違的，「一一互為助伴之四方道攝持一切顯密聖教者，謂我師長」，知道經咒二者互為助伴的，是我的上師。說「此語即是極大可觀察處」，宗喀巴大師說，這句話有極大可觀之處，是很扼要的，通達一切聖教無違的方式就是這樣。

昨天有個問題：為什麼在經典中有些說有我、有些說無我？這是由於所化的關係。就是佛薄伽梵非常善巧如何調伏所化的緣故，會符順有情的心量，看其因緣、隨眠、意樂而說法。佛陀說法是為了饒益所化的心續，假如不能幫助到所化的心續，縱使說了很多很多法，比如對初業行者宣說圓滿次第，是沒有利益的，應該宣說從道的起步慢慢依次向上的方法。所以應該明了一切了不了義經的差別而去研閱，不應認為：「佛有時說有、有時說無，這是相違，佛語都是相違。」這樣是不對的。如果這樣，就如佛說的，謗法之業易造，謗法之業很容易造集，所以得小心，要很小心。

「第八」，是妙音笑大師在通達一切聖教無違殊勝的第八段科判。「此論開示聖教無違，故具此種殊勝者」，「此論」，就是指

《廣論》，主要是《道炬論》。「**由是因緣，以此教授**」，什麼教授呢？即此《道炬論》的教授。「**能攝經咒一切扼要，於一補特伽羅成佛道中而正引導，故此具足通達一切聖教無違殊勝**」，這是結攝、總攝。「此教授」是指《道炬論》的教授，在這裡面收攝一切經咒的扼要，是將一切顯密及上下諸乘，無違地攝為一補特伽羅成佛之道而作宣說、引導，故說「具足通達一切聖教無違殊勝」。

《道炬論》造完以後，在藏地執持一切顯密如冷熱般相違的分別就消除了。無論是哪個宗派，除了各別有一些人由於自己不了解的關係，會對他派互相愛憎以外，總體而言，令一切顯密無違，使全雪域的西藏佛教如日光顯。是何者的恩德呢？是《道炬論》的恩德。

覺窩傑具德阿底峽尊者來到西藏整治聖教，所謂整治聖教並不是要做了什麼才算整治聖教，就像此論才兩三頁，但噶當派的格西說，就在這兩三頁中，將一切顯密之道統攝、顯現出來。所以在這通達一切聖教無違的方法上，在西藏當中，無論是寧瑪、薩迦、格魯諸多宗派中的哪一個，沒有不依循這本《道炬論》的，要說出不被此論所攝、此論所無的法，太困難了，是沒有的。

無論是誰，修習淨相是很重要的。有一些人會說：「我是寧瑪巴，我可以喝酒，這是寧瑪的教義。」但寧瑪的教義不是這樣的，在

八萬四千法蘊以外，沒有另外的寧瑪派，是他們不了解把它分開。所以一些學習宗派的人，有學錯自家宗派的危險。去研閱寧瑪派的《三律分別論》等法時，會發覺並不是這樣，特別他們在顯教波羅蜜多乘的法類是非常好的。只是一些修持的人找藉口，因為自己喜歡喝酒，就說自己的宗派裡有說可以喝酒，這只是一些少數份子，大多數不是這樣的。所以無論是誰，對彼此宗派修習淨相，是很重要的。無論任何宗派，彼此間只要是無垢的佛語，就必須恭敬生信，修習淨相，不能以少數幾個人，當作是整個宗派的代表。比如說他是寧瑪派，但他是他，不是他一個人就是宗派的代表，不能說整個寧瑪派就像他一樣。不可以看到某個人的修為不當，就說寧瑪派不好，一個人的行為不能代表整個宗派。所以無論漢地也好、西藏也好、印度也好、蒙古也好，只要是清淨佛語聖教，修信是很重要的。但這當中有很多是虛假的，虛假的這些也不能代表這些宗派。

這裡是「通達一切聖教無違殊勝」，已經結束了。下面是「一切聖言現為教授殊勝」的開頭，妙音笑大師在第二科「一切聖言現為教授殊勝」，有七個科判。

法　師：師父，為什麼前面講到「遂於其因集積資糧、淨治罪障、廣發正願」等，後面突然引一段種敦巴尊者稱讚阿

底峽尊者的話？為什麼這樣連接？

仁波切：這是「第七、通達一切聖教無違方便」，就是在修持的
時候，就應該像大覺窩阿底峽尊者一樣，於一切聖教無
違地修持。看這科判，總的是要說通達一切聖教無違的
殊勝，此時是要說通達一切聖教無違的方法，在修持的
時候，應像大覺窩阿底峽尊者一樣，不是片面地修持一
切聖教。可能是這個意思吧！我也發現到這個問題。

然而在這之後，就是通達一切聖教無違的結語，就是第
八科這一段。剛才阿底峽尊者這段講完了以後，後面是
結尾的詞。結尾的詞前面，在我們修行的過程當中，也
要按照阿底峽尊者那樣用完整的方式來修行，大體是這
個意思吧！

法　師：師父，還有一個問題，在前面講到「趣入大乘道者，有
共不共二種道」，那不共的地方是什麼？

仁波切：不共的應該是密法，這個也不明顯。它前面有兩個，在
正文當中，是共和不共是吧？

真　師：顯密不共。

仁波切：應該是顯密不共吧？後面講的是密法，密法講出來了，所以這是不共的。對，我們剛才講的是顯密不共。

法　師：可是它下面接著說，「共者即是劣乘藏中所說諸道」，這裡講共不共道好像是講聲聞道跟大乘道？

仁波切：對！是這個。共通有劣乘藏。

口　譯：這裡的劣乘是說觀待金剛乘為劣乘嗎？

仁波切：不是的，不是這樣想。看這裡的共通，說是劣乘的經藏；不共的，是大乘的經藏。而在後面又說密乘，所以才想大概是密乘吧！這個原文上看來就這樣。你剛才講的是？

法師與口譯：共者是劣乘，不共是大乘。

仁波切：是的，看這句話是這樣的。雖然「共者即是劣乘藏中所說諸道」，指劣乘為共通，間接可理解大乘為不共，但後面也說了密乘，所以不共要理解為密乘。共的就是劣乘，不共的是大乘，這邊是這樣的，對。但是後面也講了密法。

真　師：所以如果只就密法和顯乘來比，那個顯乘可以稱為劣乘
　　　　道。

仁波切：對！是的。

真　師：然後密法為上乘道。

仁波切：小乘、大乘來講的話也是，不共的就是大乘。

真　師：對！

仁波切：它這原文上講起來就是小乘、劣乘，沒說大乘。

口　譯：但也有觀待金剛乘而叫劣乘的？

仁波切：觀待金剛乘而叫劣乘，這樣理解也行，後面它也有講到
　　　　密法，是吧！

真　師：對！所以它那個共和不共是局限在一個層面上。

仁波切：觀待於金剛乘，波羅蜜多乘也是劣乘；觀待於大乘，聲
　　　　聞乘也是劣乘。我也有這問題，後來我就覺得是密法，
　　　　因為後面講的是密法。

　　一切聖言現為教授，^妙分七：^妙第一、開示廣大經續即是最勝教授者：總之能辦諸欲解脫，現時久遠一切利樂之方便者，是即唯有勝者至言，以能開示一切取捨要義盡離謬誤者，獨唯佛故。如是亦如《相續本母》云：「此世間中更無^巴毫許善巧於勝者^巴薄伽梵自身者故，〔遍智，^巴即謂自身。〕如實正知無餘^巴盡所有法及如所有勝^巴真實性，定非^巴其餘^巴補特伽羅所能了知，是故〔^巴無有諂誑端行正道故名大仙。〕^巴佛薄伽梵自立^巴為自宗之契經，皆勿^巴以輕毀佛語之意樂，將不了義說為了義，說了義為不了義，及謂大乘非佛說等倒說義理而擾亂^巴之。^巴擾亂契經當招何等罪耶？擾亂契經者，不應擾亂之因相者，以其壞牟尼^巴正法宗軌故，彼亦損於正法，^巴謂成謗法障。」故諸契經及續部寶勝者聖言，是勝教授。

講記

　　第二個殊勝，「一切聖言現為教授」，對此妙音笑大師開出七個科判。「分七：第一、開示廣大經續即是最勝教授者」，教授（ གདམས་པ ）和口訣（ མན་ངག ）兩者不同，這裡講的是教授。何謂教授？能無倒開示解脫及一切遍智果位之清淨能詮[5]，即是教授，所謂

的教授，必須這樣理解。而口訣是使論典之義能夠容易理解的方便，就像鑰匙一樣。所以，對此不了解，而依少許口訣便能了知其義者，是為口訣。教授和口訣不一樣，中文不易分辨。教授是有各式各樣的，外道也有教授，這一科就是要說明佛說的一切顯密教法，即是所有教授中最殊勝之教授。

「總之能辦諸欲解脫，現時久遠一切利樂之方便者，是即唯有勝者至言」，是說總之能辦一切欲解脫者，「現時」指暫時利益，「久遠」指永久的安樂。何謂暫時利益？謂獲得人天等增上生果位；永久的安樂即是獲證佛陀果位。能夠成辦這一切的方便，「是即唯有勝者至言」。「以能開示一切取捨要義盡離謬誤者，獨唯佛故」，唯獨佛，完全沒有一點謬誤地顯示一切取捨要義；能夠如此清淨開示正道的只有佛，除佛以外沒有人能這樣開示。所以一切佛語皆應執為最勝教授，應該依據此文來理解。

「如是亦如《相續本母》云：『此世間中更無善巧於勝者。』」在世間上不存在比勝者佛陀還要善巧的智者。那沒有比佛更善巧的這一點，要依靠什麼來了解呢？「遍智正知無餘勝性定非餘」，「勝性」為空性，「無餘」是盡所有性和如所有性一切法。「遍智正知」，由於如實正知故為遍智。「定非餘」，除了佛以外沒有他人能了知。

「是故」，因為這個原因，註中說：「無有諂誑端行正道故名大

仙」,「大仙」（དྲང་སྲོང་），為正直無有諂誑之義,亦為佛陀的名號。「大仙佛薄伽梵自立為自宗之」聖言或「契經,皆勿以輕毀佛語之意樂,將不了義說為了義,說了義為不了義」,不能如此擾亂而說。「及謂大乘非佛說等」,如部分聲聞乘人會說大乘的契經非佛語,或有說密法非清淨教法等「倒說義理而擾亂之」,不能擾亂佛語。接下來為「不應擾亂之因相者」,如果說了擾亂契經的話,「以其壞牟尼正法宗軌故」,由於擾亂契經,擾亂破壞能仁佛薄伽梵純正的正法宗軌,消滅純正的教法,也就是說顛倒了。「彼亦損於正法」,對正法作了極大損害,「成謗法障」,造下謗法業障。以上主要是說明,為何要將佛薄伽梵的言教視為最勝教授的理由,而且不應去擾亂。

對有高度慧力的佛世所化機,佛所做的開示,其中何者是了義[6]、何者是不了義[7]的經文?照我們現在來說,不依靠開大車軌師的論著,我們是無法了解的。為何現在我們不能了解?是因為佛說法當時,每位所化機都有高度的慧力,這是配合他們的開示。何者為了義、何者為不了義,對他們而言是容易了解的。之後的我們由於煩惱越來越盛,聞法的心及觀察佛法的慧眼也越趨低劣,因此難以證知了不了義的內涵。所以再不依靠開大車軌師的論典,是不可能知道了不了義的。那有人會想:「佛說法時為何不說此為了義,此為不了義?」佛在《解深密經》中說了,然而仍然難以如實了解。不依開大車軌師龍樹、無著菩薩的開示,沒有他們說:「這是了義,這是不了義」的開示,我們是很難理解的,原因在此。那時候的人有高度慧

力，和現在的慧力不一樣。

因此聽聞上師口訣，再再從上師聞法就很重要了。就說法而言，能清淨宣說正法是非常困難的，要不亂牟尼軌是非常難的。因此獲得上師的口訣，在上師面前再再求受正法非常重要。不然現在的人在聽聞、了解正法時是鈍根，在不善法上是利根，如用電腦、科學武器、毒物製造了許多能殺很多人的毒物。這是從什麼業產生的呢？因為煩惱增盛了，瞋煩惱增盛了。當瞋增長以後，就會有許多殺人的方法出現，武器、炮彈等。去觀察的話，都是現在的所化機、有情煩惱增強的徵兆。若就正法的角度觀察的話，根器越來越駑鈍，無法了解法義；若就不善法來看，那心十分明利、狡猾，所謂「三毒雖利法反鈍」，就是這樣。狡猾、惡毒的心思非常銳利，但是趨向正法卻變鈍了，有情就是這樣。雖說社會進步，然多為粗猛煩惱所自在。煩惱粗猛時，其他一切都變了，製成各種武器，這一切都是煩惱粗猛所致。

「故諸契經及續部寶勝者聖言，是勝教授」，佛薄伽梵的言教，皆是教授，皆為最殊勝、能無倒開示解脫和一切遍智之道的教授。

🌸第二、若離口訣，則慧劣者不得此等密意：雖其如是，然因末代諸所化機，若不具足定量釋論及善教授，於佛至言自力趣者，密意莫獲。故諸大車，造諸釋論及諸教授。
🌸第三、清淨教授與相似教授之差別者：是故若是清淨教

授，於諸廣大經論，須能授與決定信解。若於教授雖多練習，然於佛語、廣大釋論所有義理不能授與決定信解，或反顯示彼不順道，唯應棄捨。第四、知解清淨不清淨之差別者：若起是解：「諸大經論是講說法，其中無有可修要旨，別有開示修行心要正義教授」，遂於正法執有別別講修二法，應知是於無垢經續、無垢釋論起大敬重而作障礙；說彼等中不顯內義，唯是開闢廣大外解，執為可應輕毀之處，是集誹謗正法業障。是故縱須尋求合己心量之簡要口訣，亦應須作如是思而尋教授：「總體而言，諸大經論對於諸欲求解脫者，實是無欺最勝教授。然而由自慧微劣等因，唯依是諸教典，不能定知是勝教授，故應依止善士教授，於是等中尋求定解。」莫作是念起如是執，謂：「諸經論唯是開闢廣博外解，故無心要；諸教授者，開示內義，故是第一。」

講記

　　「第二、若離口訣，則慧劣者不得此等密意」，就如剛才所說的，我們由於慧力、根器越來越鈍，如果離開口訣，十分難以得到佛語心要。「此等密意」，指佛語契經和珍貴續典的密意內涵。這是攝在第二科，沒有口訣是得不到的。「雖其如是」是指什麼呢？就是說

佛語契經和續典雖然是最殊勝的教授，「然因末代諸所化機，若不具足定量釋論及善教授」，二開大車軌師等人解釋這些密意的論著及善士口訣，「於佛至言自力趣者」，如那些憑一己之力要解釋佛語的人，「密意莫獲」。由於上述的原因，「故諸大車，造諸釋論及諸教授」，開大車軌師為此而寫出釋論和口訣。

真　師：「具足定量釋論及善教授」，如果這個「善教授」的
　　　　「教授」是口訣的話，「善」是什麼意思？

仁波切：「善」就是善士嘛！善士口訣。「善」就是善知識。

真　師：善知識口訣？

仁波切：善知識的口訣，對！善士口訣。

　　就西藏而言，最主流的就是研習五大論，因為直接學習佛語是無法了解的。有人認為五大論中《現觀》的學習並不能取代《般若經》，學習佛語一定要直接學《般若經》、《楞伽經》或《華嚴經》等，有這樣的想法。在中國這很常見，有些寺院會這樣說：「我們是學《華嚴經》、《楞嚴經》。」在西藏不會這樣，大格西們是有直接針對經典作探討、辯論斷疑，除此之外五大論就已經包含了三轉法輪

的教法。初轉四諦法輪，被《俱舍》[8]和《戒律》[9]所攝；二轉無相法輪，為《現觀》和《中觀》[10]所攝；三轉法輪攝在《辨了不了義》；《釋量論》[11]像是了解五大論的眼睛，就三乘來說，主要詮釋了一切有部、經部[12]的內容，所以可以算是收攝了初轉法輪。如是佛陀所說三轉法輪所有扼要全部攝在五大論之中，而這就在說明，修持要從這裡來作學習，如此將《現觀》和佛陀的言教作結合後就能了解。結合《現觀》再來看《般若經》時，才能了知《現觀莊嚴論》的這句到這句是講經文的某處到某處，這樣才能認識。不然翻開《大藏經》，這段如何修行、作何解釋，真的非常困難、非常困難。因此說「故諸大車，造諸釋論及諸教授」，為了讓人了解佛語密意才作的。

「第三、清淨教授與相似教授之差別者」，第三科，必須要了解清淨口訣和非清淨卻看似清淨的口訣，這兩者之間的差別。「**是故若是清淨教授，於諸廣大經論，須能授與決定信解**」，若是清淨口訣，必須是正確了解廣大經論內容的方便，這就可以說是清淨口訣。如果不是這樣，自稱是口訣，「**若於教授雖多練習，然於佛語、廣大釋論**」，對於導師佛陀的語教和開大車軌師等人所造種種廣大釋論「**所有義理不能授與決定信解**」，「**決定信解**」，就是證知的意思。不能證知內容，不能授與決定信解的話，「**或反顯示彼不順道**」，那這種教授就不是清淨口訣，是相似口訣。「**唯應棄捨**」，一定要棄捨、斷離。不是清淨口訣，是相似口訣，一定要棄捨。

口　譯：中文譯文中「教授」和「口訣」並沒有區分？

仁波切：上師口訣就像是理解、打開經論所有義涵之門的一把鑰
　　　　匙。漢文中教授和口訣翻成一樣了。清淨教授和清淨口
　　　　訣，在藏文上的義涵不同啊！這裡的《廣論》原文是口
　　　　訣。無倒開示解脫道的清淨能詮是教授；口訣就如剛才
　　　　所說，如同看見經論內容的眼目，或說易於了解義涵的
　　　　一種方便，這兩者不同。之前我們看電視，一直沒有顏
　　　　色，按來按去都沒用，辛苦了半天。後來找人來看，說
　　　　要這樣按一下，顏色就出現了，這就是口訣，口訣就要
　　　　像這樣理解。看不懂經典時，心想：「是這樣子嗎？」
　　　　上師說：「這樣子的話，意思是這樣！」這就是口訣。
　　　　所謂的口訣，就是容易了解其中所有內涵的方法，這種
　　　　方法就是口訣。

法　師：教授是否只有佛能講？佛講的都是教授？大車講的是不
　　　　是教授？

仁波切：佛講的當然是教授，大車當然也有。教授有很多，只要
　　　　無倒詮釋解脫道的能詮就是教授，佛講的行，誰講的都
　　　　行。

居　士：口訣一定是善知識講的？

仁波切：口訣是自己的善知識講的。

真　　師：「唯應棄捨」是棄捨口訣，還是棄捨經論？

仁波切：要棄捨相似教授。在第三科講到「相似教授」，妙音
笑大師作「教授」，然而正文中是「口訣」，所以教
授和口訣二者有時候有差別，有時就沒有差別，總之經
論所說的就是口訣。「於諸廣大經論，須能授與決定信
解」，廣大經論是教授，對此授與決定信解，那就是口
訣了。所以教授和口訣是有差別的，然而在科判中就沒
有差別了。如果科判作「第三、清淨口訣和相似口訣之
差別」，那就行了，會比較合理。

居　　士：唯應棄捨的是錯誤的口訣？

仁波切：是啊！如果別人教你一個修行的方式，你修了半天修不
出什麼的話，那你這個口訣就不一定是對的。

居　　士：這裡「唯應棄捨」就是應該要放棄？

仁波切：對，那應該放棄。相似口訣是非常多的，和經論不相符
順的也非常多，要分辨非常困難、非常困難！

　　再來「第四、知解清淨不清淨之差別者」，聽了法之後，對此法
理解方式清不清淨的差別。第四是這個，你的理解清淨不清淨。「若
起是解：『諸大經論是講說法，其中無有可修要旨，別有開示修行心
要正義教授』，遂於正法執有別別講修二法，應知是於無垢經續、無
垢釋論起大敬重而作障礙」，說是口訣應該也可以。有很多人說：
「不管是否有廣閱諸大經論，這在修行時並不需要。」為什麼呢？
「因為講說、辯論時才需要經論的法，修持時就不需要了。」修持的
關鍵在於受取心要，所以就會想像修持時，另外有一個口訣完全獨立
出來。如果這樣理解，就會認為另有一個口訣，而正法中的講、修二
法完全分開毫無關聯。認為二者別別分開的想法，就是妨礙我們對無
垢經續、無垢釋論起大敬重的障礙，這會導致無法生起敬重心。有人
說：「不用說那麼多，雖然這裡頭有很多可說的，然而都對修行自心
全無助益。」如果這樣想是不行的。

　　「說彼等中不顯內義」，「不顯內義」，是指對內心相續沒有幫
助。「唯是開闢廣大外解」，這只是用來解釋外面的事物。「執為可
應輕毀之處，是集誹謗正法業障」，如果這樣會造下謗法業。這是不
行的，應以講修並行不悖的方式，來學習無垢的顯密論典。

　　真　師：「開闢廣大外解」是什麼意思？「外解」是什麼意思？

仁波切：就是覺得字詞的內涵只能幫助了解外在的事物，對內在
　　　　修為沒有幫助。

居　士：「不顯內義」要怎麼解釋？

仁波切：覺得對於息滅內在煩惱沒有幫助，並不是止息內在煩惱
　　　　的方法。這種想法是錯誤的。

「是故縱須尋求合己心量之簡要口訣」，「縱須尋求」，是說需
要尋求口訣。這段是指要尋找符合自己心量的口訣。「簡要口訣」，
是指少許口訣。「應須作如是思而尋教授：『總體而言，諸大經論對
於諸欲求解脫者，實是無欺最勝教授。』」對於欲求解脫者而言，什
麼是無倒開示解脫及一切遍智果位的最勝教授？就是諸大經論。「然
而由自慧微劣等因」，觀待自身能趣入諸大經論的智慧不足，沒有殊
勝智慧，由於這原因，「唯依是諸教典，不能定知是勝教授」，不能
定解。只看經論要了解其中深義當然不容易，所以必須要口訣，從這
地方可以知道教授和口訣是有差別的。「故應依止善士教授」，透由
依止上師的口訣，來檢查是否真實獲得對經論的領悟。「於是等中尋
求定解」，「是等」是指經論。既然要求口訣，這就是尋求口訣的方
式，就是想證得經論的內義，才需要尋找口訣，並非認為經論中毫無
修行內義，修持時卻必須另外找口訣，這就是個錯誤。不是「這種教

典我不要」，而將經論放在一旁，「我要另外的一種口訣」，這樣是不行的。「定解」，就是要證得其義。

「謂諸經論」，是說這些顯密大論，「唯是開闢廣博外解，故無心要」，會有這種想法。覺得僅僅是開闢對外境的知解，斷除對了知外在諸法的增益及疑惑，並沒有心要。「諸教授者，開示內義，故是第一」，口訣是開示內義。只有口訣才開示心要，而經論在顯示內義上則是毫無助益，這樣的想法是錯誤的。

真　　師：妙音笑大師第三個科判是清淨口訣、不清淨口訣的差別嗎？正文上是口訣，雖然妙音笑大師寫成「教授」，實際上也是口訣的意思，是不是？師父後來定義為口訣。

仁波切：對，實際上是口訣嘛！

真　　師：我想問的，就是第三個科判和第四個科判有什麼樣的關係。第四個科判「清淨」的理解方式和「不清淨」的理解方式，不清淨的理解方式是不是源於相似的口訣？清淨的理解方式是不是源於清淨的口訣？

仁波切：第三科是在講清淨教授和相似教授的差別，第四科是講對於理解經論內涵的方式清不清淨的差別。是要問第三

科和第四科有什麼關係，是吧？

真　師：因為我在想，第四個之所以產生的原因是第三個，就是
清淨的口訣會產生清淨的理解方式，相似的口訣會產生
不清淨的理解方式。但是還有一種狀態就是根本沒有口
訣教授，他自己想的，也會產生不清淨的理解方式。

仁波切：對！

真　師：我認為口訣就是對經論授予一種定解。後邊出現那種
人，他覺得經論沒有修行要旨，可見他這種說法一定不
是出自於清淨的口訣。那麼不是出自清淨口訣有兩種來
源：一種是不清淨的口訣，一種是根本沒有口訣，他自
己想的。

仁波切：對！

真　師：所以我在想，第四個科判是第三個科判的延續。為了更
清楚地闡述，清淨的口訣產生的結果和不清淨的口訣產
生的結果，就是會直接影響人的見地，對於經論的見。

仁波切：沒錯，是這樣的。依止清淨口訣，則有清淨的理解方
式，若不依止清淨口訣，則不會產生對經論清淨的理解

方式。就是這樣！第四科主要闡釋的，就是認為經論沒有修行扼要，需要另外尋求修行口訣的想法是不行的，第四科主要就是這個重點。

法　師：很容易有這種問題。

仁波切：對，很多人都有這樣的想法。上一次我去某個寺院，他們每天早上三點到大殿唸大威德的儀軌。後來有很多僧人問我：「我們每天早上三點就到大殿唸儀軌，把儀軌唸得熟熟的，每天都要唸這個。但我們最希求的是要修行，怎樣好好修行呢？」他們就問這個問題。我說：「你們每天從三點到大殿去唸大威德的儀軌，這個不算是功德嗎？」他認為這一點功德都沒有，這是寺院安排的，他還要另外單獨去修，到山洞去修行。本來這個功德是很圓滿的，你不認識，認為去大殿作儀軌沒有絲毫意義，那就真的沒意義了。實際上這對自己來說是一個很大的損失，你還要單獨去修，這早課就是修行啊！每天到大殿去做功課，你卻不把這個作為自己的修行。很多人都這樣，另外要找修行方法，他當然可以另外找修行，實際上這個上殿本來是很好的修行方式。如果說：「經典裡面講得很多，這個我也記不得，我去另外找一

個修行方式。」這是不對的。

法　師：他們是否只要傳承清淨、有上師的口訣，就可以了？

仁波切：具有清淨傳承，但他們沒有聽到一些口訣，不知道作
功課也就是修行。每天都在寺院裡唸經，只知道這是
寺院裡的規矩，他們不認為這是一種修行，這樣的話，
對自己來講損失很大。本來這個功德是很圓滿的，卻把
它毀掉，這不對是吧？應該要有一個歡喜心。我就跟他
們講：「你們一天裡的功課，我真的是一個月也做不到
的，你們要珍惜，你們要歡喜啊！你們要珍惜這個時
間，自己要有一個歡喜心，才能得到很大的功德。」你
如果覺得這個沒有絲毫功德，只是寺院的例行公事，每
天不得不做，而且不管做不做都無所謂的話，那就自己
把自己的功德給毀了，是吧！要有歡喜心。

「莫作是念起如是執，謂：『諸經論唯是開闊廣博外解，故無心
要；諸教授者，開示內義，故是第一。』」只執持一個口訣而不學習
經論，僅將口訣作為指引地圖般去修持，單單這樣是不行的，必須要
去聞思經論。

❋第五、一切聖言現為教授之理者：大瑜伽師菩提寶云：「❂言悟入教授者，非說僅於量如掌許一小函卷而得定解，是說了解一切至言皆是教授。」又如大依怙之弟子修寶喇嘛云：「阿底峽之教授，於一座上，❂以聞思修三，發起令身語意三碎為微塵❂之精進，其效則今乃了解一切❂經論教典皆是教授。」須如是知。❂座上座間，皆以十法行等而度時日，是故熱振諸瑜伽士咸謂今晝晝短，今夜夜短，其義即此。如敦巴仁波卿云：「若曾學得眾多法已，更須別求修法軌者，是為錯謬。」雖經長時學眾多法，然於修軌全未能知，若欲修法，諸更須從餘求者，亦是未解如前說義而成過失。❂如傑仁波切所著《三寶譚》云：「多聞猶仍匱正法，至言不現教授過。」此中❂佛陀聖教，如《俱舍》云：「佛正法❂或教法有二❂種，❂其二為何？以教❂正法、證❂正法、為體。」除其教證二聖教外，別無聖教。教正法者，謂是決擇受持道理修行正軌；證正法者，謂是如其前決擇時，所決擇已而起修行。故彼二種，成為因果。如跑馬時，先示其馬所應跑地，既示定已，應向彼跑。若所示地是此跑處而向餘跑者，定成笑事，豈可聞思決擇此事，若修行時修行所餘。如是亦如《修次第後編》云：「復次聞及思慧之所通達，即是修慧之所應修，非應修餘；如示跑地，而應隨跑。❂此復初由聞思所決擇義，即當由修而行持之，如示馬跑處應向彼跑。」

講記

　　接下來第五科。「第五、一切聖言現為教授之理者」，在這裡是講悟解一切聖言為教授的殊勝。「大瑜伽師菩提寶云」，大瑜伽師是一位噶當派的祖師。「言悟入教授者」，是說他已證得一切教授，或說已全面通達熟練。這裡的「悟入」（ནང་ཆུན་ཆུད་པ）就是通達熟練（ཆུང་ཆུབ་མོང）的意思，這兩個詞大致上是同義的。

　　「非說僅於量如掌許一小函卷而得定解」，藏文的「白鳥連」「ནེ་ཙུ་ནུམ」是指小函經典。僅對量如掌許、一點點的內容證得、了解，是不能說已經對一切教授內容都證得的。「是說了解一切至言皆是教授」，對一切至言、一切佛陀的言教，都必須了解是教授。例如有人說某一本小冊子中有稀有的教授，他已證得其中的內涵，這樣是不行的。要能對一切至言都了解是教授，必須這樣悟入教授。這需要研閱、了解大量經論，只看一點點是不行的。簡單來講就是這樣。

　　「又如大依怙之弟子修寶喇嘛」，這也是一位噶當派的大祖師。「阿底峽之教授」，主要是指《道炬論》。「於一座上，以聞思修三」，在一個座位、集中精力，針對一個境界作聞思修。對一切教典「發起令身語意三碎為微塵之精進」，「身語意三碎為微塵」是精進的意思，是說身語意三全然消失，異常精進；或說全然不顧惜身語

意，縱使身語意都碎如粉塵，也在所不惜地精進趣入教典。那這樣會獲得什麼結果？有什麼作用？結果就是「**今乃了解一切經論教典皆是教授**」，了解一切佛語皆是教授，這是阿底峽的弟子修寶喇嘛所說。「**於一座上**」，是指在一個座位上。內心全不散亂於其他事物，用身語意三碎如粉末也毫不顧惜的精進來學習，這樣的結果，才能了解經典、論典都是教授。「**須如是知**」，我們需要如修寶喇嘛所了解、所宣說的那樣，知道一切佛語及解釋的論典皆是教授。

接下來有語王尊者的箋註，「**座上座間，皆以十法行等而度時日**」，這就是熱振寺噶當派行者修持的方法，無論座上修還是座下修，都是以十種法行而度過任何時間。「**是故熱振諸瑜伽士咸謂今晝晝短，今夜夜短，其義即此**」。「熱振」是噶當派一座寺院的名字。這是在描述修行的狀態，學習的時候感到白天很短、晚上也很短，代表一種身語意三碎為微塵的精進。身語意三碎為微塵的精進就是這樣，熱振寺的瑜伽修士們，感到白天時光短促，晚上也一樣短促，因為全然精進地學習。不論正式座上修抑或下座的時候，都精勤於十種法行。這段是對上文的解釋。

真　師：師父，他現在說這句話的意思，就是想要了解一切經論　　　　　都是教授，不是只了解一點掌上的那些經論，須要以這

樣勇猛精進的心去了解一切經論。因此忘記了時間的流逝，忘記了自己的身體、語言和心理，全心全力地投入。

仁波切：對，要精進！十法行知道怎麼算嗎？

真　師：什麼叫十種法行？

仁波切：一抄經，二供養，三布施，四聽法，五在心中憶持法的一切詞義，就是背經論，六讀誦經文論典，七說法，八課誦，九心中思惟法義，十在心中修習一切至言的內涵。心中思惟和修習不一樣，一個是思惟，一個是修。這就是所謂的十種法行。

「如敦巴仁波卿云：『若曾學得眾多法已，更須別求修法軌者，是為錯謬。』」法已經學了很多，學是學了許多，然而要修法時，卻又要找另外的修法方式，這樣的話就是個錯誤。「雖經長時學眾多法」，雖然已經作了許多講、聞、學習，「然於修軌」，修持的時候，「全未能知」。「若欲修法」，想修持正法的時候，「諸更須從餘求者」，心想：「應如何修行？」而去尋求修法的方式。「亦是未解如前說義而成過失」，是因為不了解、不懂法所造成的過失。

接下來是巴梭法王的箋註。「如傑仁波切所著《三寶譚》」，這是一部小論著，宗喀巴大師所造，《三寶譚》是書名。「云：『多聞猶仍匱正法』」，雖然聽聞許多正法，然而修行佛法時仍不知道如何修持，這就是沒有法，貧匱於正法。為何會造成這種過失？「至言不現教授過」，是由於對一切至言無法現為教授所造成的。

接下來須辨識佛陀的聖教。「此中佛陀聖教，如《俱舍》云：『佛正法或教法有二種，其二為何？以教正法、證正法為體。』」這裡正法（དམ་ཆོས་）、教法（བསྟན་པ་）意思一樣，可分為二種：教正法和證正法。這是巴梭法王的箋註。「除其教證二聖教外，別無聖教」，說除此二種外，沒有其他聖教。「教正法者，謂是決擇受持道理修行正軌」，教正法是指對於如何修持正法的方式作抉擇，是者明其是，誤者辨其非，這就是抉擇。教正法即是對修行正法方式的抉擇。「證正法者，謂是如其前決擇時，所決擇已而起修行」，如前教正法時所抉擇的而作修行，作為自身的修持。「故彼二種，成為因果」，一開始先學習教正法，之後修持證正法，所以說是因果關係。「如跑馬時，先示其馬所應跑地，既示定已，應向彼跑。若所示地是此跑處而向餘跑者，定成笑事」，如跑馬喻，先指明了跑馬的路線後，騎馬按照路線跑一樣。如果不按先前所定路線跑，如本來預定要向東，正式跑時卻向西，這是一件連世間都感到可笑的事。

「豈可聞思決擇此事」，聽聞和思惟抉擇這教典，「若修行時」，卻不按聞思抉擇確立的內容作修行，而「修行所餘」，這怎麼可以呢！這是指誰呢？就是指我們。我們為何要聞思學習？是為了要修行。透由聞思，理路變好，更容易了解教典內容，然而卻不作修持，聞思的利益就很少了，利益就小了。為什麼要聞思？是為了要行持；行持是為了什麼？是為了要修證；修證是為了什麼？是為了獲得佛地、佛陀的果位。應該這樣一個接一個，按次第而成為因果。所以不可以別別將教證二法斷然地分開，實踐的時候，應該要彼此相輔相成地作修持，這是非常重要的！

這段宗喀巴大師是按《修次第後編》而說，是《修次第後編》的內容，這兩者是一樣的。「如是亦如《修次第後編》云：復次聞及思慧之所通達」，學習的時候，由聞思門中以智慧所通達的一切，「即是修慧之所應修」，修的時候就是修此。「非應修餘」，聞思與修行別別分開，這就不行了。「如示跑地，而應隨跑」，必須按照先前所標示的路線跑。接下來巴梭法王的箋註，也是差不多的內容。此處宗喀巴大師所說的、《修次第後編》、巴梭法王的箋註，所講的內容是相同的。「此復初由聞思所決擇義，即當由修而行持之」，就是根據之前聞思所抉擇確定的內容作修持。「如示馬跑處應向彼跑」，你指定了那個方向，你就要跑到那個方向。

第六、開示一切聖言現為教授之方便即觀察修者：如是由此教授，能攝一切經論道之樞要，於從親近善知識法乃至止觀，此一切中諸應捨修者，即作捨修；諸應舉修者，即以擇慧而正思擇，編為行持次第引導，故一切聖言皆現為教授。第七、宣說若捨觀察修，不能現一切聖言為教授，故應珍重清淨觀察之理者：若不爾者，於非圓滿道體一分，離觀察慧雖盡壽修，諸大經論非但不現為真教授，且於彼等見唯開闊博大外解，而謗捨之。現見諸大經論之中所詮諸義，多分皆須以觀察慧而正觀擇。此復修時若棄捨者，則於彼等何能發生定解，見為最勝教授？此等若非最勝教授，誰能獲得較造此等尤為殊勝教授論師？如是若能將其深廣契經及釋現為教授，則其甚深續部及論諸大教典，亦無少勞現為教授，則能發起執持彼等為勝教授所有定解。能盡遮遣妄執彼等非實教授但資談柄，諸邪分別罄無所餘。《密宗道次第廣論》云：「如云：如從諸方眾流匯海，一切三乘法水，亦皆匯入佛法海中。一切正量佛語，唯是觀待當機所化而為導至佛地之方便。然因所化勝劣增上力故，彼方便中有圓非圓、疾緩之別，本亦應理。是故導至佛地支分之方便與大乘道，二者非一。《真實名經》云：『三種乘出離，同住一乘果。』」

講記

「⑳第六、開示一切聖言現為教授之方便即觀察修者」，第二科「一切聖言現為教授殊勝」中，如何能現為教授的方法就是觀察修，要觀察思擇。一般有止住修和觀察修兩種，最主要是觀察修。

「如是由此教授」，是指「菩提道次第」教授。此處講殊勝時，後面雖然有說是《道炬論》的教授，但仍然可以稱之為「菩提道次第」的教授。「能攝一切經論道之樞要，於從親近善知識法乃至止觀」，收攝從一開始親近善知識到無學雙運之間所有的一切方便，雖說《廣論》到止觀雙運僅止於顯教，實際上《道炬論》也提到密教。而《廣論》只略提一些密教的心要，《廣論》之後有《密宗道次第廣論》，兩本合起來，就能完整說明一位補特伽羅成佛之道。兩本《廣論》中完整的開示，即是從依止善士起至止觀雙運之間，或說依止善士至無學雙運之間，一切經論道之樞要都完整收攝的教授。這樣的《道炬論》教授，「此一切中諸應捨修者」，止住修者，「即作捨修」；「諸應舉修者」，觀察修者，「即以擇慧而正思擇」，以別別的觀擇慧作觀察後，應斷的將之斷除，應修的拿來修習，這都要別別地了知。針對要修行的人，「編為行持次第引導，故一切聖言皆現為教授」，殊勝的地方就在這裡。

　　這裡特別提到「編為行持次第引導」，是說一切教典的內容，都可以被編為一位補特伽羅的行持次第，將所有行持次第編在一起，以此道引導一位補特伽羅。對此道理作了觀察修後，就要行持，在此道上作引導。因此對各種教典作學習，如先前提過的，最主要的目的就是為了修持，如果不依之修行，那學習教典的利益就很小了，所以必須修持。譬如我們人需要食物，肚子餓的時候，做了許多美味大餐，但是如果不吃的話，對止息飢餓是毫無幫助的。會做美味的食物，就好比能夠很清楚地了解教典的內容，然而對這些完全不去作修持，就像會做好吃的食物，做好了卻不食用的話，是沒有幫助的。用抉擇慧觀察，了知何者為是、何者為非，各別去分別後，全部要集中用來作為自心修持。什麼叫修持？能壓伏自心煩惱勢頭，成為對治的方便。這就是攝集一切至言，編為行持次第而作引導，如此即為一切至言現為教授，也可以說，這樣就是具足了一切至言現為教授的殊勝。

　　下面繼續，「❺第七、宣說若捨觀察修，不能現一切聖言為教授」，如果不作觀察修，無法將一切聖言現為教授。「故應珍重清淨觀察之理者」，「珍重清淨觀察」，即是下文的內容。

　　「若不爾者」，如果不如此作觀察修的話。「於非圓滿道體一分」，「一分」是說部分、其中的一點。「離觀察慧」，不作觀察。「雖盡壽修」，用盡一輩子力量來修行。「諸大經論非但不現為真教

授，且於彼等」諸大經論「見唯開闊博大外解」，僅探討外境，只有在文字上探討、理解而已，因此「謗捨」、不學習諸大教典。這段文意是說應該修持圓滿道體，應現為教授；然而並未如此，就部分教典遠離觀察慧，盡其一生作修行，不僅對諸大教典無法現為教授，進而會不學習教典。「若不爾者」，是指不依照先前第六科所提到的作法，就是不以觀察修來修持圓滿道體，無法現為教授的意思。

事實上在宗喀巴大師著述《廣論》的那個年代，西藏是有這種狀況的。認為不需要學習諸大教典，修行需要另外作修持，這都是不得修行要旨所造成的。沒有這種狀況，就不會說是這樣、那樣，事實上是有這種情況才強調這個重要性。

正文，「現見諸大經論之中所詮諸義」，這些全部都要作觀察思擇，「多分皆須以觀察慧而正觀擇」，如果不作觀察，是不會知道如何修持的；如果作觀擇，自己才能知道修持的方式。「此復修時若棄捨者」，修持時必須要再再觀察，如果觀察後證知其中的內容，不可以在修持時卻認為不需要而棄捨。「則於彼等何能發生定解，見為最勝教授？」前面這種情況，是不可能生起將諸大教典視為最勝教授的定解。如果是這樣，對於「此等」諸大教典「若非最勝教授」，佛菩薩的言教、所有班智達的言教，都非最勝教授的話，「較造此等」諸大教典「尤為殊勝教授論師」要去哪裡才能找到？是找不到的。所以

說「誰能獲得」？

「多分皆須以觀察慧而正觀擇」，是說任何教典都必須作觀察，觀察思惟其內容是說分辨這個和那個，作觀察修。那所謂「觀察修」，例如以格魯派來說，就是辯論。對所有教典內容作辯論，全部都是觀察修。就是在作觀察，在這內容上分辨是非，分辨後再作修習，而證知內容，這就是觀察修。

所謂「修」的意思，就是習慣、熟悉，好比在房子裡，自己的東西放在哪裡是熟悉的，是了解的。對於教典的內容再再作觀擇、再再熟悉，一次次令心熟悉的方式就是修。修行（ སྒོམ་པ ）和熟習（ གོམས་པ ）是一樣的。

「如是若能將其深廣契經及釋現為教授」，如是若能將此深廣契經及釋論等，現為一補特伽羅成佛的教授，「則其甚深續部及論諸大教典」，這也一樣，如果將深廣契經及釋現為教授，對續部及論諸大教典，就能「亦無少勞」，馬上很快地能「現為教授」，那就能將所有顯密教典，都現為一位補特伽羅修行成佛的教授。「則能發起執持彼等為勝教授所有定解」，就能對那些教典生起極大恭敬、極大信心和定解。生起定解的話，「能盡遮遣妄執彼等」諸大教典「非實教授」，認為僅是開闢廣大外解等「諸邪分別罄無所餘」。

　　再來是語王尊者的註解，是引用《密宗道次第廣論》的經文。「《密宗道次第廣論》云：『如云：如從諸方眾流匯海。』」大海裡匯集所有不同地方的水流，「一切三乘法水」究竟而言都是成佛的方便，「亦皆匯入佛法海中」，都能匯入獲得佛地的意思。「一切正量佛語」，一切正量清淨的佛語，「唯是」直接「觀待當機所化而為導至佛地之方便」、教授，是無上教授。「然因所化勝劣增上力故，彼方便中有圓非圓」，如對小乘行者所說的法，也就有方便圓滿和不圓滿的差別。「疾緩之別」，就是成佛時間快慢的差別。「本亦應理」，確實是有差別的。「是故導至佛地支分」，就是如諸大教典，「方便與大乘道，二者非一」，導至佛地的方便，有小乘的道，有各乘各乘的道，不可以全說這是大乘道。「《真實名經》云：『三種乘出離，同住一乘果。』」是說三乘的出離等各種道，究竟來說都是為了引導到同一乘的果位，佛地的果位。佛陀宣說的所有經典，究竟都是能成為一位補特伽羅成佛的教授。

　　總括而言，佛陀一切言教都是闡明一位補特伽羅成佛的方便，是為最勝教授。那先前的兩個科判：通達一切聖教無違、一切聖言現為教授，這兩個殊勝是主要的。如果有這兩個殊勝，那就會出現下面的第四個，極大惡行就會自行消滅殊勝。如果有前兩個殊勝，後面極大惡行自趣消滅的殊勝也可以得到，並不是指易於獲得勝者密意殊勝。

真　師：剛才妙音笑大師在第六個科判是說，顯示一切聖言皆現為教授的方便就是觀察修，是不是這樣？

仁波切：對！

真　師：那第七個呢？如果不去觀察的話，我無法將一切聖言現為教授，因此在此講說一種清淨的觀察軌理。是這樣嗎？

仁波切：對！

真　師：但是第七個講完之後，我在想那個清淨的觀察軌理是什麼？好像跟第六個沒有什麼特別明顯的差別？所以那個觀察軌理在哪裡會顯示得比較清楚？

仁波切：並沒有說闡釋清淨觀察軌理，而是說應該要珍重清淨觀察軌理，是說要珍重。應該是在這點上沒理解。「珍重清淨觀察之理」，對於清淨觀察要珍重。不是說闡述清淨觀察，是對清淨觀察要珍重執持、愛護，要珍惜重視加以維護，要珍惜觀察修。

法　師：第七科是不是在說對觀察修生起敬重心，不要排斥？

仁波切：對！要珍惜觀察修，應該要認識它的重要性。科判裡面
　　　　有。

真　　師：原來的科判是説要講清淨觀察軌理嗎？

仁波切：不是！

真　　師：講一個清淨觀察軌理？

仁波切：應該要珍惜清淨的觀察軌理。

真　　師：喔！

仁波切：珍惜！珍惜！是要説明珍惜觀察修。

　　易於獲得勝者密意，分三：第一、若無教授，不易獲
得勝者密意者：至言及論諸大教典，雖是第一最勝教授，然
初發業未曾慣修補特伽羅，若不依止善士教授，直趣彼等難
獲密意。設能獲得，亦必觀待長久時期、極大勤勞。第
二、由師口訣而獲得者：若能依止尊長教授，則易通達。
第三、顯示由此教授，少勞即獲勝者至言密意之扼要道
理，及後當說辨識密意者：以此教授，能速授與決定解了經
論扼要，其中道理於各時中茲當廣説。

講記

接下來是「易於獲得勝者密意」。之前我們有區別教授和口訣，例如以《道炬論》而言，既是教授，也是口訣，我是這麼想的。為何說是「教授」？將一切教典的教授都攝在一處而作開示，即是一補特伽羅成佛之道的教授，所以說這是教授。為什麼是「口訣」呢？對於一切教典的內容，能夠容易證得，透由簡短扼要的論著就能夠了解到，是吧！所以是口訣。因此有些人說教授和口訣沒有差異。

接下來是「易於獲得勝者密意」，「易於獲得」是說用十分輕易的方式，獲得勝者薄伽梵所有密意。此處妙音笑大師也開出了三個科判：「第一、若無教授，不易獲得勝者密意」之理，如果我們將「若無教授」作「若無口訣」，是比較容易理解。接下來看正文，佛陀所宣說的「至言及論諸大教典，雖是第一最勝教授」，前面已經說很多了，是最勝教授。「然初發業」，對此「未曾慣修補特伽羅，若不依止善士教授，直趣彼等難獲密意」。「設能獲得」，假使真能獲得，「亦必觀待長久時期、極大勤勞」。這就是易於獲得之理，以少時、少勞的方式，善為證得佛陀經典的密意、釋論中所提到的一切內涵，這就是「易於獲得勝者密意」的意思。

「第二、由師口訣而獲得者：若能依止尊長教授，則易通達」，如果可以依止上師口訣，就毋須長時，而能少勞、輕易地通達了解。

　　「第三、顯示由此」《道炬論》「教授，少勞即獲勝者至言密意之扼要道理」，少勞獲得的方式上面有講過，這裡也一樣。「及後當說辨識」勝者至言之「密意者」，這就是下面將要闡述的第三個科判。此處的「教授」是指《道炬論》。後面《廣論》會廣泛解說如何獲得勝者密意。「以此教授」，指《道炬論》。「能速授與決定解了經論扼要，其中道理於各時中茲當廣說」，下面在各段落將廣泛說明。

真　師：可以提個問題？剛才提到「初發業」，說是第一次踏入
　　　　這個領域，會不會有人說：誰知道自己是第幾次？

仁波切：初發業者是指學的不多，沒有很好的基礎，可能有學
　　　　過，可能沒學過都是這裡所指的初學者。初發業者如果
　　　　不依善士口訣，不依止善知識，然後打開《甘珠爾》[13]、
　　　　《丹珠爾》說：「我已經看完了。」這是不可能證得
　　　　的，是在說明這點。

口　譯：初發業者是否先前需要學習過經論？

仁波切：不需要。主要是說初發業者對於最勝教授的顯密諸大
　　　　教典，只用自己的能力去學習，是難以證得內容的。
　　　　就是指不依止善知識的補特伽羅。所以一定要依止老師

學習，不能認為自己認識文字，理解能力也不錯，就憑自力趣入研閱經教、釋論。單憑如此是不能證得其中內涵，因此要依止善知識的口訣。

口　　譯：所以初發業者，就是指不曾親近善知識的補特伽羅？

仁波切：嗯！不曾獲得善知識授課引導的補特伽羅。

口　　譯：是指這一生，還是指前世？主要是不是指這一生？

仁波切：前世誰知道，是指這一生。

真　　師：那依止善知識學經論，和自己學經論是不一樣的嗎？

仁波切：前文中有提到「未曾慣修」。

口　　譯：只靠自力學習也是……。

仁波切：不是說自力學習，「至言及諸大教典，雖是第一最勝教授」，「未曾慣修」，是說先前未曾學懂經論之補特伽羅；「初發業者」，是指未曾學懂的。

口　　譯：依止善士學……？

仁波切：不論曾不曾依止善知識，就是指不曾學懂。有說「未曾慣修」吧！如果依止口訣的話，就能輕易通達。因此，

若能依止《道炬論》，就能輕易了解勝者至言一切的內義。這就是下面第三科。

真　　師：我們那邊學《廣論》，遇到很多人他們就是自己學，看很多經，然後他們自許為：我不是那種初發業的有情了！

仁波切：雖然他們學過，但是他們一樣不懂，還是很難精通佛陀密意。

真　　師：這個還是定義為未曾慣修？

仁波切：你學過也好、沒學過也好。即使你學過，沒依靠上師的教言，能夠很容易地理解佛的一切教言嗎？

口　　譯：那些未曾依止善士而自學經論，卻又自許非初發業者的這些人，是否是初發業者？

仁波切：現在這種是沒有證得經教的密意，稍微有了解密意的話，就不叫作初發業者。如果尚未證得密意，就是初發業者。

真　　師：嗯，未曾慣修。

仁波切：主要是他精通、理解的程度是怎麼樣。

極大惡行自行消滅，❷分三：第一、明謗法乃最大惡行者：如《白蓮華》及《諦者品》宣說，一切佛語或實或權，皆是開示成佛方便。有未解是義者，妄執一類為成佛方便，及執他類為成佛障礙，遂判❷方便好、惡，應理、非理及大、小乘，謂：「其菩薩須於是學，此不須學」，執為應捨，遂成謗法。《遍攝一切研磨經》云：「❷佛喚曼殊室利，毀謗正法，業障細微，❷甚深難知。此事云何？佛喚曼殊室利，若❷補特伽羅於如來所說聖語，於其一類起善妙想❷而受持之，於其一類起惡劣想而摒棄之，是為謗法。若謗法者，由謗法故，❷謗所說法，是故亦成毀謗說者，是謗如來，❷謗所修法故，是謗❷修者僧伽，❷以如來為修法所證者，僧伽為修法者故。復有其餘謗法之門，若作是云：『此則應理，此非應理』，是為謗法。若作是言：『此是為諸菩薩宣說，此是為諸聲聞宣說』，是為謗法。若作是言：『此是為諸獨覺宣說』，是為謗法。若❷將前文所說，於法分別善惡，至『此是為獨覺宣說』等為因相，遂分判之而作是言：『❷此是諸菩薩所應學，此者非諸菩薩所應學』，是為謗法。」

講記

此論教授具有四種殊勝。第四個殊勝「極大惡行自行消滅」，又分成三科：「第一、明謗法乃最大惡行」，開示所有惡行中最大惡行

的就是謗法。「《白蓮華》」，就是《白蓮華經》。《白蓮華經》有很多，有《妙法白蓮華經》、《白蓮華經》、《大悲白蓮華經》[14]，此處是指《妙法白蓮華經》。「及《諦者品》宣說」，這也是經。「一切佛語或實或權」，直接開示或是間接宣說，「皆是開示成佛方便。有未解是義者，妄執一類為成佛方便，及執他類為成佛障礙」，說某些佛語是成佛方便，某些是成佛障礙。「遂判方便好、惡，應理、非理及大、小乘」，所謂「應理、非理」是指：說一些佛語可以修持、一些不可以修，某些是為小乘而說、某些為大乘而說，所以不可以修，這類偏黨的言論。文中「好、惡」，是指對佛經評論：「這一部分是合理、不錯的教言，一部分是不合理、不好的言教；有些可以修持，有些不能修持；一些是小乘義理，大乘不應學習；一些是大乘義理，小乘也不應修持。」作這種區別。「謂：『其菩薩』」，有說菩薩眾不應學小乘法，不須學此、不須學彼，「『須於是學，此不須學』，執為應捨」而捨棄的話，就會成為謗法，造集了謗法的業。

「《遍攝一切研磨經》」，這是佛經，「云：『佛喚曼殊室利』」，說會有何種異熟果報？「毀謗正法，業障細微，甚深難知」，謗法罪很容易產生，非常細微，就算造了謗法之業，也難以了解是否已經造了謗法罪。「此事云何？佛喚曼殊室利，若補特伽羅」，如果有一位補特伽羅，「於如來所說聖語，於其一類起善妙想

而受持之」，對一些佛語生起善妙的想法，而想要依之修行；「於其一類起惡劣想而摒棄之，是為謗法」，這是在辨認謗法，還沒開始宣說過患，這就是謗法的方式。任何一位補特伽羅，「若謗法者」，如果毀謗如來教言，「由謗法故」，什麼叫謗法？「謗所說法」，對他所說的法作毀謗，行相上就是毀謗。「是故亦成毀謗說者，是謗如來」，那麼也毀謗了說法者，所以也毀謗如來；不僅對法作了毀謗，也對如來作了毀謗。如果毀謗正法，也就是毀謗修法的所修，所以也毀謗了修者，「謗所修法故，是謗修者僧伽」，也一起毀謗了僧伽。事實上那也就成了毀謗三寶。

再來是巴梭法王的箋註。「以如來為修法所證者」，佛陀的果位是怎麼獲得的？是透由修持正法而得到的。「僧伽為修法者故」，修習此法的人為僧伽。總之也一起毀謗了如來及僧伽。「復有其餘謗法之門」，這也一樣，「若作是云：『此則應理，此非應理』，是為謗法」，這和上面所講的沒有太大的差別。「若作是言：『此是為諸菩薩宣說，此是為諸聲聞宣說』，是為謗法。若作是言：『此是為諸獨覺宣說』，是為謗法。」這並不是說佛沒有針對菩薩說法，佛陀是有為了聲聞而說法的，為了獨覺亦然，也有針對各別所化機而各說其法。如果說：「這是對獨覺說的，菩薩是不應該修持的；這是對菩薩說的，我們不能學這些。」這種才是謗法，不是說沒有這種法。

　　這後面有巴梭法王的箋註。「若將前文所說，於法分別善惡，至『此是為獨覺宣說』等」，如之前提過的全部都是，以這些作「為因相，遂分判之而作是言：『此是諸菩薩所應學，此者非諸菩薩所應學』，是為謗法。」巴梭法王的箋註中作了解釋，「此者非諸菩薩所應學」，如果這樣說的話就成了謗法。「這是為了聲聞乘人而說，我們不能修，我們不修。」這種叫謗法，是指這個。不是說沒有針對聲聞而說的法，是有針對聲聞而開示的法。

真　師：還有一個問題。在《廣論》十四頁第三段的第二行說：「為一類執為成佛的障礙，一類執為成佛方便。遂判好、惡，應理、非理」，這邊出現一個「應理、非理」。可是在第五行的部分說，「是謗如來，是謗僧伽。若作是云：此則應理，此非應理……」又出現一個「此非應理」，然後說「是為謗法」，有沒有重複之過？如果是沒有重複，那麼這個應理、非理，和上一個應理、非理是什麼意思？

仁波切：對！是一樣的。「此則應理，此非應理」，上面說一次，下面「復有其餘謗法之門」這裡又說了一次。講了兩次，前面也講，後面也有。

真　師：都是一個？

仁波切：一個。

法　師：前面是《白蓮華》及《諦者品》，後面是《遍攝一切研
　　　　磨經》。

真　師：不是，《白蓮華》及《諦者品》，說到「皆是開示成佛
　　　　方便」就已經句號了。然後下面就是宗喀巴大師作的解
　　　　釋。

仁波切：前面是《白蓮華經》，是那個經論的話。

真　師：不是啊！後面是宗喀巴大師自己說的呀！

仁波切：是，後面這個是宗喀巴大師自己說的，前面是《白蓮
　　　　華》。

真　師：就是說他前面已經說一次了，後面又說一次是為什麼？

仁波切：後面不是《諦者品》所說，這段是宗喀巴大師所說，前
　　　　面是在解釋《白蓮華經》的文義。

口　譯：後面是引《遍攝一切研磨經》來證明。

仁波切：對！

法　　師：所以前後的「應理、非理」都一樣的意思？

仁波切：對，都是一樣的。

法　　師：還有一個問題。「此是為諸菩薩宣說，此是為諸聲聞宣說」，聲聞人如果想不應該學菩薩，那這個聲聞人是不是謗法？

仁波切：也是謗法。

法　　師：師父，可是那謗法的罪業是很重的。

仁波切：這是後面講的。

法　　師：可是他已經證得阿羅漢，聖者還會謗法？

仁波切：聲聞是修習自道所修而已，沒有一定要毀謗說菩薩道不行，自己修持道而證得阿羅漢而已。

　　　前後有兩次出現「應理、非理」，我認為應該是同一個意思。在箋註中提到「復有其餘謗法之門」之後，才說「『此則應理，此非應理』，是為謗法」、「此是為諸菩薩宣說……」這是各別各別去辨識。前面已經說完了謗法，在箋註說「復有其餘」，是把前面提到的

各別各別配上去的意思，所以意思是一樣的。這個第一個科判還沒講完。

　　若毀謗法，其罪極重。《三摩地王》云：「若◉有補特伽羅毀此贍部洲中一切塔，若◉有補特伽羅毀謗契經，此罪極〔尤勝，意即重也。〕若弒盡殑伽沙數阿羅漢，若毀謗契經，此罪極尤勝。」雖起謗法總有多門，前說此門極為重大，故應勵力而斷除之。◉第二、若解前說二種殊勝，即自消滅者：此亦若能獲得如前定解，即能遮除，故其惡行自趣息滅。◉第三、如是定解當從《白蓮華經》等而得了知者：此定解者，應由多閱《諦者品》及《妙法白蓮華經》而尋求之，諸餘謗法之門，如《攝研經》中應當了知。

講記

　　「若毀謗法，其罪極重。《三摩地王》云」，下面是講說謗法的過患。「若毀此贍部洲中一切塔，若毀謗契經，此罪極尤勝」，假設將贍部洲中所有的佛塔全部破壞殆盡，比這還嚴重的，就是毀謗契經的罪。「若弒盡殑伽沙數阿羅漢，若毀謗契經，此罪極尤勝」，相較於殺盡恆河沙數的阿羅漢，謗法罪比這還嚴重！

真　師：師父，「若毀此贍部洲中一切塔」，那個塔就是指佛塔嗎？還是一切寺院？

仁波切：一切佛塔。

真　師：有沒有指寺院的意思？

仁波切：沒有。

真　師：是佛的塔還是……？

仁波切：佛塔！

「雖起謗法總有多門」，生起謗法有很多形式，例如我們會賣經典、販賣身語意的所依，換成自己的食物，這也是謗法。比如將書籍——如來經典，放在靠近地面的地方；在經典上面放鞋子等其他東西，就很容易成為謗法罪。不小心的話，很容易會有很多種謗法罪，就是這裡說的「有多門」。「前說此門」，雖然有多種謗法罪，前面說的毀謗契經是所有謗法罪中最重的，「極為重大，故應勵力而斷除之」，所以要謹慎小心，對這點要勵力，對這一切造下的謗法業要斷除。前文提到謗法惡行，說了很多會造成謗法惡行的方式，這是最嚴重的。要十分慎重對待這些經典，我們有許多經典嘛！在漢人的習慣

中會把經典放在皮包、口袋裡，坐著或到處走來走去，這是很容易犯罪。

真　　師：師父，可不可以祈請您把謗法的罪相，多舉一些在日常生活中的例子，讓我們可以感覺到。

仁波切：我們講的這些就是嘛！一般而言，受持皈依學處以後，就要至心虔信三寶。佛陀的代表即佛像，教法的代表即經典，僧寶的代表即僧人、出家人，而我們是十分容易犯的。如果是僧眾的話，以我來說，例如我好像是位上師，對一位很小很小的僧人，態度不恭敬、輕蔑、隨便亂來，這就是不恭敬僧，是很容易犯的。例如以佛像來談，如果是用泥、木等較差的材質，就說很難看，不可以這樣！因為這是如來的身像，無論是好、是壞，都要表現出恭敬的態度。對如來聖像作一次禮拜的功德，比對真佛禮拜還要勝出六倍！如果不知道這些，我們把佛像丟在一邊，這樣的話十分容易造罪，一方面也違背了皈依學處嘛！

即使是佛像，僅朝禮一次，如果心裡有善意樂，就有不

可思議的利益；如果是皈依三寶的人，不恭敬就會違背皈依學處。正法中乃至一個字，或只是代表僧伽、佛像的物品也好，都不應跨越！代表佛像的其中一塊碎布，如果不小心就很麻煩了。在僧團中也是這樣，例如在我的寺院裡，我常常提醒，彼此互相生起淨相是非常重要的。淨相，修習淨相！自己修習淨相，看出去清淨，顯現的一切僧眾全部都是聖者，全是佛陀、菩薩的化身。能這樣思惟，就能產生利益！「這不好、這我了解、我很熟悉、我們很熟、他的瞋心大、他喜歡資具、他很愛財……」如果對每一個人，都用自己的顛倒分別去看待的話，是很難看到清淨的。最主要是修改意樂，修習自心，這最重要！因為修心，思惟這一切都是佛菩薩化現，不論真實狀態是不是佛菩薩，都必定會有利益的，所以最主要的是心。

就經驗上來說，例如我們寺院的某些事情，就我來看是成功的，有些是很成功的。這成功是誰的恩德？是我自己做出來的嗎？我認為是大寶僧團做的，是大寶僧團的福德，來自於大寶僧團，才能有外在的成功，是僧團所有人的福德所成辦。我不會想我自己是個不錯的人、

強者，我辦成的。是僧團的福德，靠著僧團攝受我的恩德，事情才能順利，憑著自己對三寶的信心，依此事情才能順利。

　　平時自己會對僧團作祈求，我是僧眾的僕人，僧眾是指一個團體，我是一個小地方的僕人。我是怎麼向僧眾作祈求的呢？我是寺主、住持，以前稱堪布。作堪布的時候，要宣布驗收課程單元──所謂的「孜夏」（བརྗེ་བཤད），就是將論典的單元分配到各個班級。在宣布課程單元時，最低最低的班級，那些年紀小的僧人是非常害怕堪布的，非常怕住持。每個月的考試沒考過的話，就要被處罰。有些人在寺院僧眾中，會非常緊張地向上這樣看。但我對他們作意，這全部都可能是佛菩薩的化身，雖然現在好像在我下面，但這全是佛菩薩的化身，未來佛陀的聖教全部要依靠他們，觀修時把他們放在自己的頂門。無論如何最重要的是修信心，修信心是最重要的。

　　「第二、若解前說二種殊勝，即自消滅者」，這是第二科。前二種殊勝是「通達一切聖教無違殊勝」、「一切聖言現為教授殊勝」二者。有前面這兩個殊勝，就有第四個「惡行自趣消滅」的殊勝，所以說「若解前說二種殊勝，即自消滅」。「**此亦若能獲得如前定解**」，如前是說前二種殊勝，對此僅獲得定解，「**即能遮除**」，就是說能遮

一切惡行,「**故其惡行自趣息滅**」,一切惡行自趣息滅。這是第二科。

「第三、如是定解當從《白蓮華經》等而得了知者」,這裡十分明顯是《妙法蓮華經》,前面也是《妙法蓮華經》。「**此定解者,應由多閱《諦者品》及《妙法白蓮華經》而尋求之,諸餘謗法之門,如《攝研經》中應當了知**」,造集謗法業的方式、有什麼樣的過患,這一切主要須反覆閱讀《諦者品》、《妙法蓮華經》、《攝研經》等等,了解這些過患,及如何發生謗法,和生起定解的方式。

法　師:不是有四個科判嗎?

仁波切:三個。三個都講完了。

真　師:第三個科判的名字是什麼?

仁波切:「如是定解」,對法殊勝中前二種殊勝——一切聖教無違殊勝,一切聖言現為教授殊勝的定解,「當從《白蓮華經》等而得了知」。

真　師:「諸餘謗法之門,如《攝研經》中應當了知」,《攝研經》在哪裡?在哪部經?

仁波切：有《攝研經》這部經，應該在《甘珠爾》裡面有，我沒看過。

法　師：那《諦者品》呢？

仁波切：這全部都在《甘珠爾》，都是經部裡面。《白蓮華經》有《妙法蓮華經》和《大悲白蓮華經》。

法　師：師父，去藏地寺院聽法時，都坐地上，經書就放得很低。休息的時候，我們腳就在旁邊走，這時候該怎麼辦？

仁波切：對，現在很多習慣上是這樣，這是不對的，這就是不恭敬的現象。我也看到。

法　師：不應該這樣放？

仁波切：當然不能這樣放！就是放在地面是吧？

法　師：就是可能拿個小椅子，或者……。

仁波切：小椅子的話，可以。

法　師：可是人在走回座位時，經書就在腳旁邊？

仁波切：哎呀！這不對！比如我們在拉卜楞寺，這方面是非常嚴
　　　　格的。在這方面比較難，很難說。上次也有請來一位老
　　　　師，我去見他。他把很多經書就放在墊子上，也沒有放
　　　　在桌子上，很多經書就放在這個墊子上，看來很難看，
　　　　我心裡還是很難受。

法　師：那像我們從旁邊走過去的人，應該用什麼樣的心態？

仁波切：你就不要跨，不能跨越過去，只能不要跨過去，不要跨
　　　　過去！這個必須要注意！

　　現在我們已經講完了四個法殊勝，那麼必須證知《道炬論》和
《廣論》是具足了四個法殊勝的殊勝特法。四個法殊勝：通達一切聖
教無違殊勝；了知一切聖言──勝者佛陀的言教，乃至經中每個字都
是宣說一位補特伽羅的成佛教授，即是一切聖言現為教授殊勝；依靠
這本論，能輕易證得一切佛語的殊勝；由具此門，一切惡行──惡行
不是只說謗法，依此論能對一切惡行，任何一個惡業都自趣消滅。昨
天有提到，我們這次學習時，心裡許多煩惱自然都能壓伏，這是法爾
的道理。為什麼呢？佛陀的加持，只要自己能生起信心，一定會得到
佛陀的加持，這是法爾的道理，好比燒熱是火的法性。就像這樣，自

己如果有信心、能相信的話，佛陀的加持就會進來，這也是法爾的道理。

「為顯其法根源清淨故，開示造者殊勝」，由法的來源是否清淨而提到造者殊勝。「令於教授起敬重故，開示其法殊勝」，法的殊勝。如果我們想一下，自己就能了解這《道炬論》和《菩提道次第廣論》具有四種殊勝。在此之上還需要再再思惟，這樣才能對教授生起敬重。說明法殊勝，是為了對教授生起敬重；對教授有信心，才會想要學習；想學，才會想要如實修持其中內容。生起敬重是非常重要的，是最開始，就因果來說，如同種子一樣，十分重要、非常重要！

註釋

1 **《阿底峽小品集》** 合輯阿底峽尊者小品著作的統稱。或稱《阿底峽百法》。

2 **土觀仁波切著《宗派源流》** 全名《講述一切宗派源流與教義・善說晶鏡》，土觀・洛桑確吉尼瑪造。此書為扼要地宣說了印度、漢地、西藏等地所有宗派源流，以及其教義的一部論著。

3 **《楞伽經》中說不能食肉** 元魏菩提流支所譯《入楞伽經・遮食肉品第十六》中，佛陀廣說食肉過患，佛說：「夫食肉者有無量過，諸菩薩摩訶薩修大慈悲不得食肉。」

4 **然我乏精進** 引文出自《入行論・不放逸品》，第46偈。

5 **能詮** 指能詮說義理的聲音。

6 **了義** 指勝義諦、空性。由於此義涵已是諸法之上最究竟的內涵，不能再引申其他義涵，所以名為了義。

7 **不了義** 指世俗諦、空性以外的一切法。由於這樣的義涵不能如言而取，尚須引用其他義涵解釋其義；或雖能如言而取，但並不是究竟的真實義，須在此上更求真實，所以名為不了義。

8 **《俱舍》** 全名《阿毘達磨俱舍論本頌》，世親菩薩造。此論主要闡述七

部對法論的要義，為五部大論主要教材之一。

9　**《戒律》**　藏地學習戒律時，主要是依一切有部律，所以佛所宣說的《一切有部律》都是其依循的教典。學習《律藏》時，主要是依據功德光論師所造的《律經》來學習。所以在此所指的《戒律》可指《律經》以及解釋《律經》的所有具量論典。

10　**《中觀》**　無倒宣說究竟空性義理的論典，即是龍樹菩薩所造的《中觀根本頌》，廣則為《理聚六論》。而其弟子中在解釋中觀應成派見地時，最詳細主要的論典，則是月稱菩薩所造的《入中論》，今此所指《中觀》，主要即是《入中論》。

11　**《釋量論》**　因明七論之一，法稱菩薩造。此論主要闡述因明、人法無我見及菩薩廣大行的內涵，為因明學的代表著作。

12　**一切有部、經部**　一切有部，又稱毘婆沙宗。不承認自證分，而主張外境實有的宣說小乘宗義者，即一切有部。經部為主張自證分與外境二者真實存在的小乘宗義者，由於此宗以佛經為主來宣說宗義，所以名經部。

13　**《甘珠爾》**　此世界佛教教主——釋迦牟尼佛所說的一切顯密至言，其中由梵文翻譯成藏文的，便稱為《甘珠爾》，義為翻譯的佛語。

14　**《大悲白蓮華經》**　又名《悲華經》。此經闡述世尊往昔為寶海梵志時，向寶藏如來發五百大願，並發願在人壽百二十歲時，在五濁惡世示現成佛救度眾生等事蹟。

講聞軌理

講聞正法等起不清淨等，為意樂之過；未如實宣說詞義及為非器說法等，為加行之過。

如何講聽二種殊勝相應法中，分三：一、聽聞軌理；二、講說軌理；三、於完結時共作軌理。初中分三：一、思惟聞法所有勝利；二、於法法師發起承事；三、正聽軌理。今初：

無知為引生墮罪之門，而由聽聞，則知苦樂皆是自業之果、三有性苦、唯佛為救彼依怙等。《聽聞集》云：昔有天人白世尊曰：「由何知諸法？由何遮諸惡？由何斷無義？由何得涅槃？」酬彼所問，世尊答曰：「由聞知諸法，此為僅聽聞之勝利。由聞遮諸惡，此二句是明戒學。由聞斷無義散亂，此二句是明如理作意思惟所聞義理之勝利；此句是明定學。由聞依二學已，次以慧學斷煩惱縛而得涅槃；此結合修習所聞思義之勝利。」

講記

那麼接下來提到了「如何講聽二種殊勝相應法」，對於具有二種殊勝的正法，聽聞的方式是如何？講說的方式是怎樣？果芒本這裡有個巴梭法王的箋註，位置是錯的。不應該放在上一段「應當了知」的後面，要放在下面這一段的開頭。「講聞正法等起不清淨等，為意樂

之過；未如實宣說詞義及為非器說法等，為加行之過」，這應該是對下文的箋註，不是上文的箋註。

第三，果芒本的「造者之法及法二種殊勝」，應作「造者及法殊勝二種殊勝」，不應作「造者之法」，應作「造者殊勝」。「二種殊勝」前的妙註「造者之法」應是錯字，作「造者殊勝」就對了。

口　譯：是否可理解為造者的特法？

仁波切：應作「殊勝」，正文中已明言「二種殊勝」了。一般而言，箋註中應該有些是錯、有些是對，果芒本前面已經說過各本箋註有許多舛誤，並在出版時盡力校正過。這裡有巴梭法王的箋註，果芒本放在這裡是不行的，應和下文放一起會比較好。「講聞正法等起不清淨等……加行之過」的巴註，應該和下文放在一起，是聽聞軌理。聽也好、講也好，「等起不清淨等，為意樂之過」，等起不清淨是意樂的過失；「未」能「如實」解釋「宣說詞義及為非器說法等，為加行之過」。講法時，應遠離二種過失而講述。這是巴梭的箋註。

仁波切：「久哇」（ སྒྲུར་བ ）可以翻譯成「加行」嗎？「久偉確」（ སྒྲུར་བའི་ཆོས ）可以譯為「加行法」。一般在意樂和加行

二者中，意樂指內在思想，加行指外面行動，應該是這
樣。譯成加行也能表達嗎？

口　譯：例如我們加行道就是譯作加行。

仁波切：加行，把所有的「久哇」（སྒྲུབ་པ）譯作加行，應該可
以，在中文上應該可以表達出來。行動的「行」是吧？

口　譯：我們也有譯成前行。

仁波切：是，前行。而意樂與加行中，加行主要是表達親自實踐
的意思。

「如何講聽二種殊勝相應法中，分三」是根本科判。何謂「二種
殊勝」？就是造者殊勝和法殊勝。對具足此二的法，應該如何聽聞、
講說的軌理，在正文中分成三個科判來作解釋。具足二種殊勝的法，
這分為：「聽聞軌理、講說軌理、於完結時共作軌理」。聽聞軌理分
三，「初中分三：思惟聞法所有勝利」，應須在心中思惟聞法的利
益；「於法法師發起承事」，「法」指所說法，「法師」即善知識。
「承事」，就是恭敬和成辦師長事業。再來就是「正聽軌理」。

「今初」，這裡有巴梭法王的箋註：「無知為引生墮罪之門」，
無知是引生墮罪之門，不恭敬也是引生墮罪之門。總之出生墮罪之門

有四個，無知、煩惱盛、放逸、不恭敬，都是引生墮罪之門。其中「無知生罪之門」，如果無知的話會引生種種墮罪，所以是門。如果聽聞的話，藉由聽聞的力量，就能了知自身所經歷的不論苦樂，這一切皆是自業之果。也能了解一切三有——上從有頂下至地獄，六道輪迴所有處所都是苦性。又能知道從此痛苦中救護的方便，知道只有佛是唯一的依怙。如果聽聞就會了知，就會有許多利益。

　　現在講到了「《聽聞集》」，所謂的「集」是佛陀一次次隨機說法，一些零星的偈頌編輯在一起，故稱為集。這裡是《聽聞集》；集有很多種，例如《無常集》。此處是《聽聞集》，由佛陀所宣說，由羅漢集成的經論。《聽聞集》以下是語王尊者的註：「昔有天人白世尊曰」，有一位天人請問佛陀。「由何知諸法」，要如何才能知道諸法呢？「由何遮諸惡」，遮止惡業的道理、淨治一切惡業的方法為何？「由何斷無義」，斷除一切無義之業的方法為何？要如何才能斷除？用什麼辦法才能「得涅槃」？佛陀的果位，無住涅槃要如何獲得？問了四個問題。「酬彼所問」，對這問題，這裡引用了佛陀的回答。「由聞知諸法」，如果聽法即能了知一切法，「此為僅聽聞之勝利」，聽聞的好處。「由聞遮諸惡」，能遮止惡業，在箋註中說：「此二句是明戒學。」「由聞斷無義散亂」，能斷除散亂，「是明定學」。「此二句明如理作意思惟所聞義理」，將所聞如理思惟，將所聞法自己如實修行的話，就能得到思惟的「勝利」。此句也顯示了定

學能斷除一切散亂，所以開示了定學。「由聞得涅槃」，依上述戒、定二學，能得慧學，得慧學就能解脫一切煩惱繫縛，而能獲得無住涅槃的果位。此句「結合修習所聞思義之勝利」，是說結合了修習聞、思二者所得一切內涵的利益。

口　譯：「思惟勝利」及「此句是明定學」是什麼意思？

仁波切：「由聞斷無義散亂」，能斷除無義之散亂，斷除一切放逸的行為，安住不放逸，所以能顯示定學。能這樣如理作意而去思惟的話，其利益就是能夠獲得定學。

口　譯：依思惟勝利而能獲得定學？

仁波切：對，就是這樣。

　　又云：「㊣譬如入㊣於周匝悉皆善覆蔽，㊣而致黑暗障室內，㊣其中所見之物縱然有眾色，㊣自復具㊣能見之眼亦莫見，㊣此是黑暗障蔽所致，當以燈炬照破。㊣即如是㊣喻，於此㊣身所依——圓滿人種得生為人，雖具㊣足俱生思惟所依——能解善惡之慧，然於㊣何者為善、㊣何者為惡法，未聞㊣之間則不知㊣取捨之處。如㊣於前文所說房室之中，具眼

有燈🅑之人，則能🅒得見諸色；🅒即如是🅓喻，具慧之人亦由聽聞🅔何者為善、惡法，方知🅕取捨之處。」

講記

「如入善覆蔽」，譬如在室內，善為覆蔽，完全沒有門和窗。「於周匝悉皆」，所有地方都沒有窗戶。「黑暗障室內」，其中完全為黑暗充滿，進入黑暗障室內。像這樣被黑暗障蔽的一個室內，「其中所見之物縱然有眾色」，中間例如有身語意像、各種壁畫、各類色法，裡面所有的一切。「自復具能見之眼亦莫見」，就算自己有能看見物品的眼睛，也看不到。有能見的眼睛、也有圖案，然而卻看不到，這是為什麼？是因為被黑暗遮蔽，「此是黑暗遮蔽所致，當以燈炬照破」，需要除暗的燈炬。如同此喻，「即如是喻，於此身所依——圓滿人種得生為人」，我們已生為所依身圓滿的人類，既生為人，「雖具足俱生思惟所依——能解善惡之慧」，生來就有這樣的智慧。生為人以後，雖然無法依佛法分辨清淨的善惡，但還是可以了解一點，我們還是能知道什麼可做，什麼不可做。「雖具慧」，由於天生所致，只要是人一定能知言解義，這就是具慧的意思。「然於何者為善、惡法，未聞之間」，未從他知，沒聽過的話，如何斷除惡業的方法、成辦善業的方便，是不可能知道的。「則不知」，不可能會知道。

口　譯：「又云」是指《聽聞集》嗎？

仁波切：是。

「生人雖具慧」，總之，人雖然比猛獸等其他生命有智慧，然而不知善惡法。譬如這樣，如果聽聞，就如前說的房子中有燈炬，依著它的光明，因為散發出光明，而去除了黑暗。黑暗既去，這裡面的所有色法就能看到。「如於前文所說房室之中，具眼有燈之人，則能得見諸色；即如是喻，具慧之人亦由聽聞何者為善、惡法，方知取捨之處。」

《本生論‧㊷三十一章》亦云：㊀世尊生為月王子時，從一梵志得聞四偈正法，於一一偈，獻以千金所值財物為作酬謝。父王責之曰：「所酬過當矣！」王子曰：「所酬非重也！正法善說，若可計價，一偈之值，足奉王位。所以然者，以聞正法，有如是功德也。」於是月王子為父宣說聞法勝利。㊁月王子告蘇達薩子云：「若㊂有士夫由聞㊃三寶功德、業果決定之理、四諦之過患勝利等法，發㊄澄淨、信解、欲求信意，㊅於三寶依次供養、依止、安置，及於取捨善惡、遮趣四諦等成妙歡喜獲堅住，啟發智慧無愚癡，用自肉㊆為酬而買㊇聽聞亦應理。㊈餘文易解。

講記

　　接下來是說在聽聞軌理中，應該如何精勤地棄捨財物、受用等，比如能捨棄一切而來聽聞。是說相較於身財受用一切所需，聽聞是更重要的道理。雖然此處沒有另開科判。下面引馬鳴阿闍黎所造的《三十四本生論》，其中在第三十一個本生傳有提到這樣的例子。《三十四本生論》是書名，「《本生論・三十一章》」，是三十四章中的第三十一章。

　　「世尊生為月王子時」，以前世尊在有學道的時候，投生為王子，名叫「月」的那一世。「從一梵志得聞四偈正法，於一一偈」，每一偈的報酬，「獻以千金所值財物為作酬謝」，供獻價值千兩黃金的財物作酬報。「父王責之曰：『所酬過當矣！』」父王說這樣供養太多了。然後王子回稟父王說：「所酬非重也」，報酬不會太多，「正法善說，若可計價」，如果正法善說需要估算價值的話，「一偈之值」，一句偈頌的價值，「足奉王位」，足以隨時奉獻自己所有的王位、受用、財富。「所以然者」，能這樣做，用這樣的酬金作供養的原因是什麼呢？「『以聞正法，有如是功德也。』於是月王子為父宣說聞法勝利」，對父王宣說聞法的勝利。

　　另外一個箋註中說：「月王子告蘇達薩子云」，應該是對父王和蘇達薩子兩位宣說。蘇達薩子是一個羅剎的名字，有人到了山上，他

就把人抓起來，吃人肉過活，待在山中巖洞裡。羅剎，就是個吃人肉者——野人。之後那個羅剎抓到了月王子，準備吃他的時候，月王子流出了眼淚。羅剎問道：「是不是你就要被吃了，因為害怕而哭泣？」他回答：「我對死並不害怕，但已請了一位婆羅門說法而沒有酬謝供養，如果酬謝供養後，我就會再回來。」那個羅剎想了一下，就放了月王子。放了之後，月王子回去供養那個婆羅門，就又回到了羅剎的面前，說：「你可以把我的肉全吃了！」羅剎說：「不用。」這樣的野人——那個羅剎實際上是人，但必須吃人來過活。他問：「當我準備吃其他人的肉，任何人都會因生命受到威脅而害怕，但你為什麼毫無畏懼呢？」月王子回答說：「沒有必要害怕，縱使死了我也不會痛苦，因為我精進於解脫及一切遍智的果位，所以我不害怕。」羅剎感到非常稀有。月王子就自己能無所畏懼這點為他說法，那個羅剎就變成他的弟子。所謂的蘇達薩子，就是這樣。在第三十一個本生傳——月王子的傳記中有這一段。月王子所說的法在下面聽聞軌理中有很多，總之月王子的傳說就是這樣，能隨時奉獻這樣的酬金。

「若有士夫由聞三寶功德」，了知三寶功德。知道三寶功德之後，對三寶所說的「業果決定之理、四諦之過患勝利等法」，要聽聞就要聽聞這些。聽了之後，「發澄淨、信解、欲求信意」，就三寶功德、四諦的勝利過患、業果道理等等作完整地聽聞，生起信解的信

心。然後「於三寶依次供養、依止、安置」，依止三寶，安置自身於三寶的境地、果位，令自己獲得三寶果位。「及於取捨善惡」，成辦善行、棄捨惡行等取捨。「遮趣四諦等」，如何取捨四諦等，「成妙歡喜」、心「獲堅住」。

因為善巧取捨處，而令內心「啟發智慧無愚癡」，透由聽聞能夠消除一切令心蒙昧的愚癡黑暗。像這樣不可思議的聽聞勝利，「用自肉買亦應理」，縱使要割下自己的肉作為代價來買聽聞的話，也是可以毫不考慮地去做。如同《八千頌》中〈常啼菩薩品〉，在《八千頌》中常啼菩薩的傳記，為了般若正法，割肉、灑血作為灑掃等等，這樣的傳記行誼是非常多的。

聞為破除愚癡^巴之黑暗^巴之燈；^巴是盜等^巴所難攜^巴之最勝財；是摧愚怨器，^巴此立愚癡為怨敵相，而說聽聞為摧彼之利器，非以愚癡為體，而說摧其怨敵，此類尚多；開示^巴成辦利益、去除損害之方便教授，故為最勝友；是^巴財食受用等諸貧^匣亦復不變^巴之親；^巴非如一類醫藥，雖利熱症，而損寒症；此則普療一切煩惱疾病，故無所損害，^巴為一切愁^巴苦病之藥；^巴是摧大罪^巴謂輪迴禍害之因——業惑等俱之軍^巴之最勝軍；亦是^巴美譽、^巴今生後世盛德、^巴有所需時即可受用

之最勝藏；遇諸❸勝善士❹夫為❺勝於財物受用等之勝禮；於
❻眾多僧伽大眾中❼得多聞善說之智者所愛。」

講記

接下來講到聽聞勝利。「聞為破除癡暗燈」，聽聞就像破除愚癡
黑暗的明燈。「盜等難攜最勝財」，任何財物、受用都有被盜賊取走
的顧慮；如果要成辦財物、受用，都必須要十分努力才能擁有。就算
有了財物、受用，還有守護之苦、賊偷盜搶的顧慮和苦惱。聽聞不需
要這樣，它是「最勝財」，一切財寶中最殊勝的財寶。「是摧愚怨
器」，何者是一切仇敵中最邪惡的？是無明愚癡，而聽聞就像能夠摧
伏愚怨仇敵的武器一樣。「此立愚癡為怨敵相，而說聽聞為摧彼之利
器，非以愚癡為體，而說摧其怨敵，此類尚多」。「此立愚癡為怨敵
相」，所安立的敵人就是指愚癡，而非愚癡以外另外安立一個仇人。
「愚癡為怨敵相」，所謂的仇敵就是指愚癡本身，聽聞是摧伏它的利
器；並不是指以愚癡為體，而假設愚癡有敵人的話，要摧伏那個仇
敵。這是在語法上的解釋。

接下來，「開示成辦利益、去除損害之方便教授，故為最勝
友」，我們是有很多朋友，然而其中很少有人能對自己開示成辦利
益、成就善行，以及去除傷害自己痛苦的方便。而聆聽一切開示成辦

利益、去除損害的無上方便口訣，就好像是自己最好的朋友，所以是
「最勝友」。

真　　師：為什麼常啼菩薩要用血供養師父？是因為用血供養就是
　　　　　他的誠心嗎？我是說我們可能也需要吧？

仁波切：對、對、對！常啼菩薩以血灑地，一方面是他個人修行
　　　　　程度的表現，所有的菩薩都有行苦行的精進。另一方
　　　　　面，當時並沒有水，天帝釋想試探他是否有行苦行的誠
　　　　　心，讓他看不到所有的水。在聖法湧菩薩[1]蒞臨時，地
　　　　　上有許多灰塵，為了防止灰塵飛揚，所以用自己的血
　　　　　來灑。這是菩薩的行徑，我們沒得比，不需要。我們在
　　　　　修學菩提心的階段，不是馬上去這樣做，要有這樣的心
　　　　　力，但是在我們證量還不夠之前，是不會開許去行持這
　　　　　種菩薩行——佛子的行徑，是不可以的。大菩薩寂天曾
　　　　　說過：「佛陀先令行，菜蔬等布施，習此微施已，漸
　　　　　能施己肉。」[2]一開始先練習用菜、蘿蔔等，先布施這
　　　　　些。之後等心性慢慢漸次增長以後，逐漸就能布施自身
　　　　　的肉。心如果已經轉化了、證量已經達到標準了，即使
　　　　　割捨身肉都會出生不可思議的快樂，不會有痛苦。「佛
　　　　　陀先令行，菜蔬等布施」，就說明了慢慢修心的道理，

不是現在還是凡夫就要你去捨命。在下面於總行學習道理的布施時，說明「如何行施、施何等物、可捨為何、不可捨為何」，沒有說凡夫可以捨命，僅為微小的目的捨命是不需要的。如果有大義利，就可以捨身，如之前提到的智光王。

居　士：月王子為何不逃跑，還要回去蘇達薩子的地方就死？

仁波切：菩薩不打誑語嘛！已經對蘇達薩子作下承許，他回去供養完親教師，就回來捨身肉。已承許了無畏施，所以如約而回。

居　士：那他會不會覺得沒有生命後就不能修學佛法了，或者不能對更多的有情說法啊？

仁波切：不是這樣。菩薩已達到一定的量，量很高了，應該是有許多目的，說不定是看到這個羅剎已到了需要被度化的時機而回去，依靠這樣的方法可以度化他。現在不回去的話，就不能度化他，這羅剎還會去吃很多人。到了度化他的時機，因此就回去了。

聽聞的財寶是盜賊等偷不走的，如上面偈文中的「盜等難攜最勝

財」。例如世親菩薩以前去喀什米爾，現在已經沒有這國家了，在去的路上遇到了強盜，但是卻搶不走世親菩薩的證量、經驗和一切功德。所以是「盜等難攜最勝財」。

接下來是「是貧亦復不變親」，「是財食受用等諸貧匱亦復不變之親」，現在你有財物、受用，他就說你是好朋友；沒有財物、受用就不是朋友，這是人們眼見的情況，有很多是這樣。自己有聽聞，聽聞的成果、這些功德，不會說：「你現在窮了，我不幫你了。」更勝昔日，無有變異的愛親，就是這樣。所謂的「愛親」就是自己的朋友。

例如像貧困的時候，自己有聽聞功德的話，這功德不會跟你說：「你是有戴帽子的，我要走了！」它不會走的嘛！還是在心中。我們以前上課時曾這樣說過。「貧」是指缺乏食物、財寶、受用等等。

如果慢慢體會這當中的內涵，世間一切的行為都在這句裡說了。世間就這樣，就算現在是好朋友，有一些人就會變，朋友成了仇敵；現在雖是仇人，將來也可能成為好友，這都是存在的。這一切都在這一句間接開示了，也令我們了解到世間的這一切行為都毫無心要。如宗喀巴大師說：「不可保信三有諸圓滿」，要確實知道一切的三有圓滿無有心要，沒有可以依憑的地方。三有世間的圓滿不可憑信，去聽聞才有所憑信，永遠都不會失壞。

「無所損害愁病藥」，沒有任何傷害、醫治愁苦病症的藥。例如就藥而言，「一類醫藥，雖利熱症，而損寒症」，又有些藥利於寒病，卻對熱病有害，聽聞不是這樣。那聽聞是怎樣的一種藥呢？就算我們的蘊體沒病，但是內心裡卻是有煩惱大病的。「此則普療一切煩惱疾病，故無所損害，為一切愁苦病之藥」，就像藥一樣。

「是摧大罪謂輪迴禍害之因——業惑等俱之軍」，輪迴禍害、大罪。什麼是輪迴痛苦之因？即是煩惱和業，所以說「業惑等俱」，這業惑比喻為軍隊，而聽聞是能夠摧伏它的「最勝軍」。

「亦是美譽、今生後世盛德、有所需時即可受用之最勝藏」，有需求時即可馬上受用，像能即時受用的無盡藏一般，最殊勝的寶藏。依靠聽聞能夠給予一切，是為寶藏。

「遇諸善士為勝禮」，遇到任何品德高尚的人、智者、善知識時，奉上財寶受用也不知道能否特別取悅他們，但是有聽聞，就會令他們十分高興，因此是最好的獻禮。聽聞比我們的財物、受用還超勝、還要好。有聽聞的話，就能講說取捨處等，這就是最好的獻禮。

「於眾多僧伽大眾中得多聞善說之智者所愛」，在眾多僧伽眾中，有聽聞的話，辯論就能學得很善巧，辯論也會很好，這樣的話所有的智者也都會歡喜滿意。能夠說出許多嘉言善說，就能令智者歡喜滿意。

又⑬白父王云：「聽聞隨轉修心要，⑭微少⑮艱辛力即脫生死城。」⑯此謂依生而起餘諸輪迴痛苦，若從此脫，一切餘苦，並皆解脫，故如疆界之城池。於其所說諸聞勝利，應當決心發起勝解。

復次應如《菩薩地》說，須以五想聽聞正法：謂佛出世極罕難遇，其法亦然，由稀貴故，作珍寶想；時時增長俱生慧故，作眼目想；由其所授智慧眼目，能見如所有性及盡所有性故，作光明想；於究竟時能與⑰解脫涅槃、⑱一切遍智大菩提果故，作大勝利想；現在亦能得彼二之因——止觀樂故，作無罪想。作是思惟，即是思惟聽聞勝利。

講記

「又白父王云」，與前一段一樣，出自月王子的本生傳中。「聽聞隨轉修心要」，聽聞的目的為何？是為了之後能修持所聽聞的法義。這很重要，修習心要，這才是重點！如同我們之前講過的，我們聽聞是為了什麼？以修行為心要，就是為了要修持。要修持必須聽聞，不聽聞是不知如何修持的。自己能夠如所聞義而作修持的話，那就可以解脫輪迴，能得到解脫和一切遍智的果位。

「少力即脫生死城」，「生城」，即十二支緣起中的生支。有「生」就會有很多痛苦，能夠遮除「生」就沒有苦。所謂的「城」，就像我們說的碉堡，全被惑業束縛其中，就像城一樣把我們關在裡頭。如所聞義去修持，少力即能從中解脫。

口　譯：只有「生」字而已，沒有死字？

仁波切：對，不需要加死字，遮除投生三有，遮除了生就會得到寂靜涅槃。

下面是語王尊者的箋註。「此謂依生而起餘諸輪迴痛苦」，沒有「生」的話，輪迴所有的苦無從生起；有「生」才能投生地獄，有「生」才能投生餓鬼。所謂的「生城」，指由於惑業之力而生於一切輪迴之處，如果能遮止生於那邊的門，就能斷除其餘痛苦之門。「若從此脫，一切餘苦，並皆解脫，故如疆界之城池」，「疆界之城池」，如同國界上的碉堡，疆界的碉堡、峻壘，包圍了許多軍隊，如果裡面有囚犯，不會讓他出去。就像這樣，由於被惑業包圍，然後得在這當中生死，必須全無自在地領受輪迴的痛苦，就像被碉堡圍住一樣。這就像解脫與惡趣、下沉與上昇、苦與樂的分界，能從這個生城

當中逃脫，應該是這個意思。

「城」（ཆྲང）不應是城市之義，應是碉堡，或是城牆，高聳而圍繞著，監管那些軍中的囚犯，不讓他們逃走，也無從進出的，就是此處的城。

真　　師：那個「城」翻成圍牆？

仁波切：應該叫峻壘，險峻的堡壘，就是軍壘，有軍隊彼此環繞著，不讓監獄裡的囚犯逃出去的，就叫堡壘，峻壘也就是這樣。

《本生傳》中如是宣說。「**於其所說諸聞勝利，應當決心發起勝解**」，這是對我們說的。如果我們承許《廣論》的話，一定要對所有的聽聞勝利再再思惟，而認真地去聽聞；對於聽聞勝利，全心生起淨信及勝解是非常重要的。

口　　譯：是對聽聞勝利起勝解？還是僅對聽聞起勝解？還是兩者皆要？

仁波切：勝利與聽聞都要，「諸」字就包含了聽聞。應至心對聽
　　　　聞勝利生起殊勝感，這就是發起勝解的方式。

　　「復次」，「謂佛出世極罕難遇」，佛陀出世來到這裡非常地稀
有，如同鄔波羅花一般稀有。「極罕難遇」，就是極為稀有的意思。
如果佛陀出世稀有，那麼「其法亦然」，極為稀有。之前說過珍寶有
稀有難遇之義，「由稀貴故」，應對佛法生起如「珍寶想」。然後，
「時時增長俱生慧故」，時時去聽聞的話，自己的智慧也會輾轉向上
增長；智慧向上增長的話，「作眼目想」，有聽聞就像有眼目。「由
其所授智慧眼目」，如果具足這樣的智慧之眼，「能見如所有性及盡
所有性」，一切法所有的本性，所以「作光明想」。透由觀見一切如
所有性、盡所有性，最後「能與解脫涅槃」及究竟佛位「一切遍智大
菩提果」，由於聽聞有如此殊勝的利益，「作大勝利想」。「現在
亦能得彼二之因」，能得佛位的寂靜無住涅槃、解脫及一切遍智的
因——「止觀樂故」，由於獲得止觀的安樂，因此「作無罪想」。
「罪」，就是惡業、罪惡之義。如果按照前面去做，不會造惡，就不
會積集罪業，「作無罪想」。由五想之門來精勤聽聞極為重要，「須
以五想聽聞正法」，就是要精勤聽聞，要聽人說法。「如《菩薩地》
說」，「作是思惟，即是思惟聽聞勝利」。

口　譯：無罪的意思是？

仁波切：沒有罪惡。「現在亦能得彼二之因——止觀樂故」，聽
　　　　聞而後修持其義，能以止觀證得一切內義，如果證得這
　　　　些就不會造集罪惡之業，應生如是不造集罪業之想。以
　　　　上都是第一個根本科判——「思惟聞法所有勝利」。

　　第二者：如《地藏經》云：「㉒於說法師一味專信恭敬
聽聞法，不應於彼起毀謗。於說法師供養者，謂於師起如佛
想。」應視如佛，以獅座等恭敬利養而為供事，斷不尊敬。
應如《菩薩地》中所說而正聽聞，謂應無雜染，不應作意法
師五處。㉓遠離雜染有二，其中離高舉者，應㉔於心舒泰，
雍容不迫等時聽聞、發起㉕禮拜、先起身等恭敬、發起㉖按
摩濯足等承事、㉗成辦師事不應忿恚、㉘依教隨順正行、不
㉙應藉故等以求過失，由此六事而聽聞之。離輕蔑雜染者，
謂極敬重法及法師，及於彼二不生輕蔑。㉚此二為無雜染聽
聞。不應作意五處所者，謂戒穿缺、種性下劣、形貌醜陋、
文辭鄙惡、所發語句粗不悅耳，便作是念：「不從此聞」，
應捨是念。

講記

再來是聽聞軌理分成三個科判當中的第二科，即「於法法師發起承事」。「如《地藏經》云：『於說法師一味專信恭敬聽聞法，不應於彼起毀謗。於說法師供養者，謂於師起如佛想。』」「一味」，指一切時、一切種。於說法師應生敬信，應從信心及恭敬門中而聞法。不應於法法師起嘲諷毀謗。於說法師應當供養，應供養他。供養的方式為何？應作佛想，應於師起如佛想而來供養。「應視如佛，以獅座等恭敬利養而為供事，斷不尊敬」，對於法及說法師，以恭敬、利養作為供事，斷除不恭敬。佛薄伽梵在宣說《大般若經》的時候，自己鋪設法座，這只是因為法的殊勝，而不是佛陀要高高的法座，是為了恭敬法的緣故。

「應如《菩薩地》中所說而正聽聞，謂應無雜染，不應作意法師五處。遠離雜染有二，其中離高舉者」，在《菩薩地》中說「應無雜染」時分二，「離高舉」是其中一科，就是不要驕慢。那所謂離高舉是如何呢？「應於心舒泰，雍容不迫等時聽聞」，在說法師忙碌的時候，「不管怎樣一定要為我說這個法！」這樣是不可以的，要應時聽聞。「於心舒泰」，是指上師要在內心舒適、不匆忙的時候說法，這就是「應時聽聞」。「發起禮拜、先起身等恭敬」，對於上師、說法師要禮拜。「先起身」，在上師到來之前要先起身，上師來了自己還坐著是不對的，這就是「發起恭敬」。「發起按摩濯足等承事」，就

是我們平常說的按摩及洗腳等。「成辦師事不應忿恚」,成辦上師的事情不能生氣。「依教隨順正行,不應藉故等以求過失,由此六事而聽聞之」,「不應藉故以求過失」,「求過失」是指對上師回嘴解釋,認為上師講的不對,自己說的才是正確。「藉故」（ཁྱུས་བསྒྱུར）在我們的家鄉話中就是這意思:解釋不能責怪我的理由。總說:「那裡我待不住。」「那裡的堪布親教師,沒法適應。」說他這裡痛、那裡疼等等。講很多「這很困難」,又說「這不行」,一直解釋許多理由,這就是「藉故」,自己說的總是正確無誤。對上師「求過失」就是回嘴解釋,這就是「不應求過失」的「求過失」;上師講的不對,找了許多上師講錯的理由,就是「求過失」。「藉故」就是不能責備我,想辦法令上師說:「喔!這怪不得你,你去吧!休息吧!」「啊!我這兒肚疼……」這種就是「藉故」,找各種原因來成立自己是對的,不聽老師的話。「不求過失」就是請別這樣求過失。「我沒有這種學習條件。」「男生女生不一樣。」「今天沒空,有很多事。」不是有人這樣嗎?我們寺院曾有這樣一位僧人,去上課時,老師講了許多辯論題後,問他:「懂了嗎?不太難吧?」「你才不太難,我一句都沒聽懂!」「那你明天再來吧!」「嗯!明天我得出門,明天我沒空。」就像這種。「你明天再來吧!」「明天我沒空。」這就是「藉故以求過失」。ཁྱུས་བསྒྱུར就是這樣,不能怪我,對別人總有特別多的理由解釋,就是「藉故」。想辦法讓自己不用負責,找各種原因。所以說不求過失,應由六門而來聽法。這些是前面

「遠離雜染」中的第一科所分出的六個。

「離輕蔑雜染者,謂極敬重法及法師,及於彼二不生輕蔑」,指要恭敬法及法師,以及不輕蔑法及法師。「此二為無雜染聽聞」,「遠離雜染」分作兩科,前面全是「離高舉」的原因,是弟子遠離我慢及高舉的方法;要應時聽聞、要發起恭敬、要發起承事、不應忿恚、隨順正行、不求過失,全部都是遠離高舉的方式。文中雖沒講第一和第二,但第二應該是「離輕蔑雜染」,即「遠離雜染」分成兩科的後者。這兩段就是《菩薩地》所說的應無雜染而正聽聞。「不作意法師五處」這點,往下會說到。

真　師:「高舉」和「輕蔑」有什麼差別?高舉不是覺得自己比別人高,就同時輕蔑別人嗎?

仁波切:高舉指的是我慢。這裡主要是講弟子相續中要斷除我慢及發起恭敬的道理二者;一個是講斷除我慢的方法,要斷除我慢就要承事、恭敬上師;後者指不要輕蔑,說明對上師恭敬的方式,主要是這兩個。一個是要斷除我慢,後者是要發起敬信。對說法師輕蔑,比如說,覺得這位說法者長得不好看、說法聲音不好聽、沒有功德、戒律不清淨等等,這就是對他輕蔑。對法的輕蔑,就是

對法的內涵，比如評論《廣論》沒有善為宣說法義，這就是對法的輕蔑。對這兩者輕蔑即是這個，所以說不應輕蔑。

真　師：比如說《廣論》已經學了好幾年，然後再聽上師講的時候就產生一種，說：「這個差不多，我已經差不多了，好像會了，我已經聽過了！」這種心是不是對法的輕蔑？

仁波切：「我已經聽過了」是吧？

真　師：對！他就不在意。就好像上師講到同類的事情的時候，他就滑過去、滑過去，就不認真聽，不怎麼認真聽。這是不是對法的輕蔑？

仁波切：「我以前聽過了！我懂！你不講我也知道。」這是輕蔑，是輕蔑！認為說不說法都沒有心要，都不當作法，說不說法都沒差，這還不是輕蔑嗎？這就是你的表現，「你說不說一樣，我早就知道。」就是這個意思。

真　師：這就是輕蔑？

仁波切：對、對、對！只要是你來聽法的話，你就不能有這樣的心態。

法　　師：高舉是屬於自己內心部分，輕蔑就有點對到外境付諸於身口的行為。

仁波切：對、對、對！

法　　師：有的人我慢心很高，他不一定表現出來。

仁波切：對、對、對！上面提到的有六項，要用功的話，主要是對付自己傲慢的心態。你對上師要有恭敬的心辦理上師的一切事務。對付自己傲慢的心很重要。

「此二為無雜染聽聞」，無雜染就是指這個。《菩薩地》文中的第一部分已經講完了。後面是「不應作意法師五處」，下面講「不應作意五處所者」，就是要講這些內涵。「戒穿缺、種性下劣」，就是上師在說法時，對說法師想：「他戒律不清淨。」然後，「種性下劣」，印度主要都是看種姓，西藏也是這樣，說他家世低劣。很多人這樣說：「這個上師是挺好，但是族姓很低。」「上師是有很殊勝的功德，但就人的種姓來說是下劣的。」是有這樣的。「形貌醜陋」，就是指長相很難看、形體醜惡。「文辭鄙惡」，就上師的發音不標準。「所發語句粗不悅耳」，上師所講的語句很粗俗、上師很兇，講得不悅耳。「不從此聞」，就是指我不聽他說了。如果生起這樣的想法，必須斷除。「應捨是念」，要棄捨這個想法。

口　　譯：原譯最後一句作「而棄捨之」，看來是棄捨上師的意
思。

仁波切：不是說棄捨上師！是棄捨這樣的想法，是「應捨是
念」。想著：「不聽了！」如果生起不從他聽法的念
頭，這裡說不可以生起這樣的心，要棄捨這個想法。漢
文譯本是不是這個意思？

真　　師：漢文是棄捨法師，不從法師那聽。

仁波切：那不對！「不從此聞」，想著：「上師這麼下劣，我不
跟他聽法。」在聽法的時候，應該棄捨這種想法。

法　　師：聽法的時候。

仁波切：對！就是在講聽法的時候。

真　　師：那上面的「而」是不是應該再換一個字，改成「應捨是
念」，不會變成說棄捨法師了？「應捨是念」，就是棄
捨這個念頭。

仁波切：現在是講到聽聞軌理，「於法法師發起承事」是聽聞軌
理。我們最初開始聽法時，在未聽法之前，對於上師要
觀察，這是很重要的。當成為上師、向上師求法、已經

說法、結上聽法的法緣之後，再對上師生起這樣的懷疑是不可以的。對於上師或說法師，如果之前沒有法緣關係的話，就想：他戒律不清淨、種姓下劣，我不要在他座下聽法。這樣是可以的，因為還沒有法緣。

真　師：師父，如果對一個沒有法緣的法師，觀察他這個五處的話，會不會對比丘造惡業呢？

仁波切：那當然，如果是比丘的話。但是最初還沒成為自己的上師，想說不從他聽法，這樣是可以的。去找一位師長，要有足夠的信任心啊！對師長要有足夠的信任心，這是很重要的。沒有足夠信任心的話，自己潛在的這些過患，很容易生起。締結清淨的法緣自己要有信心，如果沒有信心，就會生起這些想法。如果結上法緣卻沒信心，去求法是很難生起利益的。

我們和上師結法緣也是這樣的，要先觀察尋找這個法清不清淨、傳承清不清淨、上師戒律清不清淨。然後在心中生起決定，自己求法後，信心不會變易。之後，其他人說：「他戒律不清淨、他已經破戒。」而自己還是不變心、信心不變；如果立住這樣堅固的心，才去求法的話，是可以的，有這樣堅定的信心很重要。觀察上師是

很重要的，結了法緣，就不可以變心。這在依止軌理有
很多，我們之後再說也可以。

真　師：師父，就是一旦有法緣，就是上師跟自己說法，自己聽
　　　　了？

仁波切：你要求法，已經成為師徒的關係以後，那就再也不能這
　　　　樣。

法　師：主要是自己有這種心，確定我要跟他學，這就算有師生
　　　　關係嗎？是不是最主要是自己這一邊？

仁波切：最主要是要說法，必須要說法。如果還沒說法，自己有
　　　　信心是需要的。主要是有意樂，然後說法，你也有結法
　　　　緣的想法，就成為上師了。「乃至聽聞一四句偈」就這
　　　　個意思，乃至聽了一個偈頌，如果生起他是自己上師的
　　　　想法，就成為上師了。如果沒有求法，單是自己有信
　　　　心，是否就成為上師？是問這個吧？必須要有法緣。

口　譯：是必須要兩方面：上師想教、弟子想學，還是只有弟子
　　　　這方面想學就可以？

仁波切：必須要兩方面。觀察上師、觀察弟子的方式有很多。你
　　　　的意思就是沒有受到這個師父的教誨，但是你心裡對他

很恭敬，這個稱不稱為是你的上師，是不是這樣？你心裡面是很恭敬的，但是也沒真實給你傳過法、給你講過法，是吧？

法　師：有聽過說法。

仁波切：有聽過說法，那當然是成立，有說法那就結下法緣了。

真　師：他有去跟人家求，求完之後，對方又給自己說法。

仁波切：對！

居　士：主要問題是：上師沒承許收自己為弟子，自己就這樣承許，可以嗎？

法　師：因為上師很忙，很多人聽，上師也不認識他。

仁波切：那就是你的意樂，主要是意樂！如果在意樂上想：我已經結上法緣，那就成為法緣了。

真　師：「戒穿缺」裡有個「穿」、有個「缺」，穿和缺意思是不是不同？「穿」好像比較嚴重，「缺」好像沒這麼嚴重。

仁波切：是指戒律已壞、沒有戒律、破戒的意思。

真　師：是一種？還是有兩種？一個是破戒，一個是缺漏但並沒
　　　　有破戒？

仁波切：藏文中「娘巴」（ཉམས་པ）是「失壞、沒有」的意思，
　　　　戒沒有了。以前有的退失，不復存在。

法　師：剛才在「譽德最勝藏」時，解釋到「我們需要它，它就
　　　　出現」，這是在說明什麼？

仁波切：需要它的時候，它就會出現。透由聞思，了解了一切
　　　　法；對於行持，譬如你要修一種法門，你知道了、已經
　　　　學過了，該用的時候你可以用。你這個修法，過去已經
　　　　學過，該用的時候可以用上。

真　師：師父還有一個問題，可以問嗎？

仁波切：可以、可以。

真　師：就是「遇諸善士為勝禮」，聽聞的禮物怎麼送給別人
　　　　呢？給別人說法？聽聞是自己聽，怎麼送給別人啊？

仁波切：「遇諸善士」，如果你是智者，他們會很歡喜。比起無
　　　　智的愚夫，與智者相遇，是很歡喜的，因為和智者相遇
　　　　會得到很多善說，就讓那智者很歡喜啊！比如你是智
　　　　者，我也是智者，這兩個遇在一起，不是就很高興嗎？

因為可以一來一往地討論、講說法義，這是很令人歡喜的，是指這個。

口　譯：「勝禮」的「禮」是什麼？

仁波切：是獎品、禮物。如果送我很多禮物，我不會對此高興，只會說：謝謝，送了很多禮物。但是如果來了個智者，這才比較高興啊！歡喜和智者相遇啊！能在法義上探討。

真　師：實際上是講說的意思。

仁波切：對、對、對！

真　師：我在想說多聞怎麼送給別人呢？就得講說才能送給別人。

法　師：這裡面是不是有包含身語的行為，我們在做一些取捨的時候，旁人看到也可以受到影響。因為我們聽聞的關係，戒殺、護生，旁人看到，也會受到影響。

仁波切：旁人看到，是吧？

法　師：別人因為看我救螞蟻，因為聽聞知道正確的取捨，他也被改變，不一定是跟他講不要殺生，應該是身語的行為

都包含在裡面。

仁波切：對！這當然可以。不同的形式，你以行動的方式去救
　　　　度、教化別人。

居　士：如果能夠好好地聽聞，就知道怎麼樣取捨，就是對善士
　　　　最好的禮物是吧？也就是把自己如何如理取捨的內涵告
　　　　訴別人，這是最好的禮物，是吧？

仁波切：不是告訴別人。別人能接受的話，那當然這也是最好
　　　　的禮物；不能接受的情況下，你要說這些法，也是不
　　　　對的。你的一個善知識來，而你是多聞的格西，他就會
　　　　很歡喜！這個人有聽聞，有很好地學過，會很歡喜的。
　　　　「遇諸善士為勝禮，於大眾中智者愛。」

真　師：師父，我還有一個問題，就是「於說法師供養者，謂於
　　　　師起如佛想」。那我們具體思惟的時候，比如說師父你
　　　　坐在這說法，我們怎麼樣去思惟你是佛呢？透過觀想，
　　　　把你觀想成佛的樣子，可是內心裡怎麼樣生起，那種把
　　　　對方觀成是佛之後，自己內心相續是什麼樣？

仁波切：佛真正到了你的面前，也不一定給你說法；上師就在
　　　　你的面前給你講法，那這不是佛是什麼？這樣地來憶

念。佛真正到我們的面前，他也不一定給我們講法、說法。他講了，我能聽懂嗎？我們自己業力所感得的這個肉體、五根，令我們見不到佛。那麼說法的人，實際上就是佛的化身，佛變成人體的形式在我們面前，要以這樣的觀想，要有這樣的概念。這不是說我在這說法，我就是這個佛，真正去想會有這樣的感覺，佛真的到了我們面前，我們也不會看到，跟無著菩薩一樣。我們對上師要有「這不是佛是什麼？」的概念。佛真的到我們身邊，他也是講法、說法；佛的功德就是要講法、說法來救度眾生，而不是說我馬上把你帶到西方極樂世界，這不可能的，沒有這樣的，是用說法救眾生。那上師也是說法來救度我們，這就是佛的行為，和十方的諸佛有什麼分別？

真　師：是、是、是！

仁波切：都是一樣的。

真　師：是！

仁波切：這樣來看待他，是這樣的。

真　師：謝謝！

　　如《本生》中亦❷載，月王子為蘇達薩子說云：「❸月王
子見蘇達薩子欲聞正法復成法器，王子遂告蘇達薩子曰：爾
欲聞法，應住如是威儀而聽聞之。❹聞法之時，自身處極低
劣座，發起調伏❺諸根德，以具笑目視❻說法者，如飲甘露
❼說法之語。❽由不放逸起敬專至誠，❾心意踴躍善淨，❿以
無惡等起垢染⓫之意，如病聽醫言，⓬懷修持心於說法師起
承事聞法。」

講記

　　「如《本生》中亦載，月王子為蘇達薩子說云：月王子見蘇達薩
子欲聞正法復成法器」，蘇達薩子又叫羅剎斑足，在《本生傳》中叫
蘇達薩子，實際上是同一個人。「欲聞正法復成法器」，聽法時要有
希求心，這是一個；第二個是要成為法器。可不可以說這個法？講了
有沒有利益？如果沒利益說了也沒用。看到有利益，所以是法器。蘇
達薩子想要聽法、有淨信心，看到對他說法有利益以後，王子對蘇達
薩子說：「爾欲聞法，應住如是威儀而聽聞之。」如果想要聽法，必
須有這些清淨正確的威儀，就是下面提到的聽聞方式，即王子對蘇達
薩子所說「聞法之時，自身」等文，這是箋註。

「聞法之時，自身處極低劣座，發起調伏諸根德，以具笑目視說法者，如飲甘露說法之語」，聞法之時，自己的身體要處在極其低劣的座位，為什麼呢？為了滅除驕慢，為了恭敬上師、法、說法師，所以「處極低劣座」。「發起調伏諸根德」，諸根掉散，比如眼根、耳根等等，眼根四處亂看，耳根任有什麼聲音就隨意去聽，不好好聽法，不能如此；要非常調伏，要以調伏一切諸根的方式來精進，所謂「發起調伏德」就是這個。「以具笑目視」，打從心底真心地喜愛法及說法師，所以目視說法者。接下來，將說法之語視為甘露一般珍愛執持。甘露是非常稀有的；所謂甘露，由於能賜予不死勝德，所以叫甘露。比如當我們飲用這樣的甘露時，就算只流出一點點，也害怕失去，所以就不會讓它失去、不會讓它浪費。如同這樣，要如飲用甘露般，飲用甘露法語。

「由不放逸起敬專至誠」，應該要「起敬專至誠」。「不放逸」，指斷除一切放逸的過失之後，身及行為等發起極度的恭敬，一心飲用佛法的甘露，應於此精進。

口　譯：「調伏德」是什麼意思？

仁波切：「發起調伏德」，「德」就是要以如是行為與方式，精勤地調伏自己所有的根門，並具足恭敬的儀態來聽聞，

就是這句的意思。「發起調伏德」，必須以極其調伏的身心威儀，用這樣的行為聽法。

「善淨無垢意」，在這之前是說外在的行為方式，心裡的恭敬方式也有講到，下面主要是心裡的。「心意踴躍」，心裡要非常地歡喜、踴躍。像這樣殊勝的講法盛筵，在多劫中，我們一生又一生多次流轉，從無始以來直至現今，終於能在上師、大乘善知識面前，聽到這樣的大乘教法，是非常珍貴的！所以應想：現在能聽到如此殊勝的法，真是幸運啊！要打從心裡感到歡喜。

「善淨」，由清淨心之門。「以無惡等起垢染」，一切垢染，即煩惱垢染、惡劣等起。不應聽法的時候等起惡劣，貪名求利。應該思惟：為了一切有情利益而想要獲得圓滿的佛位，所以來聽聞這樣的大乘法。以無惡等起垢染之意，「如病聽醫言」，如同病人身染致命惡疾，醫生說什麼他都會照著去做。「懷修持心」，對上師所說的這些法，自己也想要如實行持。最初先要了知，其次心想：自己必須如實行持其中的內涵。以想要修持的心態，「於說法師起承事」，對法及法師起承事，起承事和起恭敬一樣。要以這樣的方式「聞法」，在藏文用了「命令詞」，就是「要這樣聽！」當如《本生傳》中月王子為蘇達薩子所說那般去聽聞。

正聞軌理,分二:一`斷器三過;二`依六種想。今初:

若器倒覆,及縱向上然不淨潔,並雖淨潔若底穿漏。天雖於彼降以雨澤,然不入內;及雖入內或為不淨之所染污,不能成辦餘須用事;或雖不為不淨染污,然不住內,當瀉漏之。〔如是雖住說法之場,^妙堪欽引《三地頌》「嫺巧論辯」等,而說:「總體而言,僅唯聽聞,容有廣大勝利,然不能生《集》中所言由聞遮諸惡,故說此文。」茲說甚善。〕然不屬耳,^妙此為第一過失,^語猶若覆器。大班智達戒護所著《雜事註》云:「說法之時,或有意不趣轉,不能執持故也。」或雖屬耳然有邪執,或等起心有過失等,^妙此為第二過失,猶不淨器。即彼論云:「或雖趣轉而住,然由非理作意顛倒執故。」雖無上說彼等眾過,然聽聞時,所受文義不能^巴唸誦及數思惟以堅持,由忘念^妙此為第三過失,猶器穿漏。即彼論云:「或已趣轉而不安住,忘失故也。」等之所失壞,則其聞法全無大益,故須離彼等。

「於法法師發起承事」後,根本科判中,正聞法軌理分二:「正聞軌理,分二:一`斷器三過;二`依六種想。」第一科,聞法的時

候，斷除自己三種器過的道理。「今初：若器倒覆，及縱向上然不淨潔，並雖淨潔若底穿漏」，有三種所化機：一個是器皿的口朝下倒覆，一個是雖然口朝上但內不淨潔，第三個雖淨潔，但內有漏洞等故不住內。依序對此解說：第一種，「天雖於彼降以雨澤，然不入內」，器往下倒覆的話，怎麼說法也無法進到裡面。第二種是想法意樂有過失，「及雖入內或為不淨之所染污，不能成辦餘須用事」。第三種，「或雖不為不淨染污，然不住內，當瀉漏之」，這是底穿漏。

正文中，「如是雖住說法之場」，雖然已經身在聽法場了。「然不屬耳，或雖屬耳然有邪執，或等起心有過失等」，聽聞的時候，錯解法義，或是具有煩惱等起的過失，如果這樣子的話，是很難有利益的。註中說：「總體而言，僅唯聽聞，容有廣大勝利，然不能生《集》中所言由聞遮諸惡，故說此文。」安住說法場後，自己沒好好聽的話，難如《聽聞集》中所說「由聞遮諸惡」般遮止罪惡。「雖住說法之場」，自己雖身在其列，若僅聽到聲音，是很難由聞遮諸惡的。

「堪欽引《三地頌》『嫻巧論辯』等，而說」，即：「嫻巧論辯一切諍論師，縱經百返觀擇尊怙語，亦復不能動搖絲毫許，具清淨意於汝誠祈請。」總之，就是在思擇之上要好好聽聞的意思，堪欽的說法「甚善」。讚歎宗喀巴大師的《吉祥三地頌》說，無論對大師任何的說法，「嫻巧論辯一切諍論師」，不管怎麼樣的諍論師，經過百千多次的抉擇，都證明大師的說法毫無錯謬。總之，對於所聽法要再再

地抉擇來饒益自心相續，這是非常重要的。

「如是雖住說法之場」，雖是這樣，註裡說就算你聽聞了，也無法如實生出聽聞的利益。「僅唯聽聞，容有廣大勝利」，僅是聽聞，雖有很大的利益，但是心不專注的話，無法如實生出如《聽聞集》所說「由聞遮諸惡」的利益。「堪欽引《三地頌》『嫻巧論辯』等，而說」，而且「茲說甚善」。《吉祥三地頌》是一切遍智克主傑對宗喀巴大師所造的讚頌，裡面提到，對於所聽法再再地思擇後，修持所聞的內涵是很重要的。

「然不屬耳」，不好好聽，「此為第一過失，猶若覆器」。「大班智達戒護」，這是一位上師的名字。「所著《雜事註》」，《雜事》是四部律典之一，它的註釋中說：「說法之時，或有意不趣轉，不能執持故也。」說法的時候，有些人不會在心中執持、不會理解、不會好好地去聽。必須斷除如此不屬耳的過失。

口　譯：這是第一個過失嗎？

仁波切：是第一個過失，不屬耳是第一個過失，如同器倒覆一樣。說法的時候心不趣轉，不屬耳啊！不屬耳的話，心怎麼可能趣轉？「不能執持故也」。

　　第二個過失，正文中說：「或雖屬耳然有邪執」，顛倒執持所說法的義理。「或等起心有過失等」，等起心下劣，或者有過失的話，「此為第二過失，猶不淨器」。不乾淨的容器內，放入水等東西，都沒辦法受用，因為都會變得很骯髒。「即彼論云」，戒護論師所著《雜事註》中又說到：「或雖趣轉而住」，雖入於耳中。「然由非理作意」，對所說法義不如實作意。「顛倒執故」，顛倒執持法義。主要是動機不能有過失，以及對法不可以顛倒執著而說第二過失。

　　「雖無上說彼等眾過」，雖然沒有不屬耳和錯誤的動機、顛倒執持等過失。「然聽聞時，所受文義」，有聽到了，動機上也沒問題，對文句沒有顛倒執持，如實了解其文義，但是對於專注所聽到的法「不能唸誦及數思惟以堅持」。所謂念誦所聞法義，是指在心中要再再讀誦其文，要串習其文，要很嫻熟，法義要再再在心中堅固不忘。雖然也認真聽法了，動機上也沒過失，也善解其義，但若不再再思惟，在心上堅固熟習法義的話，一定會忘。「此為第三過失，猶器穿漏」，會從底部漏掉，如同器皿乾淨，也未倒覆，雖然倒水進去，卻從下面流失一樣，所有的法義無法在心中誦出。於是說：「即彼論云：或已趣轉而不安住，忘失故也。」所以，以三種器過之門來聽法的話，不能成辦大義。「失壞」，聞法就失壞了，「則其聞法全無大益，故須離彼等」。

口　譯：什麼失壞了？

仁波切：失壞聞法。聽的法忘記了，忘記就沒了！「等」，總
　　　　之，如果有器三過的話，無論聽什麼法，這一切都會失
　　　　壞、消失。所以下面說「全無大益」，沒法成辦大義利
　　　　了。「故須離彼等」，努力遠離三種器過是很重要的。

此三對治，經說三語，謂善❸滅除器藏毒、諦聽聞❸滅
除器倒覆、意思念之❹滅除器穿漏。㊙《雜事註》云：「經
說：『善、諦聽聞、意思念之。』為專注故當善聽聞、為不
忘故當諦聽聞、為如理作意故當作意。」此亦猶如《菩薩
地》說：㊦散亂有四，謂依義、詞、念、作意所起散亂。初
中有二，謂執取、退怯。初者對治，謂希於遍知，㊦第二退
怯對治，謂專注，㊦第二於文詞散亂之對治，謂屬耳，㊦無
掉舉、退怯、散亂而❹內攝者，謂意善敬住，以一切心思
惟，❹不從一切根門外散，內攝而聽聞。

講記

「此三對治」，是指器倒覆、器污穢、器穿漏三個的對治。「經
說三語，謂善、諦聽聞、意思念之」，「善滅除器藏毒」，「善」就

是器皿要很乾淨。「諦聽聞滅除器倒覆、意思念之滅除器穿漏」，針對它們的對治而說了「善、諦聽聞、意思念之」。「《雜事註》云：『經說：善、諦聽聞、意思念之。為專注故當善聽聞、為不忘故當諦聽聞、為如理作意故當作意。』」為了讓心專注，必須善聽聞；為了不忘失故，必須諦聽聞，要再再地聽聞思惟；為了如理作意的緣故，要意思念之。如理作意就是義理不錯謬地、如理地在心中執持，可以和器污穢的對治結合。

正文引到《菩薩地》的文，說三種器過的對治。「此亦猶如《菩薩地》說：希於遍知，專注，屬耳，意善敬住，以一切心思惟聽聞。」《菩薩地》說到三種或四種對治法。「散亂有四」，心散亂是指心識不專注的意思。「謂依義、詞、念、作意所起散亂」，分四種散亂。第一個，依義所起散亂又分二部分。「初中有二，謂執取、退怯」，「執取」的意思應該是指對法義沒有全面地了解；心有點散亂，因而有些了解、有些不了解。「退怯」是指心沉怯弱，覺得這個法義很難，我不可能懂，所以就不好好地聽法，應該是這樣。《菩薩地》的「初者對治，謂希於遍知」，「希於遍知」，這是對第一點的對治，對於心執取文義的對治，要希求了知現在所說法的全部內涵，這就是執取的對治。

「第二退怯對治，謂專注」，對於所有的法義，如果他沒有下劣

的心，不會認為自己不行、自己做不到，就會一心專注，我要去看。心退怯就是心裡沒勇氣、沒能力，覺得自己無法了解法義，就是心退怯。反過來，一心為了達到目的，拚命地想辦法努力理解，這就是「專注」。這兩者是依義所起散亂的對治。

「第二於文詞散亂之對治」，如論中說：「屬耳」。所謂屬耳就是耳朵注意聽，耳朵不注意聽的話，字句是聽不清楚的。

真　　師：師父，那於字句方面的散亂，是說聽不到還是什麼意思？就是漏聽了字句落下了，還是什麼意思？

仁波切：所謂於文詞散亂，是對文詞不屬耳，就不會聽到全部的字句，所以要屬耳。不屬耳，沒辦法思惟法義，也沒法聽到字句。平常我們會這樣，比如說老師授課後，我們會說這有說過，或是這沒說過，這就是屬不屬耳的差別；有些學生會說這點上師有說過，有些會說這點上師沒有說過，這是屬不屬耳的差別。

接下來，「無掉舉、退怯、散亂」，這在正文上並沒有明文，應該是把「依念、依作意所起散亂」合在一起說。「掉舉」，心掉舉，貪分所攝；「退怯、散亂」，前面已經說過。不如是散亂而「**內攝**

者」，是在講心，把心內攝。《菩薩地》說：「意善敬住，以一切心思惟」，所謂的「以一切心思惟」，就是將所有的心識，無論眼識、耳識、舌識，六識都不散亂。說：「不從一切根門外散，內攝而聽聞。」

口　譯：「意善敬住」應如何解？

仁波切：「意善敬住」，就是恭敬的意思。清淨的心、恭敬的心就是意善敬住。

口　譯：「以一切心思惟」，一切心是指什麼？

仁波切：一切心指六識，有說到「不從一切根門外散，內攝」嘛！

口　譯：用眼識、耳識來思惟不是很奇怪嗎？

仁波切：那是指根門不散逸，用所有的心，為了聞法而精勤。眼識是需要這樣的，如果眼睛看來看去，就沒在守護根門，如果耳朵聽著聲音，心裡卻想著很多事，心就隨著根門去了嘛！所以不應這樣，要守護一切根門向內攝。這裡就說了斷器三過的道理。

真　師：師父，在「散亂」這裡面，第一個義散亂，義散亂的時

候就分兩種，一個是執取、接受的，一個是怯懦的。就
是說他接受這個意義的時候，他會接受一部分，所以就
叫義散亂，是不是？就是說他會漏掉很多意義、意思。

仁波切：對，所謂的「執取」應該是這樣，我也不知道。一般而
言，說到它的對治法是「希於遍知」，所以不是有些知
道、有些不知道。我想是這樣，不太清楚。它的對治是
「遍知」，是嗎？翻譯是不是遍知？

口　譯：遍知，希望知道全部。

仁波切：對，應該要全面理解，全面的意思就是「遍」，要證達
一切義。所以觀待於對治法，未了知一切義，我想「執
取」應該就是這樣子。

真　師：還有一種，就是他聽到一部分，就只接受一部分，是不
是由於對自己所聽到的部分，覺得他已經知道很多了，
然後就不想要去了解更多的東西，就是貪著已經現有的
一點感覺，所以於法沒有廣大希求，是不是也是這個意
思？

仁波切：是的，可以有這個意涵，可以有！不了知全部就有諸多
過失，會有很多過失。不了知全部，在修行的時候也就
不周全，不會產生大的利益。了解了一部分，由於自己

的我慢，就認為我知道了、我了解了，因而不圓滿，是
有這樣的過失。

口　譯：歸納在這點裡面？

仁波切：是有這種的。主要就是要了知全部。

法　師：如果沒有生起希求遍知的心，一定會有我慢？有沒有可
能是其他狀況，可能沒有摻雜煩惱？

仁波切：不一定有傲慢的心，但是很容易產生傲慢的心啊！你沒
有理解到全面的，你沒有理解，你自認為我已經理解到
了，也有這種現象，也會容易產生這樣的心。

居　士：增上慢嗎？

仁波切：增上慢，對、對、對！慢心的一個支分，應該是吧！

　　這裡講到「善、諦聽聞、意思念之」的意涵，這是經中說的，非
常重要。「善」是指去除有毒之器，所謂器皿有毒，就是指自己的惡
劣等起。「諦聽聞」，指去除器倒覆。「意思念之」，顯示不忘失。
總攝來說，主要是由等起清淨之門，如實了知上師所說的一切法，這
是很重要的。並且不只是了知而已，還要心中去執持，這很重要，心
裡不去執取就會忘掉。

居　士：師父，第二器污中，「或雖屬耳然有邪執，或等起心有
　　　　過失等」，弟子想了解這邪執有哪些相狀？等起心的過
　　　　失有哪些相狀？

真　師：舉喻。

仁波切：可以。心雖專注，但卻倒執其義，不解其義。上師所
　　　　說的內涵是要說東邊，你卻理解為西邊，這就是倒執
　　　　其義。等起心有過失就是自己的等起不清淨，等起有過
　　　　失。比如說在聽法的時候，由於了解、聽了這個法，回
　　　　去之後，對別人炫耀，別人會說我很厲害。由於想獲得
　　　　名譽的緣故，而想去了解、聽聞。或者去說他人過失，
　　　　對不知道的人，到他面前說：「你不了解這些，我了
　　　　解。」若是這樣聽法就沒有意義。這是等起有過失。

居　士：在哪些狀態下是已經不屬耳了？

仁波切：不屬耳有很多。上師在說什麼不認真聽，心裡想著其他
　　　　的事情，是不屬耳。上師所說的不去聽，不去思惟，卻
　　　　想著今天去哪裡會賺到錢，要做這個生意。這樣，雖然
　　　　坐在這裡，心裡的等起卻是各種各樣；上師在說法，等
　　　　到結束的時候，「喔！結束了。」就是不屬耳。

真　師：你們還有什麼問題？

法　師：師父，器漏的過失我們要用「意思念之」來對治，這是不是屬於我們聽完以後要做的事情？

仁波切：對！

法　師：那這裡為什麼放在「正聞軌理」來講？

仁波切：在聽聞的時候，心要再再去熟悉；聽的時候你的心若不去熟悉法、不去串習，這些就會忘記，所以從聽聞時就開始。

口　譯：邊聽邊熟習。

仁波切：是啊，從聽聞的時候開始，就得想辦法不要忘失；不然聽聞的時候就忘掉了，那聽完後也一定就忘光了，所以在正聽的時候心要去憶持。

法　師：所以在正聽也有，聽完了也有？

仁波切：那當然，正聽的時候更重要嘛！正聽的時候你不記的話，那聽完之後更沒辦法記了。聽完後要更加倍地再再思考、再再思惟。剛才講的，也要再再熟悉、再再地想。

法　師：師父，如果正聽的時候不斷去思考的話，在想、在記的

時候，下一句話就沒聽到，就不屬耳了？

仁波切：在聽的時候，心要去記。心中執持不住，就在上師法座
前用錄音機、錄像機記錄，全是在聽聞的時候，怕聽的
時候忘記才需要這些，聽的時候很重要。攝像、錄音、
記錄，怕聽的時候忘掉、怕以後忘掉才如此做，這是聽
的時候。實際上我們就是害怕忘掉嘛！所以錄影也好、
錄音也好、記錄也好，你們全都是在聽聞的過程當中這
麼做，是吧？這就是因為害怕失去、忘掉，所以記錄下
來，這就是在聽聞的時候也很重要。是吧？

法　師：師父，以前在宗喀巴大師的時代沒有這些器材，他們完
全是靠耳朵。

仁波切：就是啊！

法　師：聽了以後就記起來了？

仁波切：對！

法　師：比較好的聽聞，就是一邊聽的時候一邊去思惟串習所理
解的法義，然後觀自相續，然後一邊還可以聽到講法者
講的每一句話，是這樣子嗎？

仁波切：對！以前有人獲得不忘陀羅尼，菩薩當中有獲得不忘陀

羅尼的,聽一次就不會忘掉,我們不是這樣嘛!我們不是這樣,還是在會忘的階段,就是要勵力、專注地聽。要全部記住很難,但隨自心量去將其中一些內容記住,這很重要;要合心量,不合心量也記不住。再再聽聞、再再聽聞,我們凡夫要一次就把全部聽到是很難的,要再再聽聞。像西藏,現在授經,下來要辯論,一方面是要除去是非的疑惑,再來就是要串習、觀察修。如前面說的觀察修,辯論是觀察修。修習,就是心中再再去熟悉、串習,就叫作修,這就是不忘的方便,以後不會忘的方法。

依六想中,㊀一、正說;二、結合相續而聞;三、思惟結義。㊋初中分六:第一、於自安住如病想者:如《入行》云:「若遭常病逼,尚須依醫言,況長遭貪等,百過病所逼。」延長難療,發猛利苦,貪等惑病,於長時中,而痛惱故,於彼應須了知是病。迦摩巴云:「若非實病,作實病修,雖成顛倒。然遭三毒極大乾病之所逼迫,病勢極重,我等竟無能知自是病者。」

講記

「依六想中，一、正說；二、須結合相續而聞；三、思惟結義。」為三個科判。第一科「正說」，即直接宣說六想，就是下文；其次是須將六想在相續之上結合而聽聞之理；最後結義，就是在心中作意、執持上述所說的所有道理。全部收攝在這裡。

「初中分六」，正說分六，一一宣說六想。第一想「於自安住如病想者：如《入行》云：若遭常病逼，尚須依醫言，況長遭貪等，百過病所逼。」什麼是於自安住如病者想呢？並不是說我的身體現在有很多病，那是什麼呢？從無始以來自心相續被煩惱三毒所繫縛，所以像病人一樣，如病者是譬喻。安住如病者想，《入行論》說：「若遭常病逼，尚須依醫言」，平常的病，一個人如果頭痛、牙痛了，會說醫生怎麼交代就應該怎麼做，但我們卻不是這樣。從無始以來，被貪瞋癡等繫縛內心，為這樣的重病所逼迫。想脫離這病，就必須聽聞經典所闡述的無謬解脫及一切種智之道，必須修行佛所說的法，顯示解脫及一切種智的方便，這是不用說的。

「延長」，即從無始來到現在，未獲解脫、一切種智的果位之間，說為延長。「難療」，要從輪迴、六道之中解脫，是非常困難的。像這樣「發猛利苦」，在輪迴中發猛利苦的病是什麼呢？是「貪等惑」。「於長時中，而痛惱故，於彼應須了知是病」，但我們並不

認得啊！由於煩惱使我們繫縛於此六道輪迴之處，我們並沒有認知到能繫縛我們的就是煩惱，而這裡說「應須了知」。

「迦摩巴云：若非實病，作實病修，雖成顛倒。」究實來說，我們是重病患者，身患煩惱重病，並不是「若非實病，作實病修」的顛倒事，事實就是重病患者。「然遭三毒極大乾病之所逼迫」，指遭煩惱三毒——貪瞋癡三極大乾病之所逼迫。「病勢極重，我等竟無能知自是病者」，生了非常重的病，病勢極重，但是我們竟然根本不知道是病者。

口　譯：什麼是「乾病」？

仁波切：「乾病」就是重病、難治之病的意思。

「於自如病者想」，重點在必須認知到自己是病者，這是很重要的。應當認知苦是苦；想從苦中跳脫出來，就要知道苦是苦，所以佛薄伽梵說：「是苦應知。」主要就是這個。這是首要，卻很困難，是我們修行時最初必須要知道的，這很重要。《寶性論》說：「是病應知。」如果知道是病，就會想要斷除它。病人都是這樣，當他知道病根所在，無論是怎樣的病根，都會致力於斷除這個病的方法。而治癒它的方法，就必須得找醫生。

❀第二、於說法師住如醫想者：如遭極重風膽等病，便求善醫，若得會遇發大歡喜，隨教聽受恭敬承事。如是於宣說法善知識所，亦應如是尋求，既會遇已，莫覺如負擔，應持為莊嚴，依教奉行，恭敬承事。《攝德寶》中作是說故：「故心⑭力勇⑭猛求〔勝菩提，⑭即無上菩提。〕之菩薩智者定應摧⑭自之我慢，如病求癒⑭自疾而親醫師，親善知識應無慚。」

講記

「第二、於說法師住如醫想者」，對說法師必須視如醫生。「如遭極重風膽等病，便求善醫」，如果得到這樣的重病，就會去探尋哪裡有好醫生，這是世間常情。如果找到良醫之後，「若得會遇發大歡喜」，喔！遇到良醫了，好歡喜！不僅如此，他所說的你都會如實照做。「隨教聽受」，醫生說什麼都會聽從。不僅如此，還會「恭敬承事」醫生。

「如是於宣說法善知識所，亦應如是」，就像病人「尋求」醫生那樣，要去尋覓善知識。找到了以後，「既會遇」宣說無謬正道的善知識「已」，「莫覺如負擔」。「負擔」，我們安多話叫「ཁྲུག་བཟལ」，就是麻煩，到上師那裡，被吩咐了很多事情，就不歡喜。但是不應該這樣，「應持為莊嚴」，值遇如此善知識了，應持為莊嚴。「依教奉

行」，善知識說什麼全都奉行，恭敬地依止他、承事他；侍奉他、敬事他。這裡說到必須「恭敬承事」，是於說法師住如醫想。

　　這裡引用「《攝德寶》」，這是一本經。「故心力勇猛求〔勝菩提，即無上菩提。〕之菩薩智者」，我們要尋求佛地，致力於成佛的方便，「心力勇猛」，如同病人尋找醫生一樣。心力勇猛的菩薩智者「定應摧自之我慢」，摧伏自己的一切我慢、瞋恚等等。之後，「如病求癒自疾而親醫師，親善知識應無懈」，就是無有倦怠、不覺辛苦地親近善知識。這是《攝德寶》的內容。

　　⊛第三、於所教誡起藥品想者：如諸病者，於其醫師所配藥品起大珍愛。於說法師所說教授及其教誡，見重要已，應多勵力珍愛執持，莫令由其忘念等門，而致損壞。

講記

　　於上師、善知識所教誡的佛陀教法，「於所教誡起藥品想」。「如諸病者，於其醫師所配藥品起大珍愛」，於「說法師」善知識「所說教授及其教誡」的法，「見重要已，應多勵力珍愛執持」，珍愛、要多勵力珍愛，不要忘失他所說的法。「莫令由其忘念等門，而致損壞」，這裡也說到不令失壞是很重要的。這很容易懂。

🅢第四、於殷重修起療病想，🅢分三：第一、訶斥不實行持但求文詞者：猶如病者，見若不服醫所配藥病則不瘥，即便飲服。於說法師所垂教授，若不修習，亦見不能摧伏貪等，則應殷重而起修習。不應無修，唯愛多積異類文辭而為究竟。是亦猶如害重癩疾，手足脫落，若僅習近一二次藥，全無所濟。我等自從無始而遭煩惱重病之所逼害，若依教授義，僅一二次，非為完足。故於圓具一切道分，應勤勵力，如瀑流水，以觀察慧而正思惟。

講記

「第四」，對上師善知識所說的這個法，要「殷重修」持，自己要去修持。對善知識所說的要再再聽聞，然後針對其義再再思惟，思其義理，由思惟而嫻熟，之後親自修習所聽聞的義理。「起療病想」，要起療病想。這裡在妙音笑大師的科判裡「分三」，這裡分出三科。

口　譯：「殷重修」的「修」是指什麼？

仁波切：修持上師所說的這個法。

　　這個段落妙音笑大師有三個科判，對於能療病、能治好病的方便，「第一、訶斥不實行持但求文詞」，「不實行持」，是指自己不去行持上師所說的法義，「但求文詞」，心想：「這個文詞的意思是這樣子，我已經懂了。」而自己不去行持的話，對此必須訶斥。

　　比如病人想要痊癒，服用醫生開的藥，再如實按照醫生所說的去做，病就會好。如同這樣，說「*猶如病者，見若不服醫所配藥病則不瘥*」，就治不好病。「*即便飲服*」，治病的方便就要服藥。同樣地，「*於說法師*」，如果說法師、善知識說法了，於他「*所垂教授*」，所說的這個法，「*若不修習，亦見不能摧伏*」自相續的「*貪等*」煩惱，不能摧伏自相續的煩惱三毒。如是了知以後，對上師、善知識所說的法，自己「*則應殷重而起修習*」，要依照自己所聽到的一切義理去修持，這很重要，要起修習。

　　「*不應無修，唯愛多積異類文辭而為究竟*」，如果不修持，雖然接受了很多法也沒有任何意義。我們也受了許多法，雖然會得到加持，但要獲得如同法義所說的利益則很難。不去修持，只喜歡多方學習，就是愛著文辭。學習雖然是必要的，但還要去修持其中的內涵，這很重要。愛著文辭──不應以為了解一句話，就覺得可以了而放著，要修持一切義理，這才重要。

病人要怎麼做？又舉例，「是亦猶如害重癲疾」，得癲病的病人叫癲者。「手足脫落」，像這樣的重病，「若僅習近一二次藥」，只用幾次藥，「全無所濟」，是一點也沒有幫助的。若只是靠著很少一點點的藥，又只用幾次的話，是沒有助益的。同樣地，「我等」，我們是如何呢？「自從無始而遭煩惱重病之所逼害，若依」上師所說「教授義，僅一二次，非為完足。故於圓具一切道分，應勤勵力，如瀑流水，以觀察慧而正思惟。」要不鬆懈、不間斷，以觀察慧而正思惟：「修持是否至於扼要？」在自己思擇之後，要如江河的續流，毫不鬆懈地勵力修持。

口　譯：什麼是「圓具一切道分」？

仁波切：對上師善知識所說的一切道分，不是有一些修、有一些
　　　　不修，而是要修持他所說的一切法。

口　譯：要將上師所說的這些道，成為我修道的扼要處。

仁波切：不是道的扼要，不是！而是要如實地、不間斷地、勵力
　　　　地修，要去修這個法。

真　師：師父，瀑布的流水，是不是就是希望不要斷絕，一直
　　　　想、一直想？

仁波切：不要斷絕。如江河的續流就是說不可以中斷、不能斷
　　　　掉。無論修什麼法，要像鑽木取火一般。比如要用兩根
　　　　木頭取火，如果不間斷地用這根木頭去摩擦另一根木頭
　　　　的話，木頭中間的溫度就會越來越熱，就能出火。如同
　　　　這樣，我們無論修什麼法，不間斷的話，如鑽木取火，
　　　　就會出火。有些人磨一下、停一下，是沒辦法出火的。
　　　　同樣地，無論修什麼法，說要不間斷，如江河的續流，
　　　　不鬆懈地修習是很重要的。

　　如大德月大阿闍黎《讚悔》中云：「❹諸輪迴者於此❹輪
迴之中，❹自無始來直至現今，於取捨處心亦恆❹時愚昧，
❹由是增上力故，煩惱重疾病勢猛烈，於極長時習近重病痾，
❹既已習近，故略作修持無有所益，須經長時精進修持無錯
圓滿之道，譬如具癩❹疾者斷手足，依少服藥有何益。」

講記

　　上述內容是宗喀巴大師解釋大德月阿闍黎所說的內涵，而下面在
《讚悔》說的就是正文。「諸輪迴者」，是說輪迴三界的有情們。
「於此輪迴之中，自無始來直至現今，於取捨處心亦恆時愚昧，由是

增上力故，煩惱重疾病勢猛烈，於極長時習近重病痾」，「習近重病」是舉喻說領受病苦。「既已習近」，已經習近這樣的病害，「故略作修持無有所益」，雖然略作修法，也沒有任何大利益。「無錯圓滿之道」，道既圓滿且不錯謬，「須經長時精進修持」。「譬如」，如上所說，「具癩疾者斷手足，依少服藥有何益」，對於這樣的重病患者，只是服幾次一點點藥，很難有幫助。

　　所以這裡說到「必須長時修持」，上師所說的這個法必須長時修持是很重要的。只是修個幾天，很難有大利益，要長時修持，乃至自相續中未生起道的證悟之前，都得精進修行，這很重要。

仁波切：這些段落比較容易懂吧？

真　　師：OK。

仁波切：容易理解。

真　　師：師父，好像字面上很容易理解，但是在內心裡面真正地還很難、很難。

仁波切：真正做起來比較難。

真　　師：很難！

仁波切：不斷地修，沒有最慢的。

法　師：師父，這「如瀑流水」，藏文也是有瀑流水的意思？

仁波切：如河裡的流水不停地奔馳。就像河水不停的流那樣。

法　師：如河流水。

仁波切：對。

法　師：不是瀑布的意思？

仁波切：不是什麼？

法　師：瀑布。

口　譯：從山上落下的。

仁波切：如河流水，如同河水一般。

法　師：河的流水一般相續不斷。

仁波切：對，相續不斷。

真　師：那他為什麼翻譯成「瀑」呢？

仁波切：可能這樣子比較容易懂吧！

法　師：很激烈的樣子。

仁波切：瀑布流得很快，那個也不對，不過也可以，反正也是不

斷的嘛！無論如何，是不間斷的意思，實際上就是不間斷的意思。

口　譯：翻成「河水」比較好嗎？

仁波切：一樣的，意思一樣。主要的意義是一樣的。

居　士：師父，前面斷器三過中，「由忘念等之所失壞」，藏文好像和漢文不一樣？

仁波切：「不能堅持，由忘念等之所失壞」，漢文是什麼？

口　譯：主要問題是，這裡是由於第三個過失而導致失壞，還是由第一或第二個過失？

仁波切：三過都是，三者都是，依於三過或任何一者。無論如何，三過都有說，每一種都算。「由忘念等」，就把全部收攝在裡面。

居　士：就漢文來看，失壞只有指第三個。

仁波切：不對。有沒有「等」？有等的話就包括前面兩個。

居　士：那斷句就要不一樣了，在「所受文義不能堅持」這裡，就要斷句斷開了？

仁波切：什麼？

真　　師：不是、不是，不是這樣。

法　　師：「等」字是不能堅持，還是任何一種都會把法失壞掉？

仁波切：任何一種，前面三種的任何一種都能讓它失壞，任何一
　　　　種都能。就這樣，藏文的意思就這樣子，翻譯上看你們
　　　　怎麼辦。

真　　師：它那個意思好像應該是說，在前一行雖然沒有上述的那
　　　　些過失，但是如果有在聽，有忘念的話也不行。他們認
　　　　為第三種和第二種好像就是沒有關係，是不是它有個轉
　　　　折呢？

仁波切：你的意思也在這個裡面，就是最後一個的話，那其他前
　　　　面就不會失壞嗎？也是要失壞啊！三者任何一種都會讓
　　　　法失壞，三者任何一種都要放進來！不聽法的話，要忘
　　　　掉什麼呢？沒有要忘的。比如說如果覆器的話，什麼法
　　　　都沒有，這樣就可以讓它失壞；器不淨潔的話，沒辦
　　　　法使用，也是可以讓它失壞；忘掉了也是。任何一種都
　　　　有。

法　　師：師父，如果「希於遍知」能夠生起，後面的「專注屬
　　　　耳」等，都可以做得到？

仁波切：嗯！差不多。希於遍知，對，説了散亂之因，散亂的對
治一個一個説。

口　譯：主要問題是，有希於遍知，是否後面也能生起？而有第
二或第三，是否能生希於遍知？

仁波切：希於遍知、屬耳，也許是有關係的。這裡是一個一個解
釋，一一有其對治。

法　師：希於遍知是最主要的。

仁波切：不是最主要，這裡希於遍知是對義理的，是希求了知一
切義理。義與詞都是一個一個説的，説了有關義的散
亂，再講詞的散亂。義的散亂中又有執取與退怯二者，
這裡説了各各的對治。雖然有希於遍知，如果心不執持
也不行，所以每一種都要説。有希求了之後，就覺得有
在聽，這也不行。

　　第二、此中於自作病者想至為切要者：由是於自作病
者想，極為切要，如有此想，餘想皆起；此若僅是空言，則
亦不為除煩惱故修教授義，唯樂多聞。猶如病者，求醫師已
而不服藥，若唯愛著配製藥品，病終無脫。

講記

　　我們講到六想中的第四想——於殷重修起療病想。妙音笑大師在其中開列三個科判，現在到了第二科，「第二、此中於自作病者想至為切要者」，將自己想成病患非常重要。其中重要的理由，《廣論》：「由是於自作病者想，極為切要」，這是六種想中的根本。「如有此想，餘想皆起；此若僅是空言，則亦不為除煩惱故修教授義」，上師所開示的一切教授內涵，自己就無法修持，修不起來。「唯樂多聞」，自己只是聽，並沒辦法實踐。「猶如病者，求醫師已而不服藥」，這是舉例，看醫師卻不服藥。「若唯愛著配製藥品，病終無脫」，就好比將各種藥物混合，配了很多藥，病人卻不肯服用，終究不能脫離病苦。

　　就跟你們說的一樣，「於自作病者想」這句字面上容易理解，但是否真能堅持，在心中生起於自作如病者想，則相當不容易。我們無論修習任何法類，都必須立誓——如果沒有生起，就要精勤於生起的方便；生起之後，要能持續不間斷，是極端重要的。昨天提到了聽聞之後，如果自己不去修習所聽到的法義，就如同食物料理完了卻不進食一般。今天說的也是如此，於自安住如病者想，然而自己卻不去修持善知識所說的法要，與病人不肯服藥相同，應當多思惟、抉擇這個譬喻，及它所表達的內涵。要療病就應該要服藥，想獲得解脫與一切

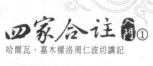

遍智的果位，就要修持上師的口訣以及他所宣說的法要，這相當重要！下面將引述經文來統攝上述義理。上面的內容已告一段落。

《三摩地王經》云：「諸人病已身遭苦，無數年中未暫離，彼因重病久惱故，為療病故亦求醫。彼若數數勤訪求，獲遇點慧明了醫，醫亦安住其悲愍，教令服用如是藥。受其珍貴眾良藥，若不服用療病藥，非醫致使非藥過，唯是病者自過失。

講記

「《三摩地王經》云：諸人病已身遭苦，無數年中未暫離」，患病多年未好，遭受痛苦。「彼因重病久惱故」，病人在漫長的時間裡為疾病所困擾，極端痛苦，這是「惱」的意思。「為療病故亦求醫」，為了息滅病苦而尋找醫生。這幾句提到「於自安住如病者想」，自己被三毒煩惱所逼惱——這是認識疾病；為了治病而尋訪明醫，如果不認識有病，就不會去求醫。接著是「於善知識住如醫想」，「彼若數數勤訪求」，數數尋找醫生是說明不斷地尋訪善知識，必須要尋訪開示無顛倒道的善知識。就如同求醫時必須要尋找醫

術高明的大夫，如果找到的是醫術不佳的醫生，疾病難以痊癒，因此「彼若數數勤訪求」是指尋找善知識，找到了開示無顛倒道的上師。「獲遇點慧明了醫，醫亦安住其悲愍，教令服用如是藥」，「點慧明了醫」，是說明於善知識住如醫想。「明了」，指能夠發現、觀察病情。「醫亦安住其悲愍」，懷著悲憫之心為病患開藥，說明於善知識所說的法起藥品想。這幾句具足了六想中的第二、第三想。

接著是「於殷重修起療病想」。當善知識開示了無顛倒道之方便——能獲得解脫與一切種智妙位的法要，「受其珍貴眾良藥」，取得了藥品、理解了善知識所說的法。「若不服用療病藥」，如果不服用能治癒疾病的藥物、不修持這樣的法藥，便是不修持的過失。若不殷重修，就不能成辦自己所求的目的。如果病人不肯服用療病的藥，「非醫致使」，這不是醫生造成的過失，不是善知識造成的問題。「非藥過」，不是藥物效力不強、品質低劣所致。是誰造成的呢？自己造成的，所以說「唯是病者自過失」。以上是譬喻，所要表達的內涵在下文。

如是於此教出家，遍了⑳知信等力、㉑信等五根、㉒四靜慮㉓發起方便及其果利已，若於修行㉔發起此等方便不精進，㉕又不㉖精勤㉗以領納相現前證知，㉘彼豈涅槃？㉙謂不能

涅槃也。」又云：「我雖宣說極善法，汝若聞已不實行，如諸病者負藥囊，終不能醫自體病。」《入行論》亦云：「此等應身行，唯言說何益，若唯誦藥方，豈益諸病者？」

講記

「如是於此教出家」，這裡主要說的是僧眾。「遍了力、根、靜慮已」，在三十七菩提分法當中提到「信力」等清淨五力，然後初禪、二禪、三禪、四禪等四禪定。當斷除一切欲界煩惱，獲得初禪定果，進而依次獲得二禪、三禪等功德。四禪定之後提到了信等五根，清淨品的五根，在三十七菩提分中的五根、五力，即信心、精進、正念、禪定、智慧。在五力是信力、精進力、念力、定力、慧力，而在五根則是信根、精進根等。「遍了知信等力、信等五根、四靜慮發起方便及其果利已」，藉由聽聞而了知力、根、靜慮的發起方便、結果和利益。「若於修行發起此等方便不精進」，雖然知道一切修持方便，卻不如此修持，不勤精進，那麼自己所要獲得的涅槃果位，怎麼能獲得？「又不精勤以領納相現前證知，彼豈涅槃？謂不能涅槃也」，必然得不到涅槃的果位。雖然了知獲得此諸功德的方法，以及獲得之後將產生何等利益、成果，然而知道了卻不如實修持，是得不到涅槃果位的。「現前證知」，是現前觀見的意思。

　　下面還是用經文成立：「我雖宣說極善法」，佛陀雖然宣說了極善妙的法要——如實宣說一切法的究竟實相、獲得解脫及一切遍智之理、無顛倒法。「汝若聞已不實行」，如果你想要解脫卻不如此修持、不清淨地修持；明明了解、知道實相義，自己卻不行持、清淨地學習。「如諸病者負藥囊」，就像病人背負一大包藥物卻不肯服用。「終不能醫自體病」，豈有能夠治癒疾病之理？沒有辦法治療的。

　　如同這幾句話：「諸佛非以水洗罪」，諸佛世尊無法用清水滌淨眾生的罪業。「非以手除眾生苦」，也無法用手去除一切痛苦。「非移自證於餘者」，如來無法說「這就是佛世尊的證德」，就把他的證德轉移到我們眾生的心續中。「示法性諦令解脫」，世尊藉由宣說一切法的實相義，只有證得了這樣的內涵自己才能解脫，如果不能證得，則無法解脫。其中內涵也與此相似。

　　「《入行論》亦云：此等應身行」，佛所宣說的一切法要，應如實行持。「唯言說何益」，只是懂得文字、空談，無法成辦一切義利。「若唯誦藥方」，即使多番陳述某某藥物具有療效，病人應該要服用這種藥，而藥方應當如此這般調配等。「豈益諸病者」，講再多，對病人都沒有幫助！

◉第三、辨識殷重而教誡當行持者：故於殷重修，應當發起療病之想。言殷重者，謂於善知識教授諸取捨處，如實行持。此復行持須先了知，知則須聞，聞已了知所有須要，即是行持。故於聞義，應隨力能，而起行持，是極扼要。◉是故總體而言，聽聞固為最勝功德，然仍須其助伴，謂聞幾許，即當行持之慚愧尸羅。全無所行，唯愛積聚多聞虛名者，不應讚歎。

講記

第三個科判，「第三、辨識殷重而教誡當行持者」，「辨識殷重」，是說認識法是清淨的，之後再作修持這點。對說法師、善知識所宣說的法，先認識這是清淨的，之後如同病人服藥一般，修持法義。「教誡」，有教誡和勸勉的意思。「**故於殷重修，應當發起療病之想**」，應當殷重地修持，如果想要疾病有起色，一定要遵循醫師的指示服藥。同樣地，「**言殷重者，謂於善知識教授諸取捨處，如實行持**」，善知識所宣示的一切教授，無論應取、應捨之處，全部都應作為自己行持的準則，隨力行持。「**此復行持須先了知**」，要能化為自己的行持，則必須先如實了解善知識所說的法。「**知則須聞**」，要了解則必須先聽聞。而在正向與反向二者中，若依序說來，「**聞已了知**

所有須要，即是行持」，首先須聽聞，聽聞後必須了知其義趣，了知後則必須如其義趣而行持。「故於聞義，應隨力能」，應盡己智慧、能力等所及，「而起行持，是極扼要」，要去行持相當重要。

接著是一段語王尊者的箋註。「是故總體而言，聽聞固為最勝功德」，上文提到許多聽聞的功德，是最勝的功德，但並不意味這是一切功德中最超勝者。「然仍須其助伴，謂聞幾許，即當行持之慚愧尸羅」，「慚」是觀待自身而起，觀待他人而起的是「愧」。例如自己不能守護學處，會自覺羞恥是慚；毫不在意自己的所有放逸行為被別人知道，便是無愧。聽聞之後，應具足有慚有愧的尸羅，戒是相當重要的。若不如此，「全無所行」，聽了很多卻毫不實踐，「唯愛積聚多聞虛名者」，兀自吹噓自己聽了這個、聽了那個，累積不同聽法的名目。「唯」，只是努力聽聞完全不奉行，這種行為不值得稱讚，「不應讚歎」。

如是亦如《聽聞集》云：「設雖有多聞，不善護尸羅，由❸不護戒❹之故，❺或由此因相而呵彼，❻依此，其❼補特伽羅聞❽亦非❾為圓滿。設❶自雖聞❷不多而寡少，能善❸守護❹聞幾許義尋即行持之尸羅，❺是補特伽羅由戒❻清淨之故，❼或由此因相，應當讚彼，❽依此，其聞❾幾許，皆能成為圓

滿。⑭又若彼⑭人既少聞，⑭亦不善護尸羅，由⑭彼俱故，⑭或由此因相而呵彼，⑭全無可讚歎因，故其⑭補特伽羅修法之禁行，⑭於一切分悉非⑭為圓⑭滿。⑭又若有⑭殊勝補特伽羅聞廣博，及⑭如理行持所聞之義，特別善⑭為守護⑭所受尸羅，由⑭彼俱故，⑭或由此因相，應當讚彼，⑭依此，其⑭補特伽羅修法之禁行，⑭於一切分悉為圓滿。」⑭說為四句。其因緣為天人請問，遂為宣說，即前所述。

講記

不應被讚歎的原因如下：「如是亦如《聽聞集》云」，以下提到圓滿與否的四種情形。「設雖有多聞」，雖然你聽聞很多，若「不善護尸羅，由不護戒之故，或由此因相而呵彼」，呵責——讚許的反方，不被讚歎，而應呵責。「依此，其補特伽羅」，由於這人不能善於守護尸羅的緣故，「聞亦非為圓滿」，他的聽聞不能成為圓滿的聽聞。「設自雖聞不多而寡少」，並不是完全沒有聽聞，而是少許、不多。「能善守護聞幾許義尋即行持之尸羅，是補特伽羅由戒清淨之故」，雖然所聞有限，卻就自己所聞的些許法義修持，他必然會精勤守護律儀，因此戒律清淨。「或由此因相，應當讚彼」，應該讚許。「依此，其聞幾許」，雖然他所聞寡少，然而他聽的再少，「皆能成

為圓滿」的聽聞。

「又若彼人」，另外又有一些人「既少聞，亦不善護尸羅，由彼俱故，或由此因相而呵彼，全無可讚歎因」，所聞既寡少，又不護戒，豈有值得稱道的地方？「故其補特伽羅修法之禁行」，行持佛法的行為，「於一切分悉非為圓滿」，任何角度都不圓滿。接著是雙方面都圓滿者，「又若有殊勝補特伽羅」，上根利智之人、殊勝補特伽羅「聞廣博」，不但所聞廣博，「及如理行持所聞之義，特別善為守護所受尸羅」，也能夠行持所聽聞的一切法義，而在這一切行持中，特別超勝之處，在於能夠善加守護所承許受持的戒律，這是根本。這位能夠善加守護尸羅的補特伽羅，「由彼俱故，或由此因相，應當讚彼，依此，其補特伽羅修法之禁行，於一切分悉為圓滿」，由於這兩個原因，不僅值得讚歎，那人修法的一切禁行、行持，就任何層面而言都是圓滿的。

「說為四句。其因緣為天人請問，遂為宣說，即前所述」，「四句」是指文中從「應不應讚歎」、「是否圓滿」等分出四種類型。這一段的緣起是有天人請問世尊：「做什麼能令聽聞圓滿？做什麼值得讚歎？什麼不值得讚歎、應當訶斥？」世尊所作的答覆。亦即前文天人請問世尊：「由何知諸法？由何遮諸惡……」世尊答道：「由聞知諸法，由聞遮諸惡……」等，是同一段緣起，同一位天人請問的。

又云：「㉒復次了知：聞㉒世尊所善說㉒法為㉒義利之心藏，㉒非唯如此，亦了知㉒修諸三昧為堅實，㉒如是之人若㉒不守護所誓受戒律，由行放逸㉒增上力故，令㉒意粗暴㉒難調，彼如瘋象，由煩惱增上力故，縱其㉒如理修持所聞㉒義及知㉒其義，於利自他亦無大義。

講記

「又云：『復次了知：聞世尊所善說法為義利之心藏』」，了知聽聞世尊所善說的法，是義利的心要。「非唯如此，亦了知修諸三昧為堅實」，「堅實」是說諸法的內涵、心要。第一個「心藏」是指聽聞。第二個「堅實」，指的是修習三摩地，了解這樣的功德也是心要。「如是之人若不守護所誓受戒律，由行放逸增上力故，令意粗暴」，使得內心動蕩。「難調」，就是下文提到的「彼如瘋象，由煩惱增上力故」，由於無法調伏內心導致如同瘋象，這是內心變成粗暴的原因。「縱其如理修持所聞義及知其義」，他無法如理修持所聞義，縱然知道一些法義，如上文中「知諸三昧為堅實」的「堅實」，「於利自他亦無大義」。主要是因為不守護戒律，縱使聽聞了，也作了一些修持，但停在了解概念上、證知一些內涵，仍無法成就自他的廣大利益。

雖然聽聞非常廣博，也做了相當多有關淨障的修持，卻無法守護戒律，這樣的情形相當普遍。然而無論任何修持，最主要的根本便是戒律，「戒是一切德依處，如動不動依於地」，如果不守護戒律，無論如何都無法成就廣大利益，非常困難的。根本在於戒律，守護戒律相當重要。就如上文所說，如果能守護戒律，縱然沒有多聞，也值得讚歎，其聽聞皆屬圓滿，這是最主要的。

在藏地這種狀況很多，自稱密法方面的證悟極高，卻嗜酒、耽戀女色，行為放逸，毫不持守自身的戒律，而現在比以前更多。所以這裡提到「於利自他亦無大義」，是相當扼要之處。但這類人是否都是鄙惡、下劣，也很難一概而論，用自己的經驗、心量很難去評量別人。

這裡說這樣不行，沒有大義，我想是真的。佛說補特伽羅無法估量他補特伽羅的心量，補特伽羅不能毀罵他補特伽羅，不能因為自己是如此，就論定他人也必然如此，這是無法確知他人的證量。相信這些人之中必然也有賢善之士，不知是誰？但這種狀況很難利益聖教，對佛教損害極大，所以在此特別強調這極端重要。雖然宗喀巴大師本身密法方面的證悟，並非不足以從事特殊修持，然而掛念後世的所化機，怕使佛陀聖教衰損，所以並未從事這種行為，這是有其深遠意義的。

法　　師：「若行放逸令粗暴」，是指犯戒，令心處於散亂的狀
　　　　　態，是嗎？

仁波切：是。由於行為放逸，使內心處於粗猛的狀態，就無法守
　　　　　持戒律；無法守護戒律，則無法成就自他的廣大義利，
　　　　　這是「由行放逸令粗暴」等的意涵。心放逸而不謹慎守
　　　　　護的話，就是這樣。這有很多可講的。因為放逸導致守
　　　　　護不了戒律，心變得粗暴、不調伏。

法　　師：所聽聞的內容是否只應觀察自心，雖然看到他人有過
　　　　　失，不應用來評價他人？

仁波切：怎麼可以用來觀察他人！最主要是觀察自己的心續，法
　　　　　是反觀自己的明鏡。後文有提到，譬如要了知臉上有無
　　　　　缺失，就會去照鏡子或水面，否則無法知道臉上是否有
　　　　　污垢；透由聽聞，再再檢視自心在想什麼，是否善加守
　　　　　護自相續的學處，這相當重要。透由聽聞檢查內心、觀
　　　　　察自己。

　　如之前講過的，雖然有聽聞，也進行修持，然而無法持守戒律的
情形比比皆是。其中關鍵所在——守護戒律，這相當重要。而如之前
所說，要守護戒律，則必須守護內心，如《入行論》第五品中提到：

「除此護心戒，何勞戒其餘？」[3]這個漢文版與藏文版有些出入，但是內涵大致如此。守護內心的禁行與行持相當重要，只需勤於守護內心的禁行，不需要其他再多的禁行。「如處亂眾中，人皆慎護傷」[4]，「亂」指世間上人群嘈雜紛亂的地方，如現在的歌廳、卡拉OK等許多場所。如果走進其中，「慎護傷」，必須極努力地防護自心中的瘡傷。心被形容成瘡口，如同身患瘡傷，如果他人誤觸傷口，便會引起劇痛，必會極為小心保護，否則就會產生痛苦。不要碰到牆，也不要碰到一些東西，不然就更加痛苦，所以要善加守護，因而說：「如處亂眾中，人皆慎護傷。」外在的瘡傷如果不守護，所導致的痛苦尚小，如果不防護心上的瘡口，將會感生無間地獄等痛苦，怎麼可以不守護？

所以下一偈提到：「行持若如斯，縱住惡人群，抑處美人窩，勤律終不退。」[5]如果勤於守護自心的方便，能恆時固守心瘡的話，那麼縱然處在大量惡人集會之所，或者身處女眾之中，自心中的戒律也不會失壞。同樣這裡所講的，即是聽聞非常重要，修持所聞的法義也同等重要；而修持所聞義中，講到最根本的便是守護戒律，這是最重要的。

◎又若◎有人，反乎前者，喜◎聞正士聖者所說法，◎以意思惟聞義，身語如之起◎如理取捨正行。是等◎補特伽羅由具◎勝妙忍，◎故令其餘友伴◎歡喜，◎自亦緊護根◎門，故不染罪，得度◎聽聞◎正法及知◎所聞義而修持之彼岸。」

講記

接著，「又若有人」，又有一些人。「反乎前者」，與上述不守戒，而無法成就利益的行徑相反。「喜聞正士聖者所說法」，「聖者所說法」即是佛陀的教法。「以意思惟聞義，身語如之起如理取捨正行。是等補特伽羅由具勝妙忍，故令其餘友伴歡喜，自亦緊護根門」，善加持守戒律，「故不染罪，得度聽聞正法及知所聞義而修持之彼岸」，能得到超離輪迴苦的彼岸。這是與前者完全相反，能夠守持戒律的情形。喜歡聽聞聖者所說的法，心中能如實思惟所聽聞的法義，並且如實地在身語行為中「如理取捨」。這些補特伽羅具足「勝妙忍」，即使聽到任何艱難的修持，都能忍受所有艱苦，修持所聞義。由於能如理取捨、修持所聞法義，所以有勝妙忍，就是六度中的忍辱，能忍受他人口出不中聽的言語等，因此「其餘友伴」也會對他感到歡喜。「自亦緊護根門」，能夠善加守持戒律，因此能到達彼岸。

《勸發增上意樂》亦云：「⚫愛樂言說等散亂事，不修所聞義之補特伽羅，謂我失修今何作？歿⚫之時凡愚⚫異生起憂悔，⚫未修持故，不得無畏自信，未獲⚫正法根底⚫故極苦惱，此是愛著言說失，⚫衰損修法所致痛苦。」又云：「⚫復次，譬如有⚫人，處居觀戲⚫者戲舞之場，⚫擬戲者

態，旁人問曰：『爾解戲耶？知則請為一試。』其人曰：『我實不解，但擬其態耳。』復有一人，談說勇士有制他力等爾許雄才，旁人心念：『觀其氣態，彼有爾許才德耶？』遂問之曰：『爾許才德，尊悉具耶？』其人答曰：『我但談說其餘勇士德，🈁非己具足如是才德也。』如是自言法功德時，餘人問曰：『尊具如是法功德耶？』答云：『我實未修，唯稱餘諸正士功德耳。』茲為自己失壞，🈁或已失壞殷重修🈁之過，此是🈁唯愛著言說🈁文詞之失。」

講記

接著是「《勸發增上意樂》亦云」，引述《勸發增上意樂經》的兩段偈頌，並且附有語王尊者的箋註。「愛樂言說等散亂事，不修所聞義之補特伽羅」，雖然作了聽聞，但是熱衷於閒談，不修持所聞義，終日漫談閒聊、好樂散亂，《勸發增上意樂經》所說的便是這些不修持所聞義的補特伽羅。「謂我失修今何作？歿之時凡愚異生起憂悔」，臨死之際，才想說我沒能做任何修行，無法修持所聞義，而今如何是好？臨終時會為往昔未做修持這一切感到憂惱。為什麼會感到憂惱？「未修持故」，由於沒有修持正法，「不得無畏自信」，死時沒有獲得坦然無畏的自信，沒有把握不墮落惡趣。「未獲正法根底故

極苦惱」，會產生莫大的痛苦。「此是愛著言說失，衰損修法所致痛苦」，不肯修持，大量地空談、閒聊、散亂，如此散漫地度日，不修法、不如實行持所聞義，這是失壞了修行正法，死時必定產生痛苦。

接著舉了兩個譬喻，即「如有處居觀戲場」和「談說其餘勇士德」兩個譬喻。第一個是什麼呢？巴梭法王的註文提到：「復次，譬如有人，處居觀戲者戲舞之場」，有人看戲，觀賞藝人種種舞姿。「擬戲者態」，他也模仿了起來。「旁人問曰：『爾解戲耶？知則請為一試。』其人曰：『我實不解，但擬其態耳。』」這即是所謂愛著言說的過失，總是講一堆道理，自身卻不修持。好比自己不懂舞蹈，只會模仿他人的舞姿，其實一點心要也沒有。他不懂舞蹈，別人在跳舞時也去模仿一下，別人問說：「你也會跳嗎？」「我不會，只是模仿而已。」就像這樣。

第二個譬喻，「復有一人，談說勇士有制他力等爾許雄才」，說了很多王朝歷史中某人是如何制伏某國王，擊敗多位將領的事蹟。講了許多，「旁人心念：『觀其氣態，彼有爾許才德耶？』遂問之曰：『爾許才德，尊悉具耶？』」旁人看他敍述的神態，心想：「他有這些功德嗎？」於是問道：「像這樣殲滅敵軍統帥的本領，你也具備嗎？」「其人答曰：『我但談說其餘勇士德，非己具足如是才德也。』」這就是毫無心要了，只能談論別人的功德，自己毫無這樣的功德。

　　接著是這兩個譬喻所要詮釋的內涵。「**如是自言法功德時**」，同樣地，自己高談闊論正法有如此、如此功德。「**餘人問曰：『尊具如是法功德耶？』**」別人問道：「你具備這樣的功德嗎？你有作如是修持嗎？你生起了什麼樣的證德？」「**答云：『我實未修，唯稱餘諸正士功德耳。』茲為自己失壞，或已失壞般重修之過。**」由於自己並未般重修法，導致與前面兩個譬喻所描述的狀況相同——當他人問說：「你具有這樣的功德嗎？」只能回答：「沒有。」

　　「**愛著言說**」，指的並不只是眾多世間村夫、老嫗們所熱衷的無義閒聊，這固然有眾多過失，但不僅如此，即使是談說正法，如果自己不作修持，徒然談論法義，對於法理毫無證德，自未調伏而要調伏他人，是相當困難的，無有是處。所以「**此是愛著言說失**」，指的是說法時，如果所說僅是空言，自己不作修持，不會產生大利益。「**此是唯愛著言說文詞之失**」，這就是只愛空談的過失。總之，就是表面說說，裡頭全無，雖然口中說了很多，但重點在心中能否受取、行持正法的心要。

　　又云：「㊣**復如僅唯甘蔗之皮，全無㊣甘甜之實，㊣眾人所喜之味㊣或其實心，處於㊣皮內，㊣由是若人㊣僅嚼㊣甘蔗之皮故，非能獲得甘蔗㊣之實或真精美味。㊣譬如㊣甘蔗，其外皮**

之味，亦可嚐得異於餘木甘甜之味，徒言正法之詞亦爾，思此聽法中此道之義而作修習者，即如嚐其甘蔗之實或味。由此因相，故應遠離不修法義，唯於言說文詞愛著，常時由念知之門而不放逸，思惟所聞法義或修習行持。」由此度之，前文所說「此是愛著言說失」等，顯非唯指散心雜話等過，要在不修所聞法義，唯愛為他言說之過。

講記

下文也提到：「甘蔗之皮全無實，所喜之味處於內，若人嚼皮故非能，獲得甘蔗精美味。」啃食甘蔗最主要的目的，是要嚐到其中甘美的精華，僅僅咀嚼甘蔗外皮，沒有辦法品嚐其中的精華美味。「眾人所喜之味或其實心，處於皮內，由是若人僅嚼甘蔗之皮故，非能獲得甘蔗之實或真精美味」，嚼食甘蔗皮所要表達的是：只空談文字而不受取義理，就如嚼甘蔗皮一般，無法獲得正法的心要。「思此聽法中此道之義而作修習者，即如嚐其甘蔗之實或味」，品嚐甘蔗的精華美味，指的是要思惟法理、修持一切所聞義，這才是重要的。要思惟並修持其義；對於所聞的法，要思惟道的內涵並作修持。

「由此因相，故應遠離不修法義，唯於言說文詞愛著」，修持法義是最重要的。並不是說聽聞沒有利益，而是說大量聽聞後，對於正

法內義居然一無所知，完全只在意聽聞，這樣不行。「**常時由念知之門而不放逸，思惟所聞法義或修習行持**」，於常時中，由正念和正知之門，令自己所有行持皆不放逸，思惟所聞的一切法義，並切切實實地依循法義如實修持，這才重要。這是《勸發增上意樂經》所說的，勸勉後人應該要這麼修持。

接下來這段是語王尊者的箋註，相當重要。「**由此度之**」，透由推度上文經典的詞句可知。「**前文所說『此是愛著言說失』等，顯非唯指散心雜話等過**」，散心雜話，例如我們有許多俗世的言論，並不單指這些過失。主要的是什麼呢？「**要在不修所聞法義，唯愛為他言說之過**」，是指只喜歡如此這般地向人大肆談論，光說不做，自己毫不修持的那類人。由此可知，不只是散心雜話，即使只講法，自己不作修持，也是不可以的。這個很重要，一天都在講經說法，看起來是講經說法，可是自己一點也不修，那這就是過分了，自己一點也不修。不僅僅是世間上的言談，在你沒有任何修持前就講經說法，就會產生這樣的過失。

真　師：師父，可能這個問題很愚蠢，我在想為什麼會產生這種愛著言說的過失呢？

仁波切：這是理所當然會發生的！他這麼滔滔不絕地演說時，別人如果覺得他很善於說法，便會頌揚讚美他，為了追求

這種聲譽、美名，當然會這麼做，即使不懂也要多說幾
句。在社會上也不乏這種現象，不懂什麼卻要強充知識
豐富、高談闊論，這種人不勝枚舉。社會上這種人很
多，你不問他，他自己也要這樣說：「我是個學者，我
學過什麼什麼東西，學過什麼什麼法。」你不談這個，
他也很容易、很習慣談這些事。

真　師：是！還有一種人他覺得這樣講可以度眾生，這是不是愛
著言說的過失？

仁波切：這個觀待於意樂，最主要是從意樂判斷。如果真的幫得
到他人，或許是沒有過失的。既幫助不了別人，自己表
現得彷彿是善巧者的神貌，這就是過失了。安多有句俗
話道：「口與事實若不符，口不言語乃說法。」說的如
果和事實不符，與其講經還不如不說為佳。口中滔滔不
絕，論述很多法理，事實上卻沒有修行，並未確實依循
所說那般去修持，就是口說與事實不符，嘴上和肚裡不
同。下文提到許多說法的軌理，最主要便是自己必須要
有修持，自未修持便向他人宣說，這沒有利益，不是說
不行，但是很難產生利益。

　　以上箋註的重點在於，最初說明聽聞的利益，勸勉應當廣聞；到

此則提醒不能只有聽聞，應該明白完全只進行聽聞而不修持是不對的。但不意味著就不需要聽聞，這點差異必須分辨清楚。之前已提過，要知道聽聞就是為了修持、修證，既然必須修證，不聽聞則無從了解修證的方法，這也就是必須聽聞的理由。

💮第五、於如來所住善士想者：隨念世尊是說法師，發起恭敬。

講記

接著六想中的第五想，「第五、於如來所住善士想者：隨念世尊是說法師，發起恭敬」，這想只有一句解釋。在《廣論》其他註解中，有些寫成「於正士夫住如來想」，對說法的正士夫住如來想，這樣解釋也可以，按《廣論》原句解釋也可以。這裡說「隨念世尊是說法師，發起恭敬」，對說法的善知識宣說正法時，應當憶念這有如世尊如來在說法一般，而對他發起恭敬。

💮第六、於正法理起久住想者：作是思惟：何能由其聞如是法，令勝者教，久住於世。

講記

接著第六科，「第六、於正法理起久住想者」，要讓正法之理久住世間。「作是思惟：何能由其聞如是法，令勝者教，久住於世」，這個內涵相當易解。「何能」（ཅི་མ་རུང）指的是「這樣該有多好！」我們大家不論是誰都是如此，能這樣研習《廣論》，都是為了令聖教在任何方隅永不傾頹，極盛廣弘，這就是「於正法理起久住想」，這是非常好的，我們都應該這樣發願。

像我這樣的人，其實也不善講法，很難為大家宣說什麼，但是像現在這種講聞的機會，即使只有一分鐘，福德都是無法計量的。由此門中，發願以這樣的善法聚令佛陀聖教久住世間，特別是文殊怙主上師的教法，能夠遍弘一切方隅，也請諸位謹記於心。

法　師：自未調伏，真的不能調伏他嗎？

仁波切：無論如何，一定要先經過修持，如果沒有修持，很難利益他人。並不是完全無法利益，只是說難以利益他人。

法　師：佛經故事中，有位一無所證的比丘，對一女居士嘆道：「我慚愧啊！無知實在苦惱！」女居士卻因此證果，這是反例嗎？

仁波切：確實有這樣的事，當其人因緣、緣起聚合，便會發生。
　　　　這位居士原本就是即將解脫的人，到了這時候，依靠微
　　　　小的緣起都能解脫，也就是僅依靠「我慚愧……」等兩
　　　　句話，便能成熟宿因。已經到了這個關頭，只要往昔有
　　　　種下這個因，此時依靠微小因緣，就能開啟這樣的證
　　　　悟。最主要是她的福德、根機，有這樣的福德，微小因
　　　　緣就能促使她證得這樣的法義，這是確實存在的特例。
　　　　一般是要自己先修持才能利益他人，少數特例是有的。
　　　　例如在西藏有位婦女，平日極頻繁地向上師請法，但上
　　　　師都不說法，有一天當上師極為忙碌煩心之時，她又來
　　　　向上師請求：「請向我說法。」上師頓然暴喝：「走！
　　　　滾出去！」結果她思索「滾出去」這句話的涵意，居然
　　　　證悟了空性。上師說：「離開！」離開什麼？離開輪
　　　　迴，她就通達了空性。個別的這種例子，是很難說。

法　師：既然自未調伏則不能調他，那要自調伏到什麼程度，才
　　　　能幫助其他人，或者向他人宣講這個內涵？

仁波切：就如剛才所說，最主要是看意樂。如果不論自己是否有
　　　　修持，總是由衷地在想：是否能幫助到他人？有這樣的
　　　　心，不但利益了自己，別人也會稍稍得益。這個心會利
　　　　益自己，而至誠希望他人能得到利益，這是非常稀有超

勝的心。誠心誠意利益他人的心要再再地修，你真正生
起這樣的心，是很難得的啊！這樣的話，當然也多多少
少利益到他人。不僅利益他人，更大的還是利益自己，
你發出了這樣的心，這很難得的。所以觀察能否發起這
種渴望利他的殊勝等起，是最重要的。

法　師：「未獲根底極苦惱，此是愛著言說失」是指哪些痛苦？
　　　　是臨終時的憂悔，還是墮入惡趣的痛苦？

仁波切：指的是臨終時會有痛苦，應該是講這個吧？臨終的時候
　　　　會生起痛苦，他會生起遺憾、後悔的心，就是這種痛
　　　　苦。為什麼？因為他沒有獲得無畏的把握，不知道會不
　　　　會墮入惡趣啊！如果善加勤修所聞法義，他確知自己善
　　　　加修持，並不會墮入惡趣，便擁有無畏的把握。而此人
　　　　不會有這種自信，因為沒有修持，沒有修持便不會擁有
　　　　不墮惡趣的無畏自信，因此產生痛苦。

法　師：宗喀巴大師傳中，大師在聽聞時就有為他人講說，產生
　　　　很大利益，之後才去專修。那是否跟前面《聽聞集》所
　　　　述的內涵有矛盾？

仁波切：你是説宗喀巴大師多聞廣博，在未修持前就説很多法是
　　　　嗎？宗喀巴大師不是不修所聞法義，有修持所聞義，所

聞義是必須修持的。「初務廣大求多聞，中現經教皆教授，後盡日夜遍薰修」，這是宗喀巴大師完整的傳記。依傳記來看，在這個偈子中就總攝了他的傳記，「初務廣大求多聞，中現經教皆教授」，了知一切經論皆為教授，接著「後盡日夜遍薰修」。並沒有提到未作修持、心續中尚未生起證德就跟他人說法。例如宗喀巴大師中斷跟幾百位三藏法師說法，而去沃卡專修取證的公案。最初宗喀巴大師請問至尊文殊說：「我的見解為何？」答：「你的見解和任何宗義都不相符。」問：「那有什麼能取證正見的方法？」答：「積資淨障非常重要，如果能照做，不用多久就能取證正見，不用去印度。」那時宗喀巴大師正為八百位三藏法師講法，於是他就暫停說法，帶了八大清淨弟子到南方積資淨障、修持去了，就像這個公案一樣。

總共八百多僧人！在講經說法的過程當中，有一次他問文殊師利說：「我現在的見解是什麼？」文殊師利回答他：「你現在的見解什麼都不是。」「那怎樣才能得到真正的正見？」文殊師利說：「你必須要懺悔自己的業障，多積集資糧，再多看看一些書，而且將上師本尊合為一體地修法、來修習，這樣你才能得到這個正見，你不需要到印度去求法。」他當時講經說法的聽眾有八百

多位僧人，八百多個僧眾！他馬上全部放棄一切，只帶著八大弟子到山南修習去了。這就是為了修持所聞法義啊！

法　師：可是傳記中，宗喀巴大師未得中觀正見之前，是可以講甚深空性的道理？

仁波切：對、對、對！不是宗喀巴大師沒有證得空性，是為什麼要去閉關呢？為了令追隨大師的所化機們知道「務必要修持」這點。一切遍智宗喀巴大師這樣做，是跟所化機說法：「必須要精勤於積資淨障。」只是這樣，不是宗喀巴大師有什麼大罪障。這是為了我們後人，讓後人看。在這點上我們也看到了，我們自己要去珍惜。正見這事必須要懺悔和積集資糧，而且多修習上師和本尊合一的修法，在這些修持上勇猛精進，這樣才能得到真正空性的道理。這不是說宗喀巴大師的業障太深，不是這個意思，主要是做給後人看。

真　師：師父您剛才講的懺悔、積資、多聞，然後還有上師與本尊視為一體的修法，這是不是克主傑尊者當年見到宗喀巴大師，大師問他說：「你以什麼方式來修行得到這些見解的？」然後克主傑就告訴他是這些，是不是那個？

仁波切：不是，是至尊文殊為傑仁波切説的。實際上就是文殊
菩薩給宗喀巴大師講的。「對於諸大經論再再詳察細
思，上師本尊作無分別的修持，進行積資淨障，不經久
時就能證得空性見。」帶著八大弟子，到南方積資供曼
達等，在那時拜讀大疏《佛護論》，依其釋文而證得空
性。作了如是的示現。

真　　師：師父，對不起，最後一個問題。宗喀巴大師供曼達的時
候可以看到骨頭，那是不是每天供曼達的時候都會流
血？

仁波切：拜佛時會長繭、肉會變硬，並沒説會流血。皮膚變成很
硬，也沒説是出血。

真　　師：啊！

仁波切：肉變硬。因為他每天都是在石頭上供曼達的。現在説拜
三十五佛懺會淨罪，是的，就是這樣。

口　　譯：這變硬？

仁波切：對，很堅硬。

真　　師：很堅硬為什麼就可以看到骨頭呢？

仁波切：沒説是骨頭。

法　師：如果每天都流血。

仁波切：不是，是變硬，長繭了，是繭。

真　師：啊！那是不是書上寫錯了？我們看的書都是説宗喀巴大師露骨頭。

仁波切：不知道有沒有露骨頭，也許剛開始有一點破皮，之後又好了，也有可能。

真　師：啊！師父，他那個石頭的曼達盤是舉起來的，還是……。

仁波切：沒有、沒有。

真　師：不能舉起來？

仁波切：一個大石頭，現在還在西藏的山南地區。

法　師：是在關房裡面？

仁波切：沒有，就是在山裡頭，在山裡有塊大石頭，大石頭！我沒去見過，但是聽説是很大的一塊大石頭，就在大石頭上供的。

法　師：師父，可以拿石頭這樣供喔？

仁波切：沒有曼達盤應該可以呀！用銀子、金子做也可以。這是

曼達的材質。沒有的話，在石頭上也可以供，實際上那個時候也是修加行法。

真　師：加行法？

仁波切：是加行法。

真　師：師父，對不起，最後一個問題，他在那個石頭上供，是用什麼供曼達？用石頭、石頭塊嗎？

仁波切：應該是穀類吧！應該是這個，沒說。可能是糧食、穀類。

❀第二、須結合相續聽聞之理者：復次於法若講若聽，將自相續若置餘處，另說餘法，是則任其講何法事，不關至要，故須正為決擇自身而聽聞之。

講記

　　之前我們說了生起六想的道理，後面這是妙音笑大師的科判。「須結合相續聽聞之理者」，什麼叫結合相續呢？是說自己的心與法二者，法要結合到自心，這是主要，特別主要，非常重要！不結合自

己的相續，法不能饒益自己的相續，聽法就變得沒有意義，這樣就是大浪費、大損失，非常大的浪費、非常大的損失！如果不結合自己的相續，就是自己遮止一切獲得加持之門，因為這個原因，與自己的相續結合而聽聞是非常重要的。這就是「第二」。

論文說：「**復次於法若講若聽**」，是將講、聞二者合在一起說——聽聞軌理與講說軌理，講說之時也必須這樣。「**將自相續若置餘處**」，心裡認為「這不是對他說」。聽法也是，聽了之後也只是想：「這純粹是上課需要」，不去觀察對自己的相續有沒有利益；說法也是這樣，不去想說法對別人有沒有利益。如果這樣子講、聽，「**將自相續若至餘處**」，「**另說餘法**」，就是各別各別，不去想辦法與法相連，不與自心相續結合而講聽。「**是則任其講何法事**」，說很多，雖然覺得講、聞了很多，是難以至於扼要的，無法至於扼要。「**不關至要**」，就是指對自己的相續沒利益。「**故須正為決擇自身而聽聞之**」，這是說在聽法時要利益到自己的相續，內心要由淨信之門而聽聞，是非常重要的、非常重要！

口　　譯：剛才「將自相續若置餘處，另說餘法」的意思？

仁波切：也可以說將自相續若置餘處，將法置餘處，一樣的。這對他沒任何幫助，他不在意對自己相續有沒有幫助，就

這樣聽的話，法就不至於扼要，對相續沒有利益。如果不能饒益相續，聽法就變成沒有意義，是說這個。

口　　譯：「不關至要」是什麼意思？

仁波切：不關至要，沒有饒益到內心。如果沒饒益到內心，就是沒有達到扼要。聽法是為了饒益自己，再再審思所聞法義，反覆觀察是否能成為自己相續煩惱的對治，為了饒益自己而對上師、本尊作祈禱等，若如是行，就會饒益到。如果不這樣做，沒有饒益的話，說、說、說，聽、聽、聽很多法，了解很多，一旦不結合自相續會成教油子的。在每一天想著：上師這樣說、這樣說，而不結合自相續，教油子這是非常危險的。教油子！在法上油掉了！你說了很多法，而不結合到自己的行持，這樣是教油子，這是很危險的。

就如西藏的諺語說：「法能調罪人」，造作大惡之人是可以用法來調伏的；「難調教油子」，所謂教油子就是充滿了法，聽了非常多，而不結合自己的相續，這樣是不會被法饒益到的。比如說：「油能調生皮，難調包油皮」，這是藏地的諺語。所謂生皮，就是動物的皮，生皮革如果用油塗的話，它就可以被調治；包油的皮不能用油調

治。就像這樣，教油子非常危險的！如果不注意它是有很大的危險的。

　　譬如欲知面上有無黑污等垢，照鏡知已即除其垢。若自行為有諸過失，由聞正法現於法鏡，爾時意中便生熱惱，謂我相續何乃至此！次乃除過、修習功德，是故須應隨法修學。

講記

　　那麼應該怎麼辦呢？就是接下來的內容。「譬如」，在聽法時，就像在鏡子裡看自己的影像、顏面那樣。「面上」，就是自己的臉。「欲知面上有無黑污等垢」，想知道自己有沒有過失、自己的過失是怎樣的。能了解過失的方法，就需要照鏡子，「照鏡知已即除其垢」，照了鏡子之後就知道自己臉上有什麼樣的黑點污垢，就可以用清洗等方式來除垢。如同這樣，自己的行為、相續中任何的煩惱等等，「若自行為有諸過失」，自己種種過失。「由聞正法現於法鏡」，如果聽聞正法，就能顯現在法鏡中。「爾時意中便生熱惱，謂我相續何乃至此」，「喔，這樣不行啊！已經和正法相違了。自己相續是這樣，正法中講的不是這樣啊！」像這樣思惟、比對後，當自己

的相續已經陷入煩惱的時候，知道這心已被煩惱所使，對此心生懊惱、追悔。「次乃除過、修習功德」，之後才能精勤地消除煩惱過失，以及趣入修習功德等的方便上。「是故須應隨法修學」。接下來就引用《本生論》了。

口　譯：什麼是隨法修學？

仁波切：要安住於上師所開示的正法，要按照說法上師所開示的正法去隨學，如所開示的去學。這內容主要是講下面《本生論》的意思，從《本生論》裡來的。

《本生論》云：「◉昔有蘇達薩子，殺眾人，噉其肉。將食月王子時，王子為說無有諂因具正法語，次告之曰：『今我此身，悉聽尊便。』言迄，從容安坐於前。彼於王子高操起信解信，由斯入心之言，明了己過，意起憂悔，欲聞正法。於是蘇達薩子白月王子言：『我鄙惡行影◉像，明見◉現於尊所開顯法鏡◉中時，◉悔昔造作罪業之意極起痛惱，◉今後我◉心當◉現前趣正法。』」◉《本生論》中原作「明見法鏡已」及「我已趣正法」，此作「見時」及「當趣」者，蓋有用意而更之也。

講記

接下來是語王尊者的箋註。「《本生論》云：昔有蘇達薩子」，如同之前說過的。「殺眾人，噉其肉」，殺害許多人，並食用那些人的肉。「將食月王子時」，之前講過的。「王子為說無有諂因具正法語，次告之曰：『今我此身，悉聽尊便。』言訖，從容安坐於前」，從容地坐在蘇達薩子的面前。「彼於王子高操起信解信，由斯入心之言」，王子說了很多話，蘇達薩子因此「明了己過」，發現了自己的過失，這就成了具器的弟子，自己的善根習氣被啟發。「意起憂悔，欲聞正法。於是蘇達薩子白月王子言」，蘇達薩子向月王子啟白。

口　譯：有些句子不懂，「今我此身，悉聽尊便」是什麼意思？

仁波切：「悉聽尊便」就是你想怎樣就怎樣，要吃肉就吃、要喝血就喝，隨你高興，任隨尊意，悉聽尊便就這個意思。從容安詳、毫無懼色地坐在蘇達薩子面前，然後作了許多討論，為他說善法，調伏了他。調伏之後，蘇達薩子說了下面的感言。前面所講的結合相續的內涵，在這裡引用《本生論》來說明。

口　譯：「入心之言」是什麼意思？

仁波切：入心之言是指佛語，佛陀說的話，被放在蘇達薩子的心
上。因為被放在心上，把佛說的用來比照之後，看到了
自己的過失，因此而內心懊惱。

再來是蘇達薩子向月王子啟白說：「**我鄙惡行影像**」，我鄙惡罪
行的影像。「**明見現於尊所開顯法鏡中時**」，在你的法鏡下非常明
顯，我看到了。「**悔昔造作罪業**」，對我以前殺害很多人所累積的嚴
重惡業悔恨。「**意極起痛惱**」，內心對此生起極度地懊惱、痛楚，對
以前的那些行為非常後悔。因此「**今後**」，從今日起，「**我心當現前
趣正法**」，對月王子所開示的法語，我將直接地追隨這正法。

口　譯：「現前」是什麼意思？

仁波切：「現前」就是他將不再掩藏這樣子，直接表現出要追隨
正法。「我心當現前趣正法」，直接去實踐、去做，直
接追隨正法、修學正法，就這意思。

這裡有個箋註是針對用字。「明見法鏡時」，「《本生論》中原
作『明見法鏡已』」，是過去式。「及『我已趣正法』」，也是過去
式，「已趣」是用了過去式的字。

　　這裡宗喀巴大師把過去式用詞，改作「『見時』及『當趣』者，蓋有用意而更之也」，因為我們必須用這樣的想法，所以就將《本生論》中原本的過去式用詞，改成未來式，有一點修改，這是箋註講到的，這在中文或許差別不大。「明見法鏡時」在《本生論》中是「明見法鏡已」，是用過去式。「我已趣正法」有一個「已」嘛！「我當趣正法」的「當」是未來式。宗喀巴大師要對我們說，必須這樣學，因為這個目的，所以改成未來式，《本生論》中原本是過去式的詞，註中在說明此二者有差別。

真　師：師父！那個《本生論》上為什麼要用過去的詞？

仁波切：蘇達薩子已經見到了嘛！見到了就要用過去式，心已經轉變過來了，這已經過去，就一定要用過去式的詞。宗喀巴大師說我們將來也要這樣，所以他就用未來式的詞。漢文上看不出來，這個差別不大。這是語王尊者的註解上有這樣的解釋。

　　是如蘇達薩子，請月王子宣說法時，菩薩了知彼之意樂成聞法器，而為說法。

講記

「蘇達薩子，請月王子宣說法時」，蘇達薩子如是說後。「菩薩」，菩薩月王子知道了蘇達薩子「彼之意樂成聞法器，而為說法」，就是之前講到的「處極低劣座」等聽聞軌理的法。以上這段是什麼意思呢？就是將所講聞的法義結合自心相續是很重要的。

第三、作意結成義之理者：總之應作是念發心：謂我為利一切有情，願當成佛。為成佛故，現見應須修學其因，因須先知，知須聽法，是故應當聽聞正法。思念聞法勝利，發勇悍心，斷器過等而正聽聞。

講記

聽聞軌理中「第三、作意結成義之理者」，就是在正聽軌理開示依六想等三個科判中，最後第三個科判。

「總之應作是念發心：謂我為利一切有情，願當成佛」，必須有這樣的意樂。為什麼要成佛？就是為了一切有情的利益而要獲得佛果位；要得到這個，應須修學佛果位的因；要修學其因的話，「須先知」；要了知，必須要聞思；「知須聽法」，因此「應當聽聞正

法」，應作是念發心。接著「**思念聞法勝利**」，不管是在聽或講的時候，之前講了無邊聽聞勝利，比如：聞思要結合自心相續、修持所聞義，聽法的目的就是為了修持……，思惟這些無邊的勝利。「**發勇悍心**」，內心極為歡喜、雀躍，就像之前講的斷器三過、依六種想，以這種方式而聽聞法，要聞法。這是結語，聽聞軌理就到這裡結束。

真　師：師父，「發勇悍心」，勇悍心是一種什麼樣的狀態，就是要斷器三過，那是一種什麼樣的感覺？

仁波切：就是這裡講的「思念聞法勝利」，一定要想聽聞的勝利，聽聞有很多勝利。思念聞法勝利就會在心中修歡喜，乃至聽聞一偈就有不可思議的勝利。這樣的勝利，我們之前討論過嘛！這個國家有幾千萬人，在這裡有誰像我們這樣能學《廣論》的？我們真的擁有這樣的緣份！乃至擁有一個小時的學習因緣，對於現在贍部洲中的人也是很少的啊！要思惟如是勝利，思惟勝利的話，自己的心就能生起大歡喜，主要就是這樣子修歡喜。勇悍就是歡喜，實際上就與歡喜心差不多。就是非常想要聽法，非常想要聽，怎麼聽也不疲憊，怎麼聽都不會辛苦，這就叫「勇悍、歡喜」。不是煩煩惱惱聽得很辛苦，覺得：「太多了！太多了！」不是這樣，必須要很

高興地去聽，大概是這樣吧！

第二、說法軌理，分四：⼀、思惟說法所有勝利；⼆、發起承事大師及法；⼆、以何意樂加行而說；⼆、於何等境應說不說所有差別。今初：

講記

「第二、說法軌理，分四」，從根本分有四個科判。「思惟說法所有勝利；發起承事大師及法」，說法師是誰呢？是大悲的導師世尊，對導師和他所說的法作承事、恭敬等。「以何意樂加行而說」，說法時要用什麼意樂、加行是如何？說法時對所說的境，哪些該說、哪些不該說的差別，以這四個科判來闡述。

若不顧慮利養恭敬名等染事而說法者，勝利極大。《勸發增上意樂》中云：「❹佛喚慈氏，無染法施，謂不希欲利養恭敬而施法施，此二十種是其勝利。何等二十？❺此派先覺諸師語教，謂二十種說法勝利之中，有六等流果、四離繫果、九增上果、一異熟果。最初六種說法福德等流果者。

講記

　　第一說法勝利，說法師不應在意利養、恭敬、名聲，主要是這三個。「利養」，就是利益、好處、報酬；「恭敬」，是接受他人恭敬的意思；「名」，就是想著能否得到智者的美名而說法，這些都不行。「**若不顧慮利養恭敬名等染事而說法者，勝利極大**」，如果為了這三件事而說法不會得到利益，還會有很大的過患。如果為了利養，這個說法就成了買賣，法就變成商品了，這不行；為了得到別人的恭敬也是不清淨的意樂。「我是智者，希望我的名聲傳遍很多人」，為了得到大名聲而說法是不可以的。

　　不顧染事而說法，不以上述這些動機而說法，就有很大的利益。並非說用這三個其中一個動機去說法還會有利益，是沒有勝利的，而且還會造下很大的惡業。

　　《勸發增上意樂經》中有說到，不為這些而說法，會得到二十種勝利。「**佛喚慈氏**」，是佛陀稱喚慈氏。「**此二十種**」，說法的二十種勝利。「**不希欲利養恭敬而施法施**」，不是剛才講的希欲利養、恭敬、名稱等事而作的法施，就是指不想得到任何利養、恭敬而作法施。「**其勝利**」，就如下面所講的二十種說法勝利。

　　「**何等二十**」，就是下面要講的。在這裡有語王尊者的箋註，對

二十種勝利作了類似科判的解釋，用四個項目來收攝。「此派先覺諸師語教」，此道次第的宗派中「先覺諸師」，就是指出自講說道次第的先覺諸師語教。「謂二十種說法勝利之中，有六等流果」，和因相順的果報，這在下面會解釋，這樣的勝利有六個。「四離繫果」，就是遠離過失的果報有四個。「九增上果、一異熟果」，收攝在這四科而說。「最初六種說法福德等流果者」，「等流果」就是這種說法福德的果報，是從相順因出生的。這裡生果內涵共有六種，下面箋註會依次說明。「等流」，即是與因位說法福德相順的意思。

　　謂¯、成就㊃不忘詞義聞所成慧之念；二、成就㊄勝義等引——修所成慧所定解之勝慧；

講記

　　「成就念」，就是「不忘詞義聞所成慧」的念，這是第一個勝利。然後「成就勝慧」，什麼是成就勝慧呢？「成就以等引」修習「勝義」之理的「修所成慧所定解之勝慧」，等引的修所成慧。對勝義之理等所緣進入等引，等引就是入定，成就由修所成慧之力所獲得的勝慧。

口　　譯：「等引」是指平常所説的根本智嗎？

仁波切：是的，就是「根本定」的等引，等引就是指在入定的階段。

口　　譯：由聞所成慧所定解的？

仁波切：由修所成慧所定解的。

口　　譯：是指此慧所定解的嗎？

仁波切：是的、是的，可以的。成就由修所成慧所獲得的勝慧。

口　　譯：剛才説的「勝義等引」就是指修所成慧，而由此所定解的勝慧嗎？

仁波切：是説在等引中修習一切勝義之法故，由此修所成慧所獲得的勝慧。

口　　譯：這個慧是指什麼？

仁波切：由修彼之力，在等引中修習一切勝義法，依此力所生的智慧。

口　　譯：這個智慧與「勝慧」是同一個東西？

仁波切：由修所成慧所獲得的勝慧，是説由修所成慧之力所獲得的增上智慧，要由智慧去獲得，是由修所成慧所獲的勝慧。

三、成就世俗後得——思所成慧所定解之覺慧；

講記

上面是勝義，這裡是世俗。「成就」一切「世俗」之法。「後得」，在後得。知道「等引」和「後得」吧？於後得「思所成慧」之力所獲得的「覺慧」。

真　師：上一個是在根本定中，還是在根本智中？

口　譯：根本智。

真　師：根本智。所以第二個是後得位，後得智？

仁波切：後得。

真　師：後得智還是後得位？

仁波切：後得的思所成慧，不知道是否可以指「智」。

口　譯：在這個階段。

仁波切：是，在這個階段所獲得的。

口　譯：最初在根本智的階段，然後在後得智的階段，在這個階段所獲得的智慧。

仁波切：有指「智」嗎？是說在後得的階段由思所成慧所生的覺慧。於後得時，對世俗法的思所成慧所獲得的覺慧，是要這樣的，這樣子就可以了。

口　譯：前面是在等引的階段？

仁波切：階段，對！就是這樣。住於勝義等引時，對，就這樣說就可以了。

口　譯：第二個是指出定的時候，觀察世俗法類。

仁波切：所獲得的這個……。

口　譯：定解。

仁波切：對，所定解的覺慧。覺，所得到的覺。

真　師：師父，那實際上「成就勝慧」的意思就是，他對空性成就了他的智慧。

仁波切：也不是成就了，不是這個意思。具慧，具足所獲的智慧，具足修所成慧所生的智慧。

口　譯：依著修所成慧所生。

仁波切：具足依彼所生的智慧。一種智慧，也不是完全通達這個
　　　　空性。

口　譯：那接下來？

仁波切：由思所成慧所生的覺慧。

真　師：師父，那個根本定是屬於什麼定啊？

仁波切：等引，就是有等引及後得嘛，這個等引，就是普通等
　　　　引。

口　譯：這裡等引不一定是指入空性的定嗎？

仁波切：空性是其中一類，不一定要現證空性。就是在心入定
　　　　時，安住於一切勝義之法之後，這是要以修所成去修，
　　　　而說具足由修所成慧所生的智慧。是在修的階段，修所
　　　　成，是指在修持的階段。

真　師：師父，還可以問一個問題嗎？

仁波切：你說。

真　師：第一個成就念，是不是成就不會忘失句義，聞所生慧的

念？

仁波切：念，對。

真　　師：聞所生慧的念。所以說聞所生慧是什麼樣子？透過聽聞
　　　　　佛法生出智慧，那是什麼樣子？

仁波切：你以前不了解的，透過授課、聽聞就了解了，有吧？透
　　　　　過學習。

口　　譯：透過聽聞而知道了以前不了解的心，就是聞所成慧？

仁波切：是啊！聞所成慧。聽聞以後，由於聽聞能漸漸增長心
　　　　　性，有吧！之前不了解，現在了解了，這是由聽聞。我
　　　　　不了解《廣論》的內涵，現在《廣論》中修心的內涵都
　　　　　了解了；之前沒有這樣的智慧，現在有了這樣的智慧，
　　　　　這就是聞所成慧，透過聽聞出生的智慧。修所成慧、思
　　　　　所成慧，這一切在字面上都是這樣，這樣就可以了。

　　四、成就[●]智慧輾轉增上所解決定義，不為見所動轉之堅
固；五、成就[●]資糧加行二道所攝世間智慧；六、隨順證達、
[●]獲得見修二道所攝出世間慧，[●]是為六種。

講記

第四個利益是這個，「**成就智慧輾轉增上所解決定義，不為見所動轉之堅固**」。智慧，說這顆心會輾轉增上，這是說法利益。「成就堅固」有些會說是「成就勇進」，「成就勇進」也可譯為成就大精進。這是第四個。

口　譯：什麼是不動轉？

仁波切：「不為見所動轉」，就是他所證得的這個義涵不被見所　　　　動轉，就是心不會改變。

口　譯：「輾轉增上所解決定義」？

仁波切：就是心智越來越高而增長時，所定解的決定義。

然後「**成就資糧加行二道所攝世間智慧**」，成就資糧、加行二道所攝的世間智慧。「**隨順證達、獲得見修二道所攝出世間慧**」，說「隨順證達」智慧，即指獲得智慧，獲此智慧。

口　譯：隨順證達？

仁波切：就是獲得智慧的意思，得智慧。

這六個就是前面說的「六種説法福德等流果」。

🈁四種離繫果者，七、貪欲微劣；八、瞋恚微劣；九、愚癡微劣；十、🈁三毒輕故，魔羅於彼不能得便，🈁是為四種。

講記

下面是講「四種離繫果」。説法的利益，讓自心的「貪欲微劣；瞋恚微劣；愚癡微劣」，讓貪欲、瞋恚、愚癡三毒微劣。如是由於貪欲、瞋恚、愚癡「三毒輕故，魔羅於彼不能得便」。這四種是離繫果。

九種增上果者，十一、諸佛世尊🈁於之猶如獨一愛子而為護念；十二、🈁十護方神等喜樂白法諸🈁人非人等於彼守護🈁防不順品；十三、🈁梵天帝釋等諸天於彼助發威德🈁威光勢力；十四、🈁不顧財利，故諸非愛🈁怨敵等不能得便🈁損害譏毀等事；十五、🈁為其諸🈁善知識及親愛🈁所信，復由信故親愛終不破離；十六、🈁無有私欲，不求利敬，故其言教威重，🈁堪能信受而得受持；十七、🈁智慧增長，不求利敬，其人🈁於智者前當得

無所怖畏；^{十八}、❹不念有無所得等，由是因故得多喜悅；^{十九}、❹諸佛菩薩及諸尊重智者稱讚❹功德，是為九種。

講記

　　下面「九種增上果者，諸佛世尊於之猶如獨一愛子」，是指被諸佛世尊照顧、收養，大概是這個意思。喜愛，就是對他非常好的意思，如愛子「而為護念」。宣說正法就是紹繼佛薄伽梵，就是佛薄伽梵的繼承人，代替佛說法，由於這個原因，諸佛世尊對他就像對獨子一般非常心愛地護念。

　　然後，世間天神等，「十護方神等喜樂白法諸人非人等於彼守護防不順品」，守護、救護任何說法中所起的不順品。

　　口　　譯：什麼是「十護方神」？

　　仁波切：十方護法的世間天神。

　　真　　師：什麼叫「於說法不順品守護」的意思？

　　仁波切：淨除障礙。說法的「不順品」，就是指違緣，任何違

緣。

天主「梵天帝釋等諸天於彼助發威德」,加持而發「威光勢力」。增加力量,發起力量與威德、威力;也有加持。

「不顧財利,故」,如前所說不應顧慮財利,由不顧慮利養、恭敬、名稱等等的緣故,「諸非愛怨敵等不能得便」,沒法做「損害」、欺侮、「譏毀等事」。

口　譯:「損害」是什麼?

仁波切:「損害」就是指欺侮、欺負、不令喜樂、傷害。「譏毀」就是譏諷、譏罵嘲笑、調侃、對他毀謗、說壞話等。沒法被這些傷害,不會被傷害的意思。

「為其諸善知識及親愛所信,復由信故親愛終不破離」,由於自己的善知識以及親友們相信我,「由信故親愛終不破離」,由於信敬,親愛等終不破離,沒法分開,這就是終不破離,不會與親愛的人分離。

「無有私欲，不求利敬」，所謂希欲利敬，是為了自己的利益而希欲利敬。「無有私欲，不求利敬」與「不顧財利」是一樣的。「故其言教威重，堪能信受而得受持」，他所說的一切話都被視為非常重要。

「智慧增長」，如果說很多法，智慧也會增長。同樣的，「不求利敬」。由不求故，「其人於智者前」，站在其他智者、善知識、很多智者面前，自己是不需要其他的勇氣的，「無所怖畏」，完全不用害怕。

「不念有無所得等，由是因故」，「所得」，就是他想要很多供養，心想去說法的話，能不能得到利養呢？如果想了很多，心裡也會不安樂啊！「無所得等」，如果不得，也會想：「可以得到嗎？」而去追求它；就是得到了，也不歡喜，想：「這也不夠哇！」又要求更多，不管怎樣，都很痛苦。「不念有無所得等」，如果不去想、不去考慮有沒有這些供養的話，心中就完全不會困苦。由是因故「得多喜悅」，因此心裡會得不可思議的喜悅、很多喜悅。

口　譯：可以再說一次「有無所得」的意思嗎？

仁波切：「所得」就是酬金，說法的話，就會得到供養酬金啊！

如果求這個供養的話，現在別人供了這個，你就想要更多；如果得不到，心裡就不會歡喜。如果是給了一點點，就想：「可以得到比這多一點嗎？」或是給了一個，就想：「可以再得一個嗎？」這樣心就會有很多痛苦。假設得不到利養，也會為了得到利養到處奔波，看是否有說法的地方，就要一直去找，這會非常辛苦啊！很痛苦。如果不希求這個，心中會得不可思議的喜悅、很多喜悅。

「諸佛菩薩及諸尊重」，諸佛菩薩與上師尊重諸「智者稱讚功德」，他們也會讚歎。由如是少欲知足之門、無有私欲之門、心懷利他之門而說法者，一切智者及佛菩薩會稱揚讚歎他。以上講了九種增上果。

㉒一種異熟果者，謂二十、其行法施㉓功德及恩是所堪念。」

講記

「一種異熟果者」，於一種異熟果中，「其行法施功德及恩是所堪念」，行法施者、上師宣說正法，他所攝受的每一個所化機，都會長時地憶念他的恩德，不會忘記他的恩德。「堪」，就是應當。

口　譯：是指會被別人憶念嗎？

仁波切：那些法施者的恩德，說法的功德與恩德，永遠不會被忘記。

口　譯：是求法者？

仁波切：是的，求法者不會忘記，也應當不忘記、也不容易忘記。

如是說了二十種勝利，但其中主要應該注意的地方是什麼呢？就是利養、恭敬與名稱，這是不順品。如果想要如實得到這樣的勝利，一定不能貪著利敬，絕對不可以貪求利敬！就學者方面是要對上師供養，這是天經地義的，這是他請法的供養，要供養酬金；但是就上師方面，如之前所說的，要如同食肉猛獸看到草一樣，不應貪著財物受用。

口　譯：如看見草一樣？

仁波切：是的，這是很重要的。在這裡再再説了很多不貪利敬、
　　　　無利敬之門、不為自己求利敬之門。在這基礎上，主要
　　　　該謹慎的地方是什麼呢？不應貪求利敬是根本。

　　於眾經中所說勝利等，皆應至心發起勝解。其中成就堅
固者，新譯《集學論》中譯為成就勝解，諸故譯中譯為成就
勇進；㊉若爾，則謂勇猛精進。

講記

　　上述經文提到這樣多的説法勝利。「於眾經中所說勝利」，除此
之外，在眾多經中還説了不可思議的説法勝利。「皆應至心發起勝
解」，説法者自己要至心如是憶念並且相信。

法　師：異熟果不是指正報嗎？為什麼第二十個勝利是異熟果？

仁波切：是，異熟果。「其行法施功德及恩是所堪念」，説法的
　　　　異熟果有很多，這個只是一個代表而已，而沒有説出很
　　　　多異熟。這裡是説由此生之門來安立異熟果的道理，沒
　　　　有直接説出其他的。出世的他沒講，只是一種共世間的
　　　　代表性勝利。

法　師：共世間的？

仁波切：對，共世間。

真　師：師父，還有一個問題要問。就是剛才您講說，對於名聞
　　　　利養應該要特別小心，但是如果一個人覺得他什麼也不
　　　　缺，所以就不用希求，什麼都不缺，吃的、用的、穿
　　　　的，什麼也不缺，那他就無所謂希求，好像利養心就不
　　　　太嚴重。這種人是不是要放在一個特別窮的地方，然後
　　　　看看那個貪求還會不會出來？還是怎麼回事？他會覺得
　　　　什麼也不缺。

仁波切：不是缺不缺的意思，以欲界妙欲來說，就算統攝了三
　　　　界，對妙欲也不滿足。所以不是缺不缺，是對妙欲貪不
　　　　貪，是說要斷除貪求。我們世間上是這樣，如果是個縣
　　　　長，會希求是否可以得到更高的地位，得了高位又希求
　　　　更高；如果得到整個國家，還會想是否可以得到其他國
　　　　家，欲求心是不會被填滿的。一般而言，不可以貪著妙
　　　　欲，說法的時候更是不可以貪著妙欲。說法時，一般而
　　　　言要遮除欲求心，總的是欲界妙欲，還有其他的美譽。
　　　　「你說得很妙，你說得很好」，這是名稱。「啊！像我
　　　　這樣，我講得很好，弟子們非常歡喜啊！」這是喜歡名
　　　　稱美譽。但說法全不是為了這一切，是利益到他人才會
　　　　高興。對他人心續有一點點利益的話，這個利益是不可

思議的。

斷除世間八法是非常困難的，世間八法「稱、譏、毀、
譽、苦、樂、利、衰」，面對這一切都要有一個平等心
是很困難的，但是要在這方面努力、要努力。心要平
等，心要一樣；別人讚歎、毀謗你，要完全一樣對待，
這很難啊！但是這方面我們還是要努力啊！應該要認識
這個，很重要的。

這裡把上面的一些內涵再講清楚。「其中成就堅固」，是第四
個，宗喀巴大師是要解釋這個內涵。「新譯《集學論》中譯為成就勝
解」，《集學論》有新譯及舊譯二者，其中有翻譯為成就勝解的。
「諸故譯中」，有一些舊譯中，「譯為成就勇進」，勇進就是精進的
意思。「若爾，則謂勇猛精進」，有兩種譯法。「堅固」就是勇猛精
進的意思。第一科已結束。

　　發起承事大師及法者：如薄伽梵說佛母時，自設座等。
法者尚是諸佛所應恭敬之田，故應於法起大尊敬，及應隨念
大師功德，及㉒念其修諸難行而得成就，故我亦當修持，於
其深恩起大敬重。

講記

　　第二，「發起承事大師及法」。所謂「法」就是教法；誰開示了這個教法？是佛薄伽梵開示的，因此名為「導師」。所以「發起承事大師及法」，是說承事大師及法的道理。中文裡沒有「導師」的意思吧？有嗎？

口　　譯：這裡翻成「大師」，一般翻成「導師」。

仁波切：由於開示法，對所化有情開示這個法，所以名為「導師」（導師在藏文為「敦巴」（སྟོན་པ་），有開示者、闡釋者之義）。

　　「如薄伽梵說佛母時」，佛薄伽梵說《般若經》的時候。「自設座等」，要這樣恭敬，這是對法恭敬的方式。「法者尚是諸佛所應恭敬之田，故應於法起大尊敬」，佛薄伽梵尚要對法起大尊敬，那麼所有的說法師，更應該對佛陀所說的正法發起恭敬。他所開示的法是誰說的呢？是佛薄伽梵，我們的導師。「應隨念大師功德，及其深恩起大敬重」，這裡箋註說「念其修諸難行而得成就」，佛薄伽梵由眾多難行之門，才成就了這個教法；一樣地，我也要如佛薄伽梵成就教法一樣，「故我亦當修持」。這樣想之後，隨念佛薄伽梵恩德，應對法及法師起敬重心。「成就教法」，佛陀由這麼多難行、修持它而成就

佛法，我也要如是修行教法。所謂「成就」就是修行教法，我也要修行，以此來「承事大師及法」。

　　以何意樂加行而說中：其意樂者，謂應安住《海慧問經》所說五想，謂於自所應起醫想，於法起藥想，於聞法者起病人想，於如來所起善士想，於正法理起久住想；及於徒眾修習慈心。

講記

　　「以何意樂加行而說中：其意樂者」，第三用什麼意樂及加行而說法的道理，這裡面說到意樂、把持心念的道理。「謂應安住《海慧問經》所說五想」，說應該安住《海慧請問經》所說的五想，就是在前面六想之中，除了沒有「於殷重修起療病想」，其他五想，說法師也應該具足。「謂於自所應起醫想」，說法師於自應起如醫生想。「於法起藥想，於聞法者起病人想」，懷著能否利益那個病人的心，要有饒益心。「於如來所起善士想，於正法理起久住想；及於徒眾修習慈心」，在六想中，除了「療病」一想以外，五想都應具備，應由五想之門而對他說法。然後也應對聽法的這些徒眷、弟子，以慈悲等門而希望利益他們。想著：透由宣說佛薄伽梵所說的這些無上妙法之後，能夠調伏他們心續之中的一切煩惱，而且也要把他們全部安立於

解脫及一切遍智的果位，應以這種方式而說法。

真　　師：「於如來所起善士想」，那是自己在說法嗎？

仁波切：如來的語、善士語，這「語」是量，是正量語，要了知
　　　　這個。指如來的語是不欺誑，如來是善士夫，要這麼
　　　　想。

法　　師：師父，這裡是否包括所有的傳承上師都要這樣想？還是
　　　　只要想到如來？

仁波切：對，可以這樣說。比如說以我為例，像我這樣的人，很
　　　　難知道如何才能對他人的心續產生有益的行為，及說有
　　　　益的法，但是要怎麼辦呢？要對一切佛菩薩祈求。祈求
　　　　之後，從大悲導師到自己的根本上師之間，這些上師全
　　　　都降臨到面前的虛空，這也是為什麼在說法之初要禮拜
　　　　的原因。禮拜是對自己的座位禮拜，觀想佛薄伽梵安住
　　　　在這個座位，這是佛薄伽梵說法的座位。觀想這座位
　　　　上有從最初佛薄伽梵到一切根本、傳承上師。最後自己
　　　　坐在座位的時候，要把持這種想法：要想從佛陀、這些
　　　　傳承上師全部一位融入一位，一位融入一位以後，接著
　　　　融入於自己的根本上師，最後要想自己的根本上師也融

入於自身。然後於這一切，要以「如星翳障或燈火」[6]來修習無常。修習無常與空性以後，如果坐於高高的法座，思惟這一切都是壞滅的體性、是無常的自性以後，應當摧伏憍舉與我慢等。由如是之門——一切佛菩薩、一切上師正士加持之門，要想：「如何利益所化機們的心續」而作宣說。能這樣宣講利益很大，應這樣去努力。

從本尊、從釋迦牟尼——佛陀，一直到自己的上師、歷代的祖師，召請在自己面前。然後講法開始的時候，要頂禮這個法座三次，法座就觀為釋迦牟尼講法的講台。然後你上法台的時候，釋迦佛、歷代的佛菩薩，和歷代傳承的祖師們，他們一個融入一個、一個融入一個，最後融入到自己的上師。自己上座的時候，要把上師融入自身合成一體。然後觀為無常，你在這個寶座上面，應該觀想一下無常和無我空性的道理。

口　譯：剛才的偈頌是什麼？

仁波切：「如星翳障或燈火」，就是要思惟無常。由如是門，應至心想：「願能利益到他！」由如是能得加持之門作修持，這是傳規，不是我特別新創的。應當如是，這在道次第引導中有，要這樣修。

就你剛才問的，從弟子方面，可以觀修所有的傳承上師。不這樣觀修也可以，只要思惟：攝集這一切體性的唯有上師，就可以了，將自己的上師觀為一切佛法僧三寶的總聚體。皈依儀軌裡面不是有嗎？要想上師是十方三世一切如來。不僅如此，在說法的時候，直接的聽眾有這些人，還有非人等眾──很多天、龍、藥叉、食香、蛇等，都聚集來此，要想這些也都要修習此法。比如說剛才我在湖畔看到很多魚游來，我就觀想思惟：湖裡有很多有情，我們在此修習《廣論》就能利益牠們，一定有利益！

真　師：師父，您說的就是傳承祖師一個融入一個，然後融入到自己的心間，自己就跟上師一樣沒有差別了，是嗎？

仁波切：嗯，對！

真　師：然後觀「無常」和「空性」要怎麼觀啊？接下去怎麼觀「無常」？

仁波切：你坐在大法座上，如果不是無常，可以一劫之中都坐在上面嗎？你不可能很多劫中都坐在上面吧！這就是無常嘛！

口　譯：是對法座觀無常，還是對各別？

仁波切：要各別觀。你就觀想：「你會永遠坐在那個寶座上嗎？」要觀想這個。那個高大的寶座上，「你是不是永遠坐在那裡啊？」實際上就是對治傲慢的心，實際上就是對治傲慢的心。一個寶座坐得很高，很容易生起傲慢的心，這時就是要想無常，「你馬上就要下來啊！」無常就是這樣，不是常，是無常。在這周圍所做的一切，雖然別人對你恭敬而安置了高高的座位，但是，「如星翳障或燈火，如幻朝露或水泡，如夢閃電或雲彩，有為法應如是觀」，一切有為法都是像這樣，很錯亂的，現在說完法又要下來，你不能在這上面坐很久的，不能盡劫數坐在那裡，要這樣想。主要是什麼呢？就是斷除這個我慢心的方法。

真　師：師父，那用「空性」的觀點怎麼觀察呢？

仁波切：空性呢，現在是講無常，一切有為法都是無常，思惟它的體性是什麼以後，要了知是無諦實的，這些是法性。

真　師：嗯，這個也可以降伏我慢？

仁波切：可以的。主要在說法的時候是這樣，之後自己要怎樣修持可以慢慢思惟，主要這是說法的時候針對上師講的。

應斷恐他高勝嫉妬、推延懈怠、數數宣說所生疲厭、讚自功德舉他過失、於法慳吝、顧著財物謂衣食等。應作是念：「為令自他得成佛故，說法功德即是我之安樂資具。」

講記

「應斷」，這以下都不應做。「恐他高勝嫉妬」，在說法的時候，由於其他上師說法說得很好，有這樣高高的法座，而生起嫉妒，這樣是不行的。「推延懈怠」，要說法的時候：「啊，今天不行，明天吧！明天也不行，後天吧！」這是推延。「數數宣說所生疲厭」，「數數」，弟子們聽不懂就會再問、再問，如果要數數地說，會對這種辛苦排斥，會厭患這個。然後，「讚自功德」，「自」是指自己，「我之前修了什麼什麼，我生起什麼什麼證悟，我煩惱怎樣輕、功德如何大。」如果這樣說是不可以的。「舉他過失」，又譭毀他人：「那上師有這個、那個過失，這上師有這樣、那樣的……」這種人很多。「於法慳吝」（慳吝 དགེ་མཆུད，藏文意為留一手），於法「留祕」，留祕訣。一般來說「留祕訣」是什麼意思呢？就是假如我有個甚深教授，我對你們慳吝，將其義理隱藏不說。這個圓滿內涵，別人不知道，而他自己知道。「喔！這不能說，不說的好。」不能這樣做。如果有個圓滿內涵自己是知道的，對弟子們慳吝而不說，這叫

「留祕」。「顧著財物謂衣食等」，這是為了利養恭敬。

　　「應作是念：為令自他得成佛故」而說法，為了自他得到佛果位而說這個法，由此所獲功德是無量的。實際上，由此所獲福德，也應為自他一切有情得到解脫及一切智的果位而迴向。如果這樣做，「即是我之安樂資具」，如果這樣做即是我的安樂資具。如果這樣做，要想：「成辦大義了！」而令自心安樂，令內心安樂，應當執持這樣的意樂，這很重要。

　　口　　譯：請再解釋「留祕」一詞的意思。

　　仁波切：所謂「留祕」，這裡面沒有解釋，就是自己的口訣也好、教誡也好，自己知道的，由於慳吝而不對弟子說，這叫「留祕」。

　　仁波切：漢文是講什麼？

　　口　　譯：慳吝。

　　仁波切：喔，差不多。

　　口　　譯：什麼是「資具」，是物品嗎？

仁波切：對，安樂物，安樂資具，說法師自己內心的安樂條件，
　　　　依靠這個令心安樂。

　　其加行者，謂先沐浴具足潔淨，著鮮淨服，於其清潔悅
意處所，坐於座已，若能誦持〈伏魔真言〉，《海慧經》說
則其周匝百踰繕那，魔羅及其魔眾諸天所不能至，縱使其來
亦不能障，故應誦咒。

講記

　　說法軌理，有由意樂之門的說法軌理、由加行之門如何說法，現
在是講加行。「其加行者」，在說法之前，「謂先沐浴具足潔淨」，
然後「著鮮淨服」。說法的地方也必須在一開始就要好好打掃。「於
其清潔悅意處所，坐於座已」，坐在法座上後。「若能誦持〈伏魔真
言〉」，是說在說法前必須要念誦〈伏魔真言〉。如果念誦的話，
「《海慧經》說，則其周匝百餘繕那，魔羅及其魔眾諸天所不能
至」，不會作障礙。「縱使其來亦不能障，故應誦咒」，現在我們用
《心經》代替誦咒，主要是依據這個。

🈯咒曰：「大𭬩雅他」，如是；「夏美」，平等母；「夏瑪巴帝」，具平等母；「夏米大夏主」，息怨母；「盎沽瑞」，苗母；「芒沽瑞」，自苗母；「瑪日阿孜帝𭬩」，勝魔母；「嘎日阿札𭬩」，具力母；「嘎𭬩玉日𭬩」，臂嚴母；「歐果瓦帝」，具水母；「歐厚嘎瑪帝」，離諂母；「毘夏他」，超勝母；「尼日瑪雷」，無垢母；「瑪拉巴拿耶」，除垢母；「歐卡日𭬩」，持顏母；「歐卡日阿札美卡雅」，空行母；「札梭札薩尼」，食母；「嘿穆卡依」，喜容母；「巴日阿穆卡依」，朝外母；「夏米大尼」，寂靜眾；「薩日瓦札哈北恩達拿尼」，鬼所繫縛一切眾；「尼旨依是依大」，殲滅；「薩日瓦巴日阿吒拔迪拿」，殲滅敵眾；「毘穆大瑪日阿巴夏」，解脫一切魔繩母；「他斯依大布達米札」，佛手印；「薩穆雨噶帝大」，不越；「薩日瓦瑪日阿阿匝里大」，以佛陀之套索印正遍摧伏一切魔羅不動母；「巴大巴日依須達雅地給擦恩度瑪日阿嘎日瑪尼」，願由清淨詞句特能解脫一切魔業。此《海慧經》中所說〈伏魔咒〉並其註釋，抄自金剛持僧吉祥手書本，故極精確。有說代以《心經》而修除魔，現行儀軌如是行者亦為應理。

講記

這咒語在箋註中有完整地錄出，也說有非常清淨的依據。所以也

要完整地念誦咒語，唸咒也是唸箋註，現在我們在解釋《四家合註》嘛！會慢慢唸，一邊唸咒一邊解釋。「大_欸雅他」是「如是」；「夏美」就是「平等母」；「夏瑪巴帝」是「具平等母」，這些應該都是天女的名字。「夏米大夏主」是「息怨母」，息滅怨敵的天女；「盎沽瑞」為「苗母」；「芒沽瑞」是「自苗母」。

真　　師：苗芽？

仁波切：主要是要記下來，主要是這個咒要記下來。這些解釋在
　　　　　箋註中有。

「瑪日阿孜帝_欸」為「勝魔母」；「嘎日阿札_欸」為「具力母」；「嘎_欸玉日_欸」為「臂嚴母」。「『歐果瓦帝』，具水母；『歐厚嘎瑪帝』，離謟母」。

口　　譯：是遠離謟誑嗎？

仁波切：沒錯。

「『毘夏他』，超勝母；『尼_日瑪雷』，無垢母；『瑪拉巴拿耶』，除垢母；『歐卡日_欸』」，持顏母（  ），你那本是

持眾母（），應該是持顏母。持眾母的「眾」是眾多的意思；持顏母，不然你就譯成妙顏母（ཞལ་བཟང་མ）。「『歐卡日阿札美卡雅』，空行母；『札梭札薩尼』，食母」，食母。

口　譯：是吃食物的意思嗎？

仁波切：吃食物，就是這個字，是怎樣的天女不清楚。「『嘿穆卡依』，喜容母；『巴日阿穆卡依』，朝外母」。

口　譯：是迴遮？

仁波切：朝向外面的，朝外母。

「『夏米大尼』，寂靜眾；『薩日瓦札哈北恩達拿尼』，鬼所繫縛一切眾；『尼旨依是依大』，殲滅」，殲滅鬼所繫縛一切眾的意思。「『薩日瓦巴日阿吒拔迪拿』，殲滅敵眾」，他方的攻擊。

口　譯：「敵眾」（ཚོལ་བ）是指「後諍者」（ཕྱིར་ཚོལ་བ）的「諍者」嗎？

仁波切：是指他方的進攻。

「『毘穆大瑪日阿巴夏』，解脫一切魔繩母」，解脫所有被魔繩繫縛的眾生。「『他斯_依大布達米札』，佛手印；『薩穆_兩噶帝大』，不越」。

真　師：什麼意思？

仁波切：不超越，不能從佛陀的手印中超越。

「薩_日瓦瑪_日阿阿匝里大，以佛陀之套索印正遍催伏一切魔羅不動母」。

口　譯：什麼是「米右瑪」（ མི་གཡོ་མ ）？

仁波切：是女神，不動母，不動搖的意思。

口　譯：「不動」是指令魔眾不能動彈嗎？

仁波切：是在說不動母，是天女的名字。

「巴大巴_日_依須達雅地給擦_恩度瑪_日阿嘎_日瑪尼」，意思是「願由清淨詞句特能解脫一切魔業」，這就是〈伏魔咒〉。

　　箋註中「此《海慧經》中所說〈伏魔咒〉並其註釋」，「註釋」是指義譯成藏文的部分。咒語具足功德。「抄自金剛持僧吉祥手書本」，是語王尊者抄自金剛持僧吉祥的手本，這應該是位大上師，抄自他的手書本。「故極精確」，說非常精確。這〈伏魔咒〉有精確和不精確的許多版本，這裡是精確的。咒語的意思也有翻出來，在西藏某些地方說法時是誦這個咒語，現在大部分都用代替作法。「有說代以《心經》而修除魔」，修迴遮。「現行儀軌如是行者亦為應理」，語王尊者說，現在的作法大都是念誦《心經》再修迴遮，這種作法大概是最多的，也是可以的。

　　次以舒顏，具足審定義理方便——喻、因、至教而為宣說。《妙法白蓮經》云：「^巴具相說法師之智者常應無^巴與他比較、恐他高勝之嫉妒，說^巴詞約而具眾^巴多義、^巴易解而善入人心之和美言，復應遠離諸^巴推延懈怠，不應起發^巴數數宣說疲苦厭患想。智者應離一切^巴自讚毀他等感，應於^巴聽聞徒眾^巴等修^巴因等起及當時心慈力，晝^巴與夜^巴於座上善修^巴自之最勝法——^巴真實義及菩提心等。^巴復於起座未修中間，為他說法義利極大，故智者^巴說法師以俱眠阿庾喻，令眾愛樂生歡喜。

講記

還有「由加行之門而說」的部分。接下來說法時「次以舒顏」，「舒顏」是指上師的臉色應該是由衷歡喜的樣子，這就是舒顏。「審定義理方便」，能令徒眾了解義涵的方法。「方便」是什麼意思呢？就是：「喻」，結合譬喻來講；「因」，使用正因；「至教」，引證經論。為了能夠清楚證知、表達內涵，所以用譬喻；要具足清淨理路，所以用正因來抉擇；並且有可靠的經教作為依據，應該這樣宣說正法。

接下來引《妙法白蓮經》有提到，在上面《海慧請問經》也說以何意樂、加行之門說法。如同前面講過的，這兩本經基本上意思一樣，前一個提意樂，這裡講的加行內容也一致。「《妙法白蓮經》云：具相說法師之智者」，說法師要是具相的智者。「常」，這樣的智者無論何時「應無與他比較、恐他高勝之嫉妒」，和前面說過的部分一樣，在這裡加行的部分再講一次，《海慧請問經》提的內容和《妙法白蓮經》講的內容基本一致。「說詞約而具眾多義、易解而善入人心之和美言」，這是舉例，就是要言詞簡約，為了能清晰表達義涵而以各種譬喻之門，用優美的語言方式來說法。

口　譯：是說用很少的詞句表達很多的義涵嗎？

仁波切：對，雖然詞句用得很簡約，例如《廣論》在這裡用的詞
　　　　句就十分簡約，為了能夠了解這裡的內容，而用各種說
　　　　法方便，從許多義涵和譬喻來抉擇。

「復應遠離諸推延懈怠」，不要懈怠。「以後吧！以後再說。」
這就是推延。接下來和之前說的是一樣的，「數數宣說疲苦厭患
想」，想說這很辛苦而感到厭患，不應生起這種想法。這種想法、這
種行為都不應該生起。然後「智者」——這位說法師，「應離一切自
讚毀他等感」，「自讚」，說自己好，說很多自己的功德，隱藏自己
的過失，強調功德，這也是不可以的。然後「因等起」，說法的因位
等起，說法前的意樂也就是「因等起」，意樂要好好地安立。

口　譯：什麼是「因等起」？

仁波切：說法前的意樂，說法前要安立好意樂。

「應於聽聞徒眾等修因等起及當時心慈力」，是說應修習以慈悲

心的方式對待徒眾。對於徒眾修習慈悲，應該心生「真希望能利益到他們呀」的想法，對此作修習，以此來說法就可以了！

口　譯：「因等起」和「當時心」中，「因等起」是說法前的意樂？

仁波切：說法前思惟要用什麼意樂。

口　譯：「當時心」是指說法時……？

仁波切：正說法時的意樂，對徒眾修慈悲。

口　譯：前面「智者應離一切感」的「感」是什麼意思？誰不歡喜？

仁波切：別人不歡喜，他人不高興。如果說法和正法密意不相符，說法時不能完具功德而說，這是不行的！就是指這個。自讚毀他，別人會不高興嘛！別人怎麼會高興呢？

　　說法者必須要善巧修持道的扼要。那需要怎樣的善巧？自己要有修持，沒有修持只說法是不行的，這是為什麼呢？「**晝與夜於座**

上」，自己要有修持，要在座上「善修真實義」。作課誦也可以，最好就是入定於空性中。「及菩提心等」，生起菩提心等。「自之最勝法」，自己要對最殊勝的法作善修、作修持。這樣做之後，「起座未修中間」，在自己修持的座間，「為他說法」，能夠這樣做，「義利極大」。「故智者說法師以俱胝阿庾喻」，「俱胝阿庾」只是要表達數量眾多的意思。事實上，為了利益對方的心續，幫助他們了解經論的內涵，配合眾多譬喻比較容易了解。以符合聽眾內心的程度，令弟子們滿意愛樂，讓他們心生歡喜。為了讓人容易了解，應該這樣說法。

像我們以前在西藏上課時，自己都會作充分的準備。先要複習，對於所有義理自己先通達之後，才開始對別人說法。例如拉卜楞寺的傳規作法，特別是生起次第、圓滿次第。前輩們是這樣說的：上師自己本身先把授課的所有內容，包含科判在內，要熟背、了然於心。說法者不能一面看書一面說，最多只能拿本儀軌。主要是從記憶所及的部分來講述，從自己的經驗去講解，這是傳規作法，要作這樣的準備。聽說以前的作法是這樣，現在這樣傳法的人已經很少了。不論如何，要對人說法，自己要想辦法了解所講的內容是很重要的。做不到這樣，至少要對天中天、上師、本尊作祈求，好好祈願說法時能產生饒益，這是最起碼的底限。

於彼說法等起清淨者，說法之時終亦無少希欲現世利敬，無何欲求？謂亦不思欲諸飲食，噉嚼衣服及臥具，法衣病緣醫藥等，於諸徒眾悉無求財食。或念：若爾，何故而說耶？除上其餘則彼智者恆願自說法者，及諸聞法會眾所表一切有情願當成佛，為此而說。復為利他，為世所化機故而說法之福德，為利一切有情，將之迴向為成佛因故，思彼即我安樂具無有所缺。」此易了知。

講記

接下來有個巴梭法王的箋註：「於彼說法等起清淨者，說法之時，終亦無少希欲現世利敬」，就是之前說過的。

口　譯：原文中「彼」是指說法的意樂嗎？

仁波切：對。

「無何欲求」，對於什麼無所欲求？「謂亦不思欲諸飲食，噉嚼」，「飲」是指喝的飲料，「食」是指一般食物的總名。「噉食」（ བཟའ་བ ），是指人加工製造的食物；「嚼食」（ བཅའ་བ ），是指水果等，不是人加工製造的。再來「衣服」，各種衣服。「臥具，法

衣」，不管怎樣全部都是不應該貪著的。有這種欲求貪著的話，就算是小小的一枝筆，想：「這我想要。」用貪心去執取時，這也是罪過。之前有說過的，必須注意小心，很細微啊！就算是好東西，不論任何東西都一樣，說法者內心不能生起這樣的意樂！「病緣醫藥」，是說生病後需要的藥物，這一切都不可以去追求。「這需要，我需要這個、這個……」不要這樣想。「於諸徒眾悉無求財食」，「給我一個這個，給兩個……」這也不可以。「悉無求」，這些都不應索求。

「或念：若爾，何故而說耶？」不是為了飲食等這些目的，那要為了什麼目的而說呢？「除上所言餘則彼智者」，這位智者不是追求利養恭敬的緣故。那麼是為什麼呢？「恆願自說法者」，說法的目的是什麼呢？任何時候都應這樣想：說法者自身，「及諸聞法會眾所表一切有情」，說法者透由這說法的功德和實踐說法，聽法者將聽到的所有法義結合心續，願一切有情最後都能成佛，獲得解脫及一切遍智的果位，為這個目的而說法；要這樣發願：「願當成佛」。「為此而說」，是為了獲得佛果這目的而說。「復為利他」，為了利益這些徒眾。「為世所化機故而說法」，為了這些所化機、這些徒眾。所有說法的福德，說法的利益功德和福德善根，這些全部「為利一切有情，將之迴向為成佛因故，思彼即我安樂具無有所缺」。能這樣做的話，自己也於究竟的安樂資具無所缺少。思惟已擁有所有的資具，要如是修歡喜心。「此易了知」。

口　譯：「願當成佛，為此而說」是指什麼？

仁波切：「願」，要如是祈願。「為此而說」，發願後，為了獲
　　　　得佛果而說法，這是說法的理由，應該要放在心上。不
　　　　是前面說的為了飲食，而是為了自己和他人一切有情都
　　　　獲得佛果位而說。為此將對所化機說法的福德，普緣一
　　　　切有情而迴向。自己再也沒有比這更具意義的事可做
　　　　了！

　　　例如在《慈氏獅吼經》[7]中提到說法的利益時，說：假使在恆河
沙數一般的世界，皆悉充滿七種珍寶，以此供養在佛前，相較只說一
偈義——當然條件是意樂必須清淨，用具相的說法方式，對他人宣講
一偈的話，這福德勝出前者百倍千倍，這是一段。又說：假使在恆河
沙數一般的世界，悉皆充滿黃金，普施一切有情，相較只說一句偈，
說法的勝利也是百千倍地超勝。將恆河沙數世界充滿黃金的等價物品
布施有情，相較以清淨意樂而對他人誦唸一偈的這個福德，後者也是
比較大。

　　　我們用理路去觀察，例如能將一位有情心中的一個無知消除的
話，這功德是不可思議的。不用宗教，例如如果不認識書上的一個字

母嘎（ㄍ），就有一個無知的愚昧，告訴他說：這叫「嘎」字。就消除了這個愚昧。如同這樣，傳授這本《菩提道次第廣論》，就能去除很多很多無知愚昧。如果用理路來想，就能了解這有無量的利益。不僅如此，像這樣的正法，能使所化機的內心相續生起澄淨的信心，因此可以令他們精進於解脫和一切遍智的果位。有這麼大的功德，運用理路就能了解。

所以，「思彼即我安樂具無有所缺」，這說法者想：「現在得到如此不可思議的功德，連帶異熟迴向給一切有情。」不可以有「這是我得到的功德，怎麼可以給你」的想法。能連同異熟迴向給一切有情的話，再沒有比這更具意義的。思惟這些就是「我的安樂資具無有所缺」。

口　譯：「無有所缺」的意思是指？

仁波切：就是能夠出生無量福德的意思。即使宣說一偈也都有這樣不可思議的功德，我們能修習隨喜是十分重要的。

真　師：師父，剛才佛說的第二個喻是說，以恆河沙數的黃金布施一切有情，和一個人以清淨的意樂和圓滿的軌理，為有情說四句偈，是一個有情還是很多有情？

口　譯：説法對象？

真　師：對，説法是對多少人？

仁波切：一個人也行，很多人當然很好，即使一個也應該是一樣
　　　　的。主要是意樂。所以我應當感謝你們！這麼殊勝的功
　　　　德，這樣的機會也是你們創造的。

　　於何等境應說不說所有差別者：如《毘奈耶經》云：
「未請不應說。」謂未啟請不應為說，雖其請白亦應觀器；
若知是器，縱未勸請，亦可為說。如《三摩地王經》云：
「若◯須為法施故，◯有聽聞者請白◯此經論於汝◯月光童子
者，◯汝於最初為自謙及降我慢故，於彼應先說是語：『我
學◯佛法詞義未廣博。』◯為觀其勝解故，現退避者：『汝
是知◯法詞義善巧◯者，我於◯具悲智大士前，如何能宣說
◯法？』汝應說彼語，不應◯輕率不察忽爾◯許諾宣說。觀器
而後行◯許諾。◯此復若已◯了知是◯具器，未◯祈請亦應
說。」◯即以此相闡明應為有益者說，勿為無益者說。

講記

後面「於何等境應說不說所有差別者」，這是四個科判裡最後一科。「如《毘奈耶經》云：『未請不應說。』」《毘奈耶經》中是這樣說的，任何一個法都要啟請，不啟請是不可以宣講的。「謂未啟請不應為說，雖其請白亦應觀器」，一開始來請法的時候，也應該要觀察是否具器。觀察是否適合對這些徒弟宣說，說了之後是否能有利益。「若知是器」，如果知道這是具器的弟子的話，「縱未勸請，亦可為說」，雖然沒有啟白、勸請也可以宣說。

「如《三摩地王經》云」，《三摩地王經》說：「若須為法施故」，如果為了法施的目的。「有聽聞者請白此經論於汝月光童子者」，「有聽聞者」，有一些聽法者。「請白」，當他說：「請為我說法吧！」作這樣啟請時。「此經論」，任何顯密的經典和論典。「於汝」，是指佛薄伽梵對月光童子說：如果有人向你請法。「汝於最初為自謙」，要謙虛自處低位。「及降我慢故」，自己要降伏我慢，不能因為別人請法，就生起：「我在行法施，我有很多徒眾……」這種我慢的想法。「於彼應先說是語」，一開始應該先說自謙的言詞。「我學佛法詞義未廣博」，不是說完全沒學，並沒有學得廣博、非常廣泛，要說：「完全符合經義講說其內涵，是非常困難。」就要對他說自己沒辦法很好地、很清淨地講說佛法的詞義。不能一開

始就裝得很懂的樣子去講，不能這樣。

不僅如此，「為觀其勝解故」，還要觀察他是否對他請的這個法有勝解，觀察他是不是真的想請法。「現退避者」，「我沒有這個膽量，我不夠資格為您說法。」上師對他要說：「汝是知法詞義善巧者」，「你是善巧者，知道的這麼多！」這樣的話。「我於具悲智大士前」，大士您具足了這麼多的功德，具足了智慧、擁有了慈悲……。要這樣說：「像在這樣的您面前，我怎麼能對您說！對您我沒法像您這樣說得那麼好。」「如何能宣說法？」「在您前面，我是沒有這種勇氣的。我沒有這樣的水平。」「汝應說彼語」，要這樣做。不可以一請法就馬上答應，「不應輕率不察忽爾許諾宣說」，不能說：「好！」就輕易答應。「不應輕率不察」，對請法者要觀察事實和嘴上講的相不相符，沒觀察的話，就不可以答應他們。

觀察請法者具器以後，覺得他意樂清淨，又真心地對所請的法特別想學，如果是這樣，「觀器而後行許諾」，「行」是指答應的行為，答應他說法，不作觀察就不應該說。「此復若已了知是具器」，如果已經知道他是具足法器、適合對他說法，「未祈請亦應說」，他雖然沒有祈請，也是可以對他說：「要對你說這個法，你來聽。」如果知道是具器者，雖然沒有祈請，也是可以說的。

「即以此相闡明應為有益者說，勿為無益者說」，請法者應該具備如上的條件，不具備條件就不應該為他講說。如果知道是具器者，自己想將此法供養他，且他有淨信，也是容許的。例如無比達波拉傑[8]，他並未對密勒日巴[9]尊者請法。無比達波拉傑是密勒日巴尊者最殊勝的弟子，密勒日巴尊者知道無比達波拉傑是具器的弟子，所以對他說：「拜託！請你來，要跟你說法。」也有這種上師要弟子來聽法的例子。如果知道是具器的話，也可以這樣，是滿多的。

真　師：師父，可以提問題嗎？那個「器」的定義是什麼？

仁波切：至心為獲解脫和一切遍智而努力，必須是要這樣。如果不是這樣而對他說法，他卻拿去作經懺，想欺騙其他有情，將說法作為騙人的手段，這不是具器者吧！

所謂佛陀的教法，最主要是什麼？希求後世的利益是很重要的。從修持正法一開始，希求後世義利就很重要。我們最起碼的這個希望，最下最下的是什麼呢？要努力修持下一世不墮落惡趣的方法，不這樣連下士道的法都沒有。既然如此，所謂清淨的法器真的是很難。

如果希求後世，想透由修持佛陀的教法，獲得解脫和一切遍智的

果位，像這樣的請法者，應該是具足法器了。例如在《入中論‧第六現前地》的開頭，提到什麼是可對他開示空性的具器者：對他說一點點，聽到一點點空性的內涵，以及大乘的字句，他就從內心再再地非常歡喜，打從內心極為高興。「由喜引生淚流注，周身毛孔自動豎」，身上汗毛直豎。「彼身已有佛慧種，是可宣說真性器，當為彼說勝義諦」[10]，如果這樣，代表這類人心續中有修法的習氣，那就是法器。達到這種境界，就可以為他說真實的義涵、空性的內涵。所謂的具器者，必須要打從內心對法有信心，應該要如此。「彼身已有佛慧種」，這種人已經有成就圓滿佛果的種子。具器者應該是這樣子。

復次《毘奈耶經》云：「立為坐者不應說法。坐為臥者不應說法。坐於底座為坐高座不應說法。妙惡亦爾。在後行者為前行者不應說法。在道側者為道行者不應說法。為諸㉺以衣等覆頭、抄撩衣㉻邊、㉼衣雙抄㉽於肩、㉾雙手在前抱肩及㉿雙手從後抱項者不應說法。為頭結髻䷀束髮、以鬘飾頭等、著帽、著冠䷁莊嚴瓔珞飾頭者、著鬘、䷂布巾纏首不應說法。為乘象、馬、坐輦、餘乘，及著鞋履不應說法。為手執杖、傘、器、劍、鉞及被甲者，不應說法。」返是應說，依無病也。䷃為利病者，故其中有開緣處。

講記

「復次《毘奈耶經》云」，講解說法的軌則，及說法時一些不恭敬的行相。「立為坐者不應說法」，聽法者坐在地上，說法者站著，這樣是不可以的。「坐為臥者不應說法」，不是指病人，如果是病人的話可以。如果不是病人又躺著，而說法師坐在地上，這時不可以說法，聽法者是不可以躺著聽法的。「坐於底座為坐高座」，這全部都是不恭敬正法，不恭敬法，也不應說法。

前面說過了，佛薄伽梵在說《般若經》時，佛陀也親自鋪設法座。不是說佛陀要表現他很偉大，那是為什麼呢？是為了恭敬法。「妙惡亦爾」，好壞也一樣。好壞應該是指座位，或座位上的墊子都行，在這上面的好壞同前；應該不是從意樂上區分，應該不是。「在後行者為前行者不應說法」，走的時候，後面的也不應為前面的說法，說法師應走在前面。「在道側者為道行者不應說法」，一個在路中間走，說法者在路旁說，這也不行。

「以衣等」，是講穿衣戴袍的方式。「覆頭」，頭完全用布包起來，這樣子也不應為他說法。「抄撩衣邊」，有些人將自己的衣服向上撩，向上抄。「衣雙抄於肩」，衣服也不好好穿，放於雙肩下垂。不論什麼衣服都要穿好。「雙手在前抱肩」，像這樣從前面抱脖子。「雙手從後抱項者」，這也不行。「為頭結髻束髮」，頭上的髮

髻，不是有很多把頭髮弄成這樣的，這也不行。「以鬘飾頭等」，說「等」，應該是指頭上裝飾珠鬘或鳥羽毛。

再來是「著帽、著冠」，像好的冠、好的帽子，莊飾用的莊飾品。「莊嚴瓔珞飾頭者、著鬘」，頭上用珠鬘，各種飾品裝飾。「布巾纏首不應說法」，國王們就會這樣纏，拿布纏在額頭上，應該是指這個，這些都不應為他們說法。

然後「乘象、馬、坐輦」，「坐輦」（ཤིགས）在中文應該是轎子。「餘乘」，就是任何騎乘的東西，騾、馬等。「著鞋履不應說法」，鞋履就是指鞋子。一般來說聽法都要脫鞋，不可以穿鞋。再來「手執杖」，手杖，撐手的棍子、拐杖。手上拿「傘」、拿武「器」、拿刀「劍」，以及手槍等武器。「及被甲者」，鎧甲，以前的時候需要穿鎧甲。這些人都不能對他們說法。

（譯到雙抄時仁波切補充：）「撩衣」，把長袖衣服的袖子向上撩捲這也是，有長袖的話就指這個。

真　師：是把衣服搭在肩上還是捲袖子？

仁波切：說法的時候，把這些長袖向上捲，是不可以這樣穿衣服的，這就叫撩（བཇེས་པ）。

　　「覆頭」不是說身體包起來，是指包頭；第二指抄撩衣邊，從衣邊向上撩捲；「雙抄於肩」，是指垂掛「撒爾瓦」（），是說不穿好衣服，垂掛著，這也不行。主要是指衣服要穿得整整齊齊。「抱項」[11]是這樣，就從身後背手。

　　真　　師：背手？

　　仁波切：背手，對！

　　真　　師：背手怎麼是「抱項」呢？

　　仁波切：從後背部交叉。背手。

　　口　　譯：不是指脖子？

　　仁波切：不是，是說從後交叉。你說的是上面的「抱後頸處」。

　　「返是應說」，若不是這些狀況，就適合說法。「依無病也」，不是病人的前提下。「為利病者，故其中有開緣處」，為利病者，如果病人躺著也可以。病人坐在地上，站著說法也是可以的。這是少數的特別狀況，所以例外。這就是「於何等境應說不說所有差別」。

於完結時共作軌理，❀分四：第一、正說如何行者：由
講聞法所獲眾善，應以猛利欲心迴向現時究竟諸希願處。

講記

現在是「於完結時共作軌理」，共通要作的，是指講說者和非講
說者共同的部分，應該作和不應該作的內容。本論在前面有開出三個
科判：聽聞正法軌理，講說正法軌理，於完結時共作軌理。聽聞軌理
已經講完了，剛才結束了說法軌理，也將說法軌理作了總攝，講完了
最後收攝的段落。「於完結時共作軌理」，是前面開出的第三科。

「於完結時共作軌理」，遍智妙音笑大師開出四個科判，「分
四：第一、正說如何行者」。共同要作的是什麼，聞法者、說法者共
同要作什麼，這是解釋「共」字義涵，正說講聞正法後，講聞二者共
同要作的是什麼。「由講聞法」，以上述的方式講聞正法，聽的也
好、講的也好，由此「所獲眾善」，如上述所說的，累積了無法估算
的福德——聽聞可以得到許多聽聞的利益。「應以猛利欲心迴向現時
究竟諸希願處」，「現時」，願佛陀聖教弘傳昌盛；「究竟」，希望
一切有情都能獲得解脫及一切遍智的果位，以這樣的目的作為希願
處，用猛利欲心作迴向。這是講聞共同要作的事、要了解的內涵。

口　譯：什麼是「現時」？

仁波切：「現時」，指處於有情的階段，修法違緣皆能息滅、佛
　　　　陀教法久住……這些都是。

真　師：師父，現時和究竟它們兩者的因是不是必須相順？我迴
　　　　向現時和究竟的因是不是要相順？不然我迴向現時的利
　　　　益和究竟的利益不相順的話……？

仁波切：一樣的，對！要共同作迴向。這裡提到「應以猛利欲心
　　　　迴向現時究竟諸希願處」，既能發願現時的義利，也能
　　　　發願迴向到究竟的義利，這裡講的是這個。不只是迴向
　　　　一個，要全部都一起迴向，是同一個迴向。沒有說只能
　　　　迴向現時義利，不能迴向究竟的義利；也沒說只能迴向
　　　　究竟義利，不能迴向現時義利，這兩個迴向是同一個，
　　　　說應以猛利欲心作迴向。可以盡量廣大迴向，為了任何
　　　　義利都可以迴向，什麼義利都迴向。你問的是這個嗎？
　　　　是問迴向了現時義利就不能迴向究竟的義利嗎？

真　師：是！我覺得，迴向現時和究竟這兩者是可以同時迴向。
　　　　有的時候那個現時的利益，未必就是究竟利益的因。

仁波切：這兩個是同一件事，你也需要現時的這個啊，你如果要
　　　　得到究竟佛果位，現在佛陀的聖教要久住必須消除修法
　　　　的違緣，這是一件事，需要安立在同一條路上！

真　師：師父剛才已經回答我的問題了。師父是說迴向現時和究
　　　　竟是一件事，我就是問這個。

仁波切：就是一件事啊！

真　師：我就是問這個問題。

仁波切：就是我們迴向的時候，在修行的過程當中要消除一切障
　　　　礙，這也是為了究竟啊！

真　師：那比如說，有人聽法或者說法，他迴向說「願我跟某人
　　　　不愉快的事情能夠化解」，如果這樣迴向的話，就不是
　　　　究竟的希願處了。

仁波切：對！「我這名聲能不能變大，希望我能獲得這個」，這
　　　　樣想是不會成為清淨的迴向。「我想要崇高的地位，我
　　　　能夠安樂點」，不是這樣的。是為了一切有情現時和究
　　　　竟的一切義利能如意成辦，迴向要像這種。僅僅是為了
　　　　自己的虛名去迴向的話，那是不對的。

◎第二、其勝利者：若以是軌講聞正法者，雖僅一座亦定能生如經所說所有勝利。若講聞法至扼要故，依是因緣，則昔所集於法法師不恭敬等一切業障，悉能清淨，諸新集積亦截其流。◎第三、勝士共通行則者：又講聞軌至於要故，所講教授，於相續上亦成饒益。總之先賢由見此故，遂皆於此而起慎重，特則今此教授，昔諸尊重殷重尤極。

講記

現在「第二、其勝利者」，這個的勝利。「若以是軌」，就是像這樣地講聞正法，去講說和聽聞的話。「講聞正法者，雖僅一座」，只要一次，就比如一節課。毫無疑問地，「亦定能生如經所說所有勝利」。「若講聞法至扼要故」，講聞正法如果能夠如實做到的話，「則昔所集於法法師不恭敬等一切業障，悉能清淨，諸新集積亦截其流」。這非常容易懂。

「第三、勝士共通行則者」，往昔的勝士們對於講聞軌理殷重行持之理。是說以前講聞此正法的勝士夫們，是如何殷重看待聽聞正法和講說方式這點。「行則」，是指勝士們殷重的作法。「又講聞軌至於要故」，講聞達到扼要，這真的非常重要，接下來能不能出生清淨

正法，完全是觀待這個講聞軌理有沒有達到扼要。「**至於要故，所講教授，於相續上亦成饒益**」，看到因為達到扼要，所講聞的這個教授，就會對心續非常有利益。「**總之先賢由見此故，遂皆於此而起慎重**」，過去出現的一切正士們，對此非常重視──對聽聞以及講說的軌理，非常地慎重、重視。「**特則今此教授，昔諸尊重殷重尤極**」，特別是傳承道次第這個教授的先賢上師們，對聽法和講說軌理更是非常重視、極高度重視，認為這極度重要！

口　　譯：「於相續上亦成饒益」的相續，是指講聞二者的心續嗎？

仁波切：對，講說者和聽聞者。見到能做到如上所說的那樣，對講說者和聽聞者都能得到非常大的利益，能夠對各自的內心相續有利益。看到不論是誰，能行持講聞的人都會有很大的利益。

🌸第四、違此當致重罪，故教誡應珍重者：現見此即極大教授，謂見極多由於此事未獲定解，心未轉故，任說幾許深廣正法，如天成魔，即彼正法而反成其煩惱助伴。是故如云：「初一若錯乃至十五」，故此講聞入道之理，諸具慧者應當勵力。凡講聞時，下至應令具足一分🅱性相，講教授前第一加行，即是此故。恐其此等文詞浩繁，總略攝其諸珍要者，廣於餘處應當了知。教授先導已宣說訖。

講記

「第四、違此當致重罪，故教誡應珍重者」，如果不如此殷重地講聞，對講說軌理、聽聞軌理不殷重的話，就會出現過失。以此說明應該要珍重執持講說和聽聞這個教授，這就是第四個科判。「現見此即極大教授」，看到講說軌理和聽聞軌理是極大教授。「由於此事未獲定解」，對這點沒有定解，不於此精勤的話，由於對這種講說軌理、聽聞軌理「心未轉故」，對這聞軌和講軌不善了解的話，「任說幾許」甚深廣大正法，都是非常大的危險！「如天成魔」，就像天神反而變成了惡魔一樣，有很多人講法反而成為煩惱助伴。如同之前提過的，意樂不調整好的話，講法反而成為煩惱助伴，就是這樣。如果不小心講說軌理，想著：「我是為了名聲地位、我想要得到智者的果

位。」這一切都會反過來成為煩惱助伴，這樣講法不但毫無意義，而且有很大的過失，所以要特別小心。

「是故如云：初一」，例如要算日子的話，今天是初一弄錯成初三，接下來就全部都錯了。三、四……和其他人兜不起來，錯亂掉了。就像這樣，於此甚深教授法要——菩提道次第修治內心的一開始，一定要依止、重視講說和聽聞軌理這點，然後對這所有的內涵，如理地再再抉擇、再再地看能否饒益自心。這非常重要，不能弄錯，弄錯的話，非常難以證得下面的所有法義。「故此講聞入道之理」，這聽法和講說，要結合自心相續再再思惟，對這樣的道理如實結合到自心相續上，這是非常重要的。「諸具慧者應當勵力」，應該要竭盡所能，做到符合講說軌理和聽聞軌理。「凡講聞時，下至應令具足一分」，要對弟子講什麼、弟子要聽什麼，都要想辦法具足上面提到的所有定義，這很重要。能這樣去做的話，就是「講教授前第一加行」，開示教授的最勝前行、最殊勝的正法次第，就是這個講法和聽法的軌理。

口　譯：「凡講聞時，下至應令具足一分」是什麼？

仁波切：「下至應令具足一分」，指定義。「凡講聞時」，要對
　　　　　徒弟講說時，如果可以，所有的定義都要想辦法具足，

要思考如何做到，這非常重要。即使沒有具足所有的定義，至少要努力做到定義中最底限的內容。這很重要。雖然只有一兩項，也必須要具足。「現見此即極大教授」，就是前面的說法軌理和聽法軌理，這就是「極大教授」。

口　譯：「現見此即極大教授」這句是要歸在下面第四個科判嗎？

仁波切：這是第四個，「第四違此……重罪」這裡。「勝士共通行則者」是第三科。

口　譯：什麼是「心未轉」？

仁波切：「現見此即極大教授」，是說講說和聽聞軌理這一切都是極大教授，這是如實證知內涵的方法，精勤此點非常重要。沒有得到定解，不知道這內涵的話，對此「心未轉故」，不論是誰都一樣，當我們要修持正法的時候，對這個教授沒有獲得定解，在這方面心不去思惟，就會出現如下所說的過患——「任說幾許深廣正法，如天成魔」。

口　譯：「初一若錯乃至十五」是要說明什麼？

仁波切：弄錯了初一，又不會算日子，以為是初三，那接下來每天，初四、初五……，算下去都是錯的。就如同這樣，不做好聽法和講說軌理，接下來任何法類都絕對不能了解得很好。

口　譯：「講教授前第一加行」，教授是指後面道次第的內容嗎？

仁波切：對，講這些教授前的加行，就是講聞軌理。

　　「恐其此等文詞浩繁，總略攝其諸珍要者」，怕這些內容文詞過繁，總攝這中間心要精華的部分來講。「廣於餘處應當了知」，廣泛地則要從其他地方了解。「餘處」指《三摩地王經》、《海慧請問經》、《本生論》等，從這些經論去了解。「教授先導已宣說訖」，講聞之軌非常重要、非常重要！

法　師：「講教授前第一加行」是指什麼？

真　師：講聞軌理。

仁波切：對、對、對！剛剛講完的這個啊！講聞的規矩。

居　士：「下至應令具足一分」，這一分是指聞法勝利嗎？

仁波切：是指聽法和講法的一些軌理，至少你應該要掌握這些功
　　　　德和它的軌理。

真　　師：應該要掌握。

仁波切：應該要掌握、應該要掌握！

真　　師：好！

仁波切：大體意思是這樣。

真　　師：「初一若錯乃至十五」，這個是說從初一就錯了，然後
　　　　他一直……。

仁波切：你初一就錯了，第二天也是一樣。比如今天本來是初
　　　　一，你認為是初二的話，那你明天就繼續是初三、初
　　　　四，你就這樣子一直錯下去了嘛！一直錯到這個月底，
　　　　就這個意思。

真　　師：是！

口　　譯：今天是初一，然後認為是初二……。

真　　師：這樣就錯了。

仁波切：初二的話，你這樣子就一直下去初三，明天本來是初二
　　　　也錯了，後天你認為是初四，實際上是初三，不也錯了

嗎？就一直錯下去的意思。今天是初一，但是你認為是初二的話，你明天當然也認為是初三，也是錯的，這樣就錯下去了嘛！

真　師：這就是一開始錯的時候，後面就沒法收拾了。它不是初一錯了，然後第二天還能夠像這樣算回初一，一開始就錯了是不是？

仁波切：對！

真　師：你沒法改。

仁波切：所以你要說話的時候，一開始就不能錯。聽聞的軌理、講法的軌理，你這一錯的話，下面的法門，比如說親近善知識、暇滿人身啊，這些都將難以契入。

真　師：師父，還有一個問題，可以問嗎？

仁波切：你說。

真　師：就是在「於完結時」迴向那個部分，有兩個：就是「若講聞法至扼要處」，那個是「法」字，然後下面還有一個，「又講聞軌理至於要故」，這個「扼要」和「要」字都翻譯成是要如理，可是為什麼法尊法師翻譯的時候，一個用了「法」字，一個用了軌理的「軌」字呢？

就是「若講聞法至扼要處，依是因緣，則昔所集於法
法師不恭敬等一切業障，悉能清淨，諸新集積亦截其
流。」然後就接著「又講聞軌至於要故」，這個「扼
要」和「要」都是翻譯成説是如理，那麼法尊法師翻譯
的時候，為什麼是一個用「法」，一個用「軌」，這個
有沒有區別？

口　　譯：因為原文就是這樣。

真　　師：原文是這樣啊！

仁波切：所謂講聞正法之軌有沒有至扼要，是説這裡的定義有沒
　　　　　有如實達到説法的定義，是説這個。有沒有如實達到説
　　　　　法的標準，再看能否證得説法的所有內涵、能否饒益自
　　　　　心相續。至不至扼要應該就指這個。

口　　譯：是否饒益自心，即是至不至扼要？

仁波切：對，能對自心相續饒益的話，那你做的講聞這個內涵已
　　　　　經達到扼要了；如果沒有利益，就是未達扼要。

口　　譯：「講聞法」是説對佛法作講説和聽聞，「講聞軌」是説
　　　　　講説軌理和聽聞軌理。這「法」跟「軌」是指不同關係
　　　　　的。

真　師：就是這個「法」是攝在軌理的一部分。

口　譯：這個「法」指的就是，例如：一個無常的法、暇滿……。

真　師：法類。

（譯者再向仁波切確定「講聞法」的「法」是不是指暇滿、無常等所講、所聞的法類。）

仁波切：對，就這個！「講聞法至扼要故」的「法」是指一般的法。對，這兩句「至於扼要」不一樣。我們看的是後邊，實際上你問的是前面那個。講聞法有沒有至扼要，是指對什麼「法」作講聞；下面的是說，講說和聽聞的「軌理」。翻譯翻得很好。

　　本來傳統作法中，在西藏傳授所謂「引導」的時候，今天一開始廣講，最後結束時，要把今天講的內容作總結，隔天要把昨天的所有內容再作一次總攝，簡短地開示。這段引導就要分三次、傳三次。本來是這樣的作法，但我們沒有這麼多的時間，會耽擱許多時間，再說你們之前也聽過很多了，所以我們就不需要這樣做。但是昨天我們教授前行已經告一段落，講完了一個段落，還是需要一個收攝的總結。

主要提到的是，對具足二種殊勝的正法作聽聞和講說的軌理。至於聽聞軌理，主要是「思惟聞法勝利、於法法師發起承事、正聽軌理及完結軌理」。

主要在聽聞軌理中，最開始要「思惟聞法勝利」，這是為了生起歡喜心。「於法法師發起承事」，是為了修習對法及法師的信心，這必須善為修習，不修習的話，是不可能對法及法師發起承事的。那要如何修習呢？在我們學習的基礎上，再再思惟《廣論》所提到的。而對《廣論》所講的一切證德，在自心相續中生起的方法，就是要作積資、淨障等，絲毫不鬆懈地長時學習這信心，要長時修習。這就是於法法師發起承事。

「於法法師發起承事」，主要重點就是要修習信心，主要重點是為了修習信心。我們很難在第一天內心就生起清淨的信心，所以要再再修習，修了才能對法及法師發起恭敬承事，才能對此法及法師生起信心。主要是修習，這很重要，修習信心很重要，修習信心很重要！任何一個法類都好，每個每個法類裡的證德，自己再再地抉擇、再再地修習，這是生起證德的近取因，就像種子一樣。這證德能圓滿地生起，需要什麼條件、什麼順緣呢？例如種下種子之後，需要牛糞、溫度、溼度等，需要俱有緣。什麼是俱有緣？主要是自己對《廣論》中說的所有內涵，任何一個法類之上，於自心相續中再再、再再地熟

習、修行，這就是修。然後要讓相續中生起證德，所用的方法就是要祈請本尊和上師，以及自己集聚淨障、積資等因緣，這很重要。如果這樣做的話，那所有的證德就能容易地生起。「於法法師發起承事」也是這樣，一開始就要修習，不修不可能生起證德的。

口　　譯：證德的近取因為何？

仁波切：就是我們現在所學習的，將這內涵全部在心上再再修
　　　　　習，這修習就是此處的近取因。

　　像我們現在能學習《廣論》，是很好的善緣、很好的機會，因此不管是聽聞軌理也好、講說軌理也好都一樣，為什麼說都一樣呢？即使是說法者，也一樣要「思惟說法勝利、發起承事大師及法」，一樣要承事，都是要修習信心，講的人也應如是修、聽的人也應如是修。例如我們一開始誦心經、禮拜、供曼達的時候，都要再再思惟，要這樣修習。為什麼呢？因為我們禮拜和供曼達等，是為了相續中能生起一切證德。如果禮拜的時候，覺得這是例行公事，說法前有個禮拜的例行公事，所以拜三拜；供曼達也想成是例行公事，所以就隨便應付，這當然不可能如實出生利益，因此要思惟。就是我們拜佛身姿恭敬、言語讚歎、一心至誠，所謂對法及法師的承事，就在我們最初禮

拜的時候具足了，在這裡就具足了！之後也能這樣聽法和講法等，想到這實在是太美好的善緣。而為了能承事法及法師而禮拜、供曼達，以及最後將善行迴向無上菩提等，這一切不論什麼，都是拿來作為生起那些道及證德的方法。這些時候是有許多要思惟的。

講說軌理和聽聞軌理大體是一樣的。如果講正行的聽聞軌理，就是要以斷器三過、依六種想的方式好好地聽法。即使是說法者也一樣，意樂講說軌理和加行講說軌理。就加行的角度，應該如何講說、說法時應該依止什麼樣的行為、依止怎樣的意樂。不管是什麼，這時候觀察意樂最重要，觀察意樂最重要！內心不摻雜煩惱來聽法非常重要，如果能這樣做，就能出生如經論所說的利益，是無邊的利益！

我們昨天已講過了，說法的功德無邊、聽聞的功德也是無邊，無法言喻！像這樣的功德利益是怎麼出生的呢？主要關鍵在意樂——心不摻雜煩惱的狀態。我們前幾天在說法軌理和聽聞軌理提到的，要全部都思惟起來很難，但不管怎樣，之前說的「下至」，起碼也要具足最底限的定義。無論如何，這裡面聽聞和講說的勝利、聽聞的方式、講說的方式，《廣論》中都作了廣泛的說明，內心依照這些去思惟就能出現那樣的利益。

口　譯：要怎麼做到底限？

仁波切：底限是：從今以後聽法的時候，要斷器三過、依六種
　　　　想，不能做到全部，也要把這裡面的一部分憶持在心。
　　　　不是有說「下至應令具足一分」，就是說這個。

　　略攝扼要而說的話，先前我們也討論過，說法和聽法能否趣於扼
要是非常重要的，必須要一種趣於扼要的狀態。例如一位病人，醫師
給他藥，這藥是息滅這個病人病痛的方法，所以醫生給藥，這個藥如
果能息滅疾病、除去疾病帶來的痛苦等等，令病痛消失痊癒，這藥就
有用了，醫生給藥就達到了扼要。我們為什麼要修行正法？因為這是
息滅煩惱所必須的方法，如果能對自心相續有利益的話，修行正法就
達到扼要了。如果不是這樣，沒有達到扼要的話，例如：醫生給錯藥
了，服藥反成毒，不僅對病人沒有幫助，反而令病人因藥中毒。由於
用錯藥而使病人致死的例子非常多，藥反成毒，這就是所謂的「如天
成魔」。就像自己的守護神，自己是可以依止的，雖然依止了，然而
天卻成了魔，反而變成令自己喪失生命的劊子手，這就是如天成魔。
如同這樣，正法反倒成了煩惱的助伴，不是對治煩惱，而是成為煩惱
助伴，令煩惱增長廣大。

　　像這種認為「我是智者」，對他人嫉妒、我慢、自讚毀他，如果
正法變成這種武器，就是正法沒有達到扼要。不僅未達扼要，而且成

了煩惱的助伴。這就是之前說的，要特別小心，非常危險，必須特別謹慎的地方。

如果不這樣做，例如這裡面提到，前面講的，不要把初一弄錯。聽法和講法的時候，內心如何去聽聞、講說，聽的時候應該如何去聽，像這些應如同《廣論》所說而去行持。如果沒弄錯的話，那接下來不論那一個法類都不會錯亂，全部都能跟自心相續結合，也會知道這些全部都是對治煩惱的方便。因此，這就是所謂的「初一若不錯乃至十五」，一開始就不令出任何差錯。聽聞軌理和講說軌理，講聞之時應該要如何、要依止怎樣的意樂、依止怎樣的加行，這是非常重要的。

因此，班禪貝丹耶謝[12]就說：「提到『初一若不錯乃至十五』，是有很大的緣起扼要。如果初一不錯的話，功德就能像上弦月一樣，越來越增長、越來越增長，最後圓滿所有功德，變成像十五日的月亮一樣。這有極大的緣起扼要。」下面從開頭的依止知識軌理開始，直到無學雙運之間，所有扼要毫不錯亂，如同初一的月亮持續增長，最後功德像十五日的月亮能夠完全圓滿。這種關要是在講聞的時候結合自心的經驗感受，看所有的功德能不能在相續中生起，這是非常重要的。

　　收攝來講，就像噶當派說的「初後二事」。我們每天都有上課，一開始我們禮拜、供曼達的時候，就要好好地觀察意樂，這很重要。調整好意樂，對法及法師發起承事，例如禮拜和供曼達等，這些都要的。這時就要好好思惟，對自己的意樂也作觀察。了解內心是非常難的，要一切依法攝持，真的非常困難，真的非常困難！但是噶當派他們就是「初後二事」，最開始的時候觀察意樂，令意樂不摻雜煩惱，最後作迴向發願。作了迴向發願之後，像今天上課講聞正法等所有的福德，講說和聽聞《菩提道次第》所有的福德，為了一切有情的義利，迴向能成為獲得圓滿菩提的因。這很重要！底限至少要具足這二點。

　　就像這樣迴向的方式，我們每天作的講聞、學習所獲得的善業，由此獲得的一切福報，如同文殊怙主宗喀巴大師所作的迴向發願一樣：「諸凡大寶聖教未被地，或雖已蒙被護復衰微」，聖教未曾弘傳的地方能開始弘傳，雖然曾經弘傳然而已經衰微的地方，為了能重新振興，「心為大悲所感極撼動，光弘顯耀如是利樂藏」[13]，如同此文作發願迴向。為了佛陀的大寶聖教能在一切世間、一切時處，都能流傳弘揚、久住而作發願迴向。特別是發願迴向文殊怙主宗喀巴大師的聖教，也能在此世間久住，能這樣就非常好，有很大意義！願力、願力！就像《廣論祈願文》這四句偈一樣，這願文在《廣論》裡有。

「心為大悲所感極撼動」，自己被為了一切有情的大悲極度撼動。「利樂藏」，利益和安樂生源的寶藏，這是指什麼呢？就是佛陀的大寶聖教，能在一切世界中光弘顯耀。

仁波切：你們有沒有其他什麼問題？好，沒其他問題我們就開始繼續講。

真　師：師父，昨天有一個小問題，就是「以猛利欲心迴向現時及究竟希願處」，那個「猛利欲心」是什麼意思？有點把握不到那是什麼？就是在很下面，「完結時共作軌理」。

仁波切：知道。「以猛利欲心迴向現時究竟希願處」，就是我剛才講過的，所謂「猛利欲」的這個「欲」，應該可以說是一種清淨的增上意樂，以清淨增上意樂的狀態。

真　師：清淨的增上意樂。

仁波切：應該是一樣的。「猛利欲」是指以清淨增上意樂的狀態，專一地希欲——「心」專一的狀態，把這一切的善業迴向一切有情。「現前」令佛陀的聖教久住世間；另外，現前的義利就是人天的果位，「究竟」是為了得到

圓滿佛陀的果位。現前的義利就是增上生人天的果位，
也是現前所獲的義利。眼前獲得人天的果位，以暇滿的
善所依，漸次而究竟圓滿佛陀的果位。為了獲得增上生
的人天果位而努力，這也是現前的義利。各位是有這樣
的！我呢，以前是有學過《廣論》，但小時候沒有太注
意，現在慢慢地對聽聞軌理和講說軌理，就這一點、就
這一個法門，覺得自己能完全具足的話，就太不可思議
了，太不可思議了！

　　對比其他宗教，像這樣的引領入道的賢善方便，覺得應該是非常
稀有、非常稀有！例如基督教、回教，我想應該很難有這樣賢善的教
授。主要是佛陀的聖教已經是很稀有特殊，在這裡像《廣論》連帶開
出科判的方式等，真的是太稀有特殊了。一般來說是在《道炬論》已
有的基礎上講的，但是科判安排的方式，一開始是講說軌理和聽聞軌
理，然後道之根本親近知識軌理，這安排科判的方式，也有說這是宗
喀巴大師不共的善說，我想應該也是。自己能在講說軌理、聽聞軌理
這一個法門思惟、修持的話，真的是太不可思議了！你們諸位能現起
這樣的想法，這樣的狀態來看，能對這部分如此講究，我覺得真的是
太不可思議了！

註釋

1　**法湧菩薩**　即《般若經》中常啼菩薩的老師。

2　**佛陀先令行，菜蔬等布施，習此微施已，漸能施己肉**　引文出自《入行論·精進品》，第25偈。

3　**除此護心戒，何勞戒其餘**　引文出自《入行論·護正知品》，第18偈。

4　**如處亂眾中，人皆慎護傷**　引文出自《入行論·護正知品》，第19偈。

5　**行持若如斯，縱住惡人群，抑處美人窩，勤律終不退**　引文出自《入行論·護正知品》，第21偈。

6　**如星翳障或燈火**　此句出自《金剛能斷經》。全偈在姚秦鳩摩羅什大師所譯《金剛般若波羅密經》作：「一切有為法，如夢幻泡影，如露亦如電，應作如是觀。」與藏文略有出入。

7　**《慈氏獅吼經》**　仁波切引的《慈氏獅吼經》，漢譯見元魏優禪尼國王子月婆首那譯的《大寶積經摩訶迦葉會》云：「佛告彌勒：『若滿三千大千世界珍寶樂具，若善男子、善女人以此珍寶樂具施諸眾生。若有善男子善女人為他人說一四句偈，令其得聞。彼善男子善女人所得功德勝前功德無量無邊阿僧祇數。』佛告彌勒：『觀此比丘入於村邑有大利益。彌勒！若入城邑，勿得遠離讚歎三寶論說世事。何以故？彌勒！若金銀琉璃真珠瑪瑙珊瑚諸寶及諸樂具，不能令人離於生老病死憂悲苦惱。彌勒！唯有正法

能大利益，離於生老病死憂悲苦惱，是名如來微密之法。』爾時世尊而說
頌曰：『三千大千界，珍寶滿其中，以此用布施，所得功德少；若說一偈
法，功德為甚多。三界諸樂具，盡持施一人，不如一偈施，功德為最勝；
此功德勝彼，能離諸苦惱。』佛告彌勒：『若有菩薩摩訶薩以滿無邊世界
珍寶施諸佛如來。若有菩薩以大悲心為一眾生說四句偈，功德勝彼。』爾
時世尊而說頌曰：『若恆沙世界，珍寶滿其中，以施諸如來，不如一法
施。施寶福雖多，不及一法施，一偈福尚勝，況多難思議。』」參見《大
正藏》11冊504頁。

藏文經名為《聖慈氏獅吼大乘經》（ འཕགས་པ་བྱམས་པའི་སེང་གེའི་སྒྲ་ཆེན་པོ་ཞེས་བྱ་བ་ཐེག་
པ་ཆེན་པོའི་མདོ ），依藏文譯為：「彌勒！若誰以充滿三千大千世間此界七
寶，施於一善男子或善女人，並攝集所有三千大千世間界中，諸有情之安
樂資具，此等一切施彼善男子或善女人。用此等珍寶聚及此等安樂資具，
此亦不成悲憫饒益彼善男子或善女人。令彼聽聞雖僅一四句偈，此亦僅止
聞彼之耳識，雖或不能令得信心，此者於彼善男子或善女人，已作增長饒
益甚多悲憫。彌勒！觀此等比丘入諸城邑已，斷捨佛言教，行近世間言，
於彼城邑中，精勤作多少，實大無義事。若問何故，彌勒！如是以諸金、
銀、珍寶、珍珠、琉璃、碑碟、水晶、珊瑚，其他安樂資具，不令具有生
法諸有情眾，從生解脫；亦不能令具有老死愁嘆痛苦憂惱法者諸有情眾，
得從老死愁嘆痛苦憂惱眾中，完全解脫；由聞法故，能令具有生法諸有情
眾，得從生中，完全解脫；具有病法諸有情眾，得從病中，完全解脫；具
有老死、愁嘆、痛苦、憂惱法者諸有情眾，得從惱等完全解脫。從是思已
如來善逝作是偈言：『以此大千世間界，充滿黃金施於彼，任作如何饒益
事，不若說一四句偈。有一欲行饒益者，將諸三界眾有情，所有一切眾安
樂，盡持施與一有情，不如能以佛教法，令彼聞一四句偈，此為殊勝最饒
益，能令解脫諸痛苦。』作是示已。彌勒！比之菩提薩埵以充滿無有邊際

世間界之七寶,供養諸佛薄伽梵。發大悲心於一有情宣說一四句偈,多生福德更勝於彼。於此作是偈言:『若人持滿恆河沙,世間界中最勝寶,用歡喜心供養佛,若以偈施一有情,供養珍寶廣大福,比於悲心施偈語,不及一分非能量,況能思其二三分。』」參見《甘珠爾》對勘本43冊223頁。

8 **無比達波拉傑**　公元1079-1183。為至尊密勒日巴的弟子。相傳為佛世時,請佛宣說《三摩地王經》的月光童子。曾依止嘉裕瓦等噶當派祖師學法,後值遇密勒日巴尊者,便依止修行,生殊勝德。並結合噶當道次第及大手印教授而造道次第。後人追隨其學者,稱為達波噶舉派。

9 **密勒日巴**　公元1040-1123。為瑪爾巴譯師的四大弟子之一。幼時遭叔父等凌虐,奉母命學咒術而誅殺親族。後心悔造罪,意欲修行。值遇瑪爾巴譯師,譯師為淨其罪障,令行種種苦行,終將灌頂與教授全部傳授。一生勤苦修行,獲得了殊勝成就。

10 **由喜引生淚流注,周身毛孔自動豎。彼身已有佛慧種,是可宣說真性器,當為彼說勝義諦**　引文出自《入中論‧第六地》,第4偈、第5偈。

11 **抱項**　抱肩,在藏文中是གཉའ་གོང་དུ་བསྐོལ་བ།,抱項是ལྱུག་པར་བསྐོལ་བ།,གཉའ་གོང་是頸子後,བསྐོལ་བ是雙手交叉。ལྱུག་པ有後頸和背部二義,仁波切的解釋中用背部來理解,所以是「背手」,雙手在背後交叉。法尊法師依前義,所以譯為「抱項」。

12 **班禪貝丹耶謝**　公元1738-1780。為第六世班禪。依止賢劫海大師聽聞時輪法類，獲得無量灌頂、隨許、引導、誦授等傳承，後至塔爾寺、蒙古等地廣傳教法，利益無量眾生。

13 **諸凡大寶聖教未被地，或雖已蒙被護復衰微，心為大悲所感極撼動，光弘顯耀如是利樂藏**　引文出自宗喀巴大師造《廣論祈願文》，第4偈。法尊法師原譯文作：「聖教大寶未普及，雖遍遷滅於是方，願由大悲動我意，光顯如是利樂藏。」今依藏文字數重譯。

AMRITA
TRANSLATION FOUNDATION

大慈恩譯經基金會

AMRITA TRANSLATION FOUNDATION

創設緣起

　　真如老師為弘揚清淨傳承教法，匯聚僧團中修學五部大論法要之僧人，於 2013 年底成立「月光國際譯經院」，參照古代漢、藏兩地之譯場，因應現況，制定譯場制度，對藏傳佛典進行全面性的漢譯與校註。

　　譯經院經過數年的運行，陸續翻譯出版道次第及五部大論相關譯著。同時也收集了大量漢、藏、梵文語系實體經典以及檔案，以資譯經。2018 年，真如老師宣布籌備譯經基金會，以贊助僧伽教育、譯師培訓、接續傳承、譯場運作、典藏經像、經典推廣。

　　2019 年，於加拿大正式成立非營利組織，命名為「大慈恩譯經基金會」，一以表志隨踵大慈恩三藏玄奘大師譯經之遺業；一以上日下常老和尚之藏文法名為大慈，基金會以大慈恩為名，永銘今後一切譯經事業，皆源自老和尚大慈之恩。英文名稱為「AMRITA TRANSLATION FOUNDATION」，意為不死甘露譯經基金會，以表佛語釋論等經典，是療吾等一切眾生生死重病的甘露妙藥。本會一切僧俗，將以種種轉譯的方式令諸眾生同沾甘露，以此作為永恆的使命。

　　就是現在，您與我們因緣際會。我們相信，您將與我們把臂共行，一同走向這段美妙的譯師之旅！

大慈恩譯經基金會官網網站：https://www.amrtf.org/

AMRITA
TRANSLATION FOUNDATION

創始榮董名單

真如老師　楊哲優闔家　蕭丞莛　王名誼　釋如法　賴春長　江秀琴　張燈技
李麗雲　鄭鳳珠　鄭周　江合原 GWBI　蔡鴻儒　朱延均闔家　康義輝　釋徹浩
釋如旭　陳悌錦　盧淑惠　陳麗瑛　劉美爵　邱國清　李月珠　劉鈴珠　楊雪芬
朱崴國際　楊林金寶　施玉鈴　吳芬霞　徐金水　福泉資產管理顧問　王麒銘
王藝臻　王嘉賓　王建誠　陳秀仁　李榮芳　陳侯君　盧嬿竹　陳麗雲　張金平
楊炳南　宋淑雅　王淑均　陳玫圭　蔡欣儒　林素鐶　鄭芬芳　黃致文　蘇淑慧
魏榮展　何克澧　崔德霞　黃錦霞　楊淑涼　賴秋進　陳美貞　蕭仲凱　黃芷芸
陳劉鳳　楊耀陳　沈揚　曾月慧　吳紫蔚　張育銘　蘇國棟　闕月雲　Huang,Yu
陳弘昌闔家　蘇秀婷　劉素音　李凌娟　陶汶　周陳柳　林崑山閤家　韓麗鳳
蔡瑞鳳　陳銀雪　張秀雲　游陳溪闔家　蘇秀文　羅云彤　余順興　蕭陳麗宏
Chi闔家　林美伶　廖美子闔家　林珍珍　邱素敏　李翊民　李季翰　林郭喬鈴
水陸法會弟子　顏明霞闔家　劉珈含闔家　蔡少華　李賽雲闔家　程莉闔家
朱善本　張航語闔家　詹益忠闔家　姚欣耿闔家　羅劍平闔家　孫文利闔家
李東明　釋性修　釋性祈　釋法謹　吳宜軒　陳美華　洪麗玉　吳嬌娥　陳維金
陳秋惠　翁靖賀　邱重銘　李承慧　蕭誠佑　蔣岳樺　包雅軍　陳姿佑　陳宣廷
蕭麗芳　周麗芳　詹尤莉　陳淑媛　李永智　蘇玉杰闔家　巴勇闔家　王成靜
程紅林闔家　黃榕闔家　劉予非闔家　章昶　丁欽闔家　洪燕君　崔品寬闔家
鄭榆莉　彭卓　德鳴闔家　周圓海　鄒靜　劉紅君　潘竑　翁梅玉闔家　駱國海
慧妙闔家　蔡金鑫闔家　慧祥闔家　王文添闔家　翁春蘭　林廷諭　羅陳碧雪
黃允聰　黃水圳　黃裕民　羅兆鈐　黃彥傑　俞秋梅　黃美娥　蘇博聖　練雪溱
高麗玲　彭鈺茹　吳松柏　彭金蘭　吳海勇　陳瑞秀　傅卓祥　王鵬翔　鄧恩潮

2023-2024 榮董名單

2023-2024

王昭變闔家　詹蕙君　付慈平　彰化15宗07班　妙群闔家　曾順隆闔家
羅惠玲闔家　俊良美純秀英闔家　釋聞王釋聞浩　莊郁琳李國寶闔家
劉秀玉邱家福　釋性呂王志銘闔家　粘友善黃招治闔家　盧明煌盧陳幼
鄭惠鶯　釋性利　林淑敏　孫濤張麗榮闔家　林忠義闔家　李慶財闔家
李逢時林秋香闔家　蔣瑜闔家　李建彤　陳怡君闔家　釋超怙及增上班
釋清燈徐鄭秀鳳　釋性求顏國宏闔家　龍寶建設股份有限公司　釋清翰
侯美賢林秀蓮闔家　李彩蓮闔家　利駿貿易有限公司　鄭伯達鄭蔡佳珠
管素瑜闔家　林藝帆闔家　李春郎闔家　李翊綺闔家　黃登洲闔家
莊浚楓闔家　翁燕如闔家　張語彤闔家　李志峰闔家　鄧雅如闔家
林綉錦闔家　謝錦敏闔家　朱晉熙闔家　李春田闔家　劉嘉蘭闔家
花春雄闔家　蔡明興闔家　郭文隆闔家　楊鴻鵬闔家　高美蘭闔家
林家誼闔家　楊惠玫闔家　陳靜慧闔家　唐廷照闔家　陳福臺闔家
陳武華闔家　陳志聲闔家　吳春山闔家　謝麟兒闔家　林正雄闔家
陳三奇闔家

2024-2025 榮董名單

2024-2025

黃顯珺　王彬彬　鍾圭郎鍾文挺　廣翼班　陳金綢闔家　楊秀錦吳新吉
黃長彥邱變黃麗美　陳素意　梁意玉闔家　蘇淯蓉闔家　楊誠理劉菁菁
楊振元　黃嶺闔家福慧圓滿　林猷民闔家　李深才　陳芳咪　許楊西女
朱冠宗闔家　楊淑淇　張永平闔家　陳金選　吳惠美　宋清泉　莊黃尋
林長豪闔家　杜祖翰闔家　林美蘭　劉素媛　王惠玉　唐預楨　林本源
黃慈賢黃嘉財闔家　邱龍妹闔家　劉明桐闔家　吳耀焜陳桂花闔家
園區親近善士班　王弈淇　王浩安　王玉章　陳麗光　王金川　王蕾綺
王恩泉　李舜基　林春敏張月綺闔家　張明良王碧月闔家　蔡麗美闔家
賴素靜狄景力闔家　張如茵闔家　張吉雯闔家

四家合註 入門①

哈爾瓦·嘉木樣洛周仁波切講記【增訂版】

造　　論	宗喀巴大師
合　　註	巴梭法王　語王堅穩尊者　妙音笑大師　札帝格西
講　　述	哈爾瓦·嘉木樣洛周仁波切
總　　監	真　如
合註漢譯	釋如法、釋如密等
講記漢譯	釋性柏、釋如行等

責任編輯	伍文翠、廖育君
編輯協力	沈平川、張慧妤、葉惠欣、侯貞君、賴韻如
美術設計	王佳莉、吳詩涵
繪　　圖	鄭秋梅
美術完稿	吳詩涵
排　　版	華漢電腦排版有限公司
印　　刷	上海印刷廠股份有限公司

出 版 者	福智文化股份有限公司
地　　址	105407台北市松山區八德路三段212號9樓
電　　話	(02) 2577-0637
客服Email	serve@bwpublish.com
總 經 銷	時報文化出版企業股份有限公司
地　　址	桃園市龜山區萬壽路二段351號
電　　話	(02)2306-6600 轉2111
出版日期	2024年7月　二版一刷
定　　價	新台幣1200元
I S B N	978-626-95909-4-0

本書所得用以支持經典譯註及佛法弘揚

國家圖書館出版品預行編(CIP)目資料

四家合註入門：哈爾瓦．嘉木樣洛周仁波切講記 /
　宗喀巴大師造論；巴梭法王，語王堅穩尊者，
　妙音笑大師，札帝格西合註；釋如法，釋如密等
　合註漢譯；釋性柏，釋如行等講記漢譯 . -- 二版 .
　-- 臺北市：福智文化股份有限公司，2022.09-
　　冊；　公分
　ISBN 978-626-95909-4-0 　（第 1 冊：精裝）

1.CST: 藏傳佛教　2.CST: 注釋　3.CST: 佛教修持

226.962　　　　　　　　　　　　　　　　111011544